이야기로
행복을 만드는
사람들

굿라이프 14

작지만 소중한 **사랑나눔** 이야기!

이야기로 행복을 만드는 사람들

● 박상철 지음

이담
Books

머리말

필자가 친분 있는 어르신 중에 최전엽 시인이 계십니다. 칠순이 훨씬 지난 세대임에도 불구하고 시에 대한 열정과 긴장감은 존경스럽습니다. 하루는 이분께서 틈틈이 쓰신 『멀리 보이는 숲이 아름답다』 시집을 보내주셨습니다. 그중에 「자벌레」라는 대목을 읽으니 참 감명 깊었습니다.

> 원래는 덜렁쇠였다. /늘 몸이 생각을 앞질러 /자발없이 굴다가 /뽕나무 잎 끝에 매달려 몸부림칠 때 /거미줄에 얽동여 매이거나 /곤두박질 쳐 궁글고 있을 때 /톱 같은 개미 턱에 물리고 만다. /"죄 없이 억울해요." /하나님께 빌었다. /"그럼, 한 뼘 한 뼘 자로 잰 듯 살아보렴."

요즘 우리 주변엔 억울하다고 호소하는 분들이 많이 있습니다. 열심히 일했지만 경제가 어려워 직장을 잃은 사람들, 힘들고 고생하는 가난한 사람들, 환우들, 낮고 천한 서민들, 아이들, 연세가 많이 드셔서 외롭고 고독한 사람들이 그들입니다. 시어에 등장한 자벌레처럼 원망과 불평이 있을 수 있지만, 하나님을 믿는 신앙으로 우리를 연단하시는 하나님의 손길을 만났으면 하는 바람이 있습니다.

마종기 님이 쓰신 수필집인 『별 아직 끝나지 않은 기쁨』이라는 책에는 노인 어르신들이 평생을 살다가 인생의 마지막에 자신의 인생을 회고하면서 제일 많이 하시는 말씀의 내용이 3가지가 있다고 합니다.

　　첫째는 *화해하고 싶어요*. 둘째는 *베풀고 싶어요*. 셋째는 *하고 싶은 것이 있어요* 라고 합니다. 그래서 이번 이야기는 목차를 *1. 화해하고 싶어요, 2. 베풀고 싶어요, 3. 하고 싶은 것이 있어요* 로 정했습니다.

　　주제어에 속한 내용에는 여러 가지 이야기가 기록되어 있습니다. 그렇지만 그 가운데 있는 내용들이 모두 큰사랑 공동체의 이야기이고 역사입니다. 큰사랑의 역사 자체가 우리 모두인 인생들에게는 놓치고 싶지 않은 이야기라고 생각했습니다. 각 이야기 속에 있는 우리들의 삶의 이야기 속에 서민들, 작지만 큰사랑을 체험하셨던 이야기가 담겨 있기를 소원하면서 '이야기로 행복을 만드는 사람들'이란 제목을 지어 보았습니다.

　　이 시대 우리 삶의 고단함들이 큰사랑의 이야기를 통해서 새로운 은총의 창문을 만나는 계기가 되었으면 좋겠습니다.

2009년

박 상 철

목 차

1. 화해하고 싶어요

2. 베풀고 싶어요

3. 하고 싶은 것이 있어요

1. 화해하고 싶어요

지팡이와 마라톤

한 주간 여름비가 내립니다. 천둥도 칠 때도 있고, 새벽녘에 비가 오다가 오전에는 그칠 때도 있고, 오다 안 오다 한 주간 비 내림이 예측을 할 수가 없습니다. 그저 우산을 미리 준비하고 있다가 비가 오면 대비하는 수밖에 없습니다. 비를 바라보는 시선은 각자 다를 것입니다. 기상청에서는 이젠 장마 끝을 알리는 예보를 하지 않는다고 합니다. 우리나라 기후가 온난화로 인해서 아열대 지방의 기후로 되었기 때문에 장마철 의미는 이제 사라졌다고 합니다. 봄, 여름, 가을, 겨울, 사계절이 뚜렷한 한국의 계절은 이제 역사 속으로 사라지는가 봅니다. 조금씩 변하는 세월처럼 기후도 달라지고 있습니다.

서울에는 한 달여 동안 촛불집회 소식이 들립니다. 비가 오면 그치겠지 하는 사람도 있지만 우비를 쓰고라도 촛불집회에 참석하는 시민들의 의식은 변칠 않습니다. 80년대 민주화 항쟁 때는 장엄함이 있었는데, 지금은 광우병에 대한 불안감도 있지만 집회에 참석하는 사람들에게 무언가 즐거움이 있다고 표현합니다. 참 묘한 비유입니다. 전경 아들을 둔 아버지가 촛불집회에 참석하였다가 전경인 아들의 눈과 마주친 이야기가 들립니다. 아버지는 아들과 대치되는 상황을 피해서 집으로 왔는데 아내가 아들이 밤을 새우는데 당신은 집에서 잠을 자느냐고 다그쳐서 아들이 없는 다른 곳에서 촛불집회에 참석했다는 이야기입니다. 아들도 아버지가 궁금해서 전화를 하였는데 흰색 운동화를 신은 아저씨들마다 아버지같이 보여 걱정을 많이 했다고 전합니다.

그나마 이제는 대통령도 국민의 민심을 달래려고 고심을 하고 당국자들도 민심에 대한 겸허한 반성을 한다고 합니다. 성공신화인 대통령이 나라를 다스리는 일도 멋지게 성공을 해 보려고 하였는데 장애물에 부딪쳤습니다. 그동안의 성공 스토리를 경험으로 대한민국을 세계 속의 성공신화로 만들 자신으로 100일을 앞만 보고 달렸는데, 국민들이 몰라주는 섭섭함도 있을 겁니다. 촛불집회는 비가 와도 그치지 않고 있습니다. 당국자들 중엔 국민이 싸우려고 하면 당국자들은 항복을 해야 한다고 말씀하시는 분도 계십니다. 이제 시민들의 소리를 겸허히 듣고 백성들의 뜻을 따르려는 소식이 사실이었으면 합니다. 처음 마음처럼 멋진 성공을 이루려면 장애물도 잘 뛰어넘어야 합니다. 마치 마라톤을 달리는 마라토너처럼 한 걸음 한 걸음 페이스를 유지하면서 장애물도 잘 넘어 완주를 하는 것이 성공자의 모습입니다.

우리 교회에 노인대학에서 새로 등록하신 이춘원 성도는 교회에 오실 때에는 유모차를 끌고 오십니다. 차량 운행을 하다 보면 만수 주공 6단지에서부터 교회까지 유모차를 끌고 걸으시는 모습을 종종 봅니다. 보통 사람이 10분이면 걸어서 올 거리를 30～40분 동안 그렇게 천천히 교회에 오시는 것입니다. 교회에 오셔서는 이렇게 목사님에게 말씀하십니다.

"목사님, 저는요, 목사님이 오빠 같아요. 집에서도 목사님 생각을 했어요."

교회 주보에 목사의 칼럼 내용을 꼼꼼히 읽으면서 목사님의 이야기를 듣는다고 합니다. 두 손으로 목사님의 손을 꼭 잡으시면서 이춘원 성도는 좋아하십니다.

장금지 할머니는 5단지에 사십니다. 연세가 1920년생이시라고 하시니까 올해 89세이십니다. 아마 교회에서 연세가 가장 높으십니다. 김복동 권사님이 주일에 지팡이를 한 개 갖고 오셨습니다. 지팡이가 어디서 났느냐고 물으니까 어느 분이 집 앞에 버린 것을 주웠다고 합니다. 왜 교회에 가지고 오셨냐고 물으니까 5단지에 사시는 장금지 할머니가 지팡이가 없어서 교회에 오시면서 힘들어 하신다고 하시면서 지팡이가 있으면 좋겠다고 말씀하셨다는 것입니다. 김 권사님은 장금지 할머니에게 금요일 노인대학에서 주일에 지팡이를 갖다 주겠다고 약속을 하셨다고 합니다. 장금지 할머니는 지팡이를 받고서는 좋아하셨습니다. 그 지팡이를 갖고 이번 주부터 교회를 향하여 천천히 오실 것입니다.

7년 전 교회를 개척하였을 때 99세 되시는 권사님 한 분이 우리 교회를 잠깐 다니셨습니다. 시골 부여에 사시는데 딸이 만수동에 살기 때문에 잠깐 계셨었습니다. 그 권사님이 교회에 오시는 마음을 목사에게 알려 주었습니다.

"저는요. 교회에 올 때에는 잠깐도 쉬질 않습니다. 하나님을 만나러 오는데 쉬엄쉬엄 올 수가 없습니다. 그렇지만 예배를 마치고 집으로 갈 때에는 천천히 쉬면서 간답니다."

사도 바울도 신앙의 여정을 달리기로 비유하며 말했습니다. 달려갈 길을 마칠 때까지는 쉬지 않겠다고 하는 결의함이 장엄하기도 하고 즐겁기도 합니다. 여름철이 왔습니다. 비록 계절은 옛날과 다르지만 우리는 마라토너처럼 한 걸음 한 걸음 목적지를 가는 행복한 하나님의 가족들이 되었으면 좋겠습니다.

故 박경리의 산문과 붉은 장미

목사의 아파트 사택단지엔 장미아치가 있습니다. 붉게 피어 있는 장미가 자꾸 눈에 띕니다. 목사는 그 장미를 보며 가슴 뜨거움을 느꼈습니다. 장미의 붉음이 생명을 말해 주는 것 같습니다. 5월 한 달을 돌이켜 보면 생명을 위협하는 정말 많은 일들이 있었습니다. 광우병에 대한 두려움으로 소고기 소비가 부쩍 줄었습니다. AI(조류 인프루엔자)로 인한 오리, 닭들에 대한 전염병 공포로 인해 음식점들이 문을 닫는 사태가 벌어졌습니다. 우리 시대에 먹을거리에 대하여는 안심하고 먹을 수 있는 풍토가 하루속히 이루어졌으면 합니다. 금년 5월은 유독 생명을 위협받는 어두운 소식들이 많이 들렸습니다. 미얀마와 중국에서는 사이클론 태풍과 지진으로 인한 수많은 생명이 죽음을 당했습니다. 5월을 바라보는 시인의 마음엔 은총과 어머니가 있습니다.

풀잎은 풀잎대로 바람은 바람대로 초록의 서정시를 쓰는 5월,

하늘이 잘 보이는 숲으로 가서 어머니의 이름을 부르게 하십시오.

피곤하고 산문적인 일상의 짐을 벗고 당신의 샘가에서 눈을 씻게 하십시오.

물오른 수목처럼 싱싱한 사랑을 우리네 가슴속에 퍼 올리게 하십시오.

말을 아낀 지혜 속에 접어 둔 기도가 한 송이 장미로 피어나는 5월, 호수에 잠긴 달처럼 고요히 앉아 불신했던 날들을 뉘우치게 하십시오.

은총을 향해 깨어 있는 지고한 믿음과 어머니의 생애처럼 겸허

한 기도가 우리네 가슴속에 물 흐르게 하십시오.

　이해인의 5월의 시입니다. 5월은 어머니의 겸허한 기도가 필요한 것 같습니다. 이제 5월은 갔지만 붉은 5월의 장미는 생명에 대한 메시지를 전하고 있습니다. 금년 5월 5일 향년 82세로 타계한 고(故) 박경리 선생이 생전에 마지막으로 쓴 글이 문예 계간지 『아시아』 여름호(통권 제9호)를 통해 공개되었습니다. 「물질의 위험한 힘」이라는 제목의 산문은 선생이 뇌졸중으로 쓰러지기 전인 4월 중순에 기고한 글인데 생명에 대한 아름다움을 전하고 있습니다. "살아 있는 것, 생명이 가장 아름답다는 생각이 요즘처럼 그렇게 소중할 때가 없습니다. 비단 인간의 생명뿐 아니라 꽃이라든가 짐승이라든가, 살아 있는 모든 것들의 생명은 다 아름답습니다. 생명이 아름다운 이유는 그것이 능동적이기 때문입니다." 생명의 아름다움은 일함에 있다고 선생은 고백했습니다.

　박경리 선생은 그의 마지막 산문에서 물질적 메커니즘에 사로잡힌 현대 사회를 비판하면서, 살아 있는 것, '생명'에 대한 중요함을 일깨웁니다. 그 '생명'이 아름다운 것은 그것이 스스로 움직일 수 있는 '능동적'인 속성 때문이라고 말합니다.

　박경리 선생은 산문에서 "아무리 작은 박테리아라도 생명을 가지고 태어나서 꼭 그만큼의 수명을 누리다가 죽지만 피동적인 물질은 죽지도 살지도 않는다."며 "인간이 도저히 대항할 수 없는 이 마성적인 힘이야말로 무서운 것."이라고 말했습니다. 의지도 없고 아무것도 없는 무(無) 자체, 이 무(無)로서의 물질 자체는 역으로 어떤 일도 할 수 있다는 가능성을 보여 주는 것이기 때문입니다.

'죽음'에 대해 언급한 부분을 옮겨 봅니다. "나는 죽음을 당연히 받아들여야 하는 것이라고 생각합니다. 인간이 만물의 영장이라고는 해도 아무리 발버둥 친다 한들 죽음을 마음대로 할 수는 없습니다. 이것은 그동안 살아온 연륜에서 터득한 내 나름대로의 진리입니다." 한 시대의 어르신의 본을 보는 것 같아 마음이 편해집니다.

죽음을 안을 수 있는 마음은 하느님이 주시는 마음입니다. 물질과 죽음에 대한 화두는 예수께서도 중요하게 다루신 주제입니다. 예수님께서는 물질, 즉 돈에 대하여 인격을 부여하시면서까지 그 힘에 대하여 경고를 하셨습니다. 돈은 인간을 지배하고, 노예로 다룹니다. 인간이 돈을 소유하는 것이 아니라, 돈이 인간을 소유하게 되는 세상입니다. 예수님의 소유개념은 주재권입니다. 주재권은 다스림에 대한 의미입니다. 주님은 "새들도 거처할 곳이 있고, 여우도 굴이 있는데 인자는 머리 둘 곳이 없다."라고 말씀하셨으나, 우리의 필요를 다 아시고 공급하실 수 있는 분이십니다. 주님은 물질을 다스리며 우리의 필요를 공급하십니다. 죽음에 대하여도 예수님은 죽음으로 끝을 낸 것이 아니라 죽음을 통하여 부활이라는 새 생명을 창조하셨습니다. 5월, 이 땅의 물질의 힘으로 인한 두려움을 느끼는 서민들의 처지와 죽음에 대한 공포들을 바라보면서 촛불로 피어나는 새 생명의 희망을 발견합니다. 죽음을 이기는 부활의 생명을 희망해 봅니다. 5월의 빨간 장미가 뜨겁고 빨갛게 피어 있습니다.

하나님의 음성을 듣는 삶

우리 교회 새벽기도회 때마다 함께 기도하는 동역자들이 있습니다. 이 분들은 우리 교회의 사역에 관심을 갖고 함께 기도해 주시는 분들이십니다. 저마다 섬기시는 본 교회가 있지만 새벽에는 틀림없이 우리 큰사랑 교회에서 함께 기도하시는 분들이십니다. 저는 그분들을 새벽기도회 교인들이라고 말씀을 드렸습니다. 고송례 권사님, 백윤실 권사님, 장매심 권사님, 박정숙 권사님, 이순화 집사님, 김현태, 김란숙 집사님과 그 밖에 이름은 모르지만 함께 기도해 주시는 분들이 대 여섯 분이 더 계십니다. 사실 매일 새벽마다 뵙는 분들이라서 본 교회 성도들보다도 더 많이 제 설교말씀을 들으시는 편입니다. 새벽에 오시는 기도의 동역자들에게 고마움의 표시로 큰사랑실버라이프 3책을 선물로 드렸습니다. 이번 주에는 새벽기도 교인 중에 이순화 집사님께서 제단에 꽃꽂이를 하시겠다고 하셨습니다. 두 딸 경선이와 새봄이는 우리 교회 학생부, 주일학교에 다닙니다. 두 딸이 마침 한날에 이번 주에 생일인데, 생일을 기념하여야 하겠다고 하셨습니다. 이 집사님은 3년여를 본 교회에 꽃꽂이 봉사를 하고 있는데, 하나님께서 그 이상의 것들을 채워 주시는 것을 체험하고 있다고 하시면서 꽃꽂이의 간증을 하십니다.

수요일부터 금요일까지 강 목사와 이수정 간사가 기아대책의 직무교육 세미나 참석차 강원도에 갔습니다. 사정상 홈스쿨을 3일간 휴강을 하게 되었습니다. 3일간 교회가 조용한 분위기입니다. 아이들의 소리가 들리지 않는다는 것이 이렇게 적적한지 몰랐습니다. 제자훈련을 하시는 집사님 두 분이 목요일 낮에 목사님 점심을 대접한다고 해서 오셨습니다. 스승을 섬긴다는 귀중한 마음에 감사했습니다. 금년에는 제자훈련생이 2분이신데 예년에 제자훈련을 한 성도가 이번 제자훈련생들은 숫자가 적으니까 하고 싶은 이야기를 많이 할 수 있어 좋겠다고 말했다고 합니다. 정작 이번 제자훈련생들은 훈련생 인원이 더 많았으면 많은 이야기를 들을 수 있었겠다 싶었는데 오히려 지금 상황이 더 좋은 기회라는 것을 알게 되어 행복하다고 했습니다. 김영순 권사님 부군되시는 분이 교회에 곰국과 반찬을 가져오셨습니다. 잠깐 대화를 나누려고 했더니 차를 길에 세워 두었다고 사양을 합니다. 아직도 교회가 서먹한가 봅니다. 김 권사님은 빠른 시일 안에 부군도 교회에 나올 것이라고 말을 합니다. 언젠가는 함께 신앙생활을 할 수 있다는 기대를 해 봅니다.

노인대학에 오시는 분 중에 만수동에서 휴지를 모으시는 할머니 한 분이 계십니다. 허리도 굽으시고 아주 작은 체구에 구루마를 끄시며 밤늦게까지 휴지를 모으시는 할머니이십니다. 가끔 목사님은 신문지를 모아다가 드리고, 어떤 때는 차 트렁크에 신문지를 싣고 있다가 길에서 만나면 내려서 드린 적도 있습니다. 요즘 한참을 보지 못했는데 지난 토요일에 교회 앞에서 만났습니다. 강 목사가 반갑다고 무슨 일이 있었느냐고 물었더니 아들이 건국대 병원에 입원해 있어서 거기서 있느라고 한참을 인천에 오지 못했다고 말을 합니다. 인천으로 병원을 옮겨야 하는데, 큰딸이 퇴원비를 겨우 마련했지만 환자를 옮기려면 차량을 임차해야 하고, 그 비용도 몇십만 원이 든다고 어려운 사정을 말합니다. 그래서 현금 후원은 여의치 못하고 해서 교회 차로 봉사해 드리기로 했습니다.

월요일에 차량 봉사를 하기로 했는데 건국대 병원에서 검사할

부분이 있고, 조직 검사 결과도 알아야 하기 때문에 며칠을 더 기다려야 한다고 큰딸로부터 연락이 왔습니다. 한 주간 동안 연락이 없다가 목요일에 다시 큰딸로부터 연락이 왔습니다. 금요일에 환자를 옮길 수 있다고 말입니다. 그래서 금요일 2시까지 건국대 병원으로 가서 환자 수송을 하기로 했습니다. 차량 봉사를 하는 동안 할머니는 얼마나 지쳤는지 코를 골며 잠을 자고 계셨습니다. 큰딸은 목사님이 차량 봉사를 해 주셔서 너무 고맙다고 인사를 건넵니다. 하루가 지나고 핸드폰 문자로 메시지를 보냈습니다.

"샬롬 목사님! 어제 너무 고생 많으셨어요. 제대로 인사도 못해 드리고 죄송했습니다. 늘 강건하시길 기도합니다."

도움을 받은 분은 고맙지만 형편 때문에 죄송한 마음을 전합니다. 그렇지만 목사는 그런 봉사를 통해서 너무 기쁘고 행복합니다. 섬길 수 있다면, 그리고 그 고마움을 마음에 간직하고 있는 분이 남아 있다면 이 세상은 빛으로 빛날 수 있다고 믿기 때문입니다. 금세 최대의 영성 실천가인 헨리 나우웬은 예수님은 몸 전체가 귀라고 말했습니다. 하나님의 음성은 환경과 삶을 통해서 듣는 것입니다. 그리고 고통은 귀머거리들에게 들을 수 있도록 하는 확성기입니다. 주변의 상황을 통해서 하나님 말씀을 듣는 경험이 우리 성도들에게 있으면 좋겠습니다.

시험 앞에서 해야 할 일

새벽기도 시간에 야고보의 낙타무릎 강해를 하고 있습니다. 야고보 기자는 초대교회 지도자로서 기도하는 지도자이었습니다. 야고보는 예수님의 동생이지만 형을 향해 주, 그리스도라고 고백을 했습니다. 그리고 자신을 그리스도의 종이라고 불렀습니다. 환란 중에 끝까지 예루살렘 교회를 지키다가 예루살렘 성벽에서 떨어져 순교를 했습니다. 제자들이 시신을 수습할 때 낙타무릎 같은 것을 보고 깊은 감명을 받았다고 교회사에 전해 내려오고 있습니다. 초대교회 지도자가 영적인 카리스마 혹은 신비한 은사 같은 것보다는 기도하는 분이었다는 것이 목사에게는 큰 희망이 됩니다. 요즘 새벽기도시간이 활기가 넘칩니다. 성도들의 간절한 기도소리가 목사의 마음을 짠하게 합니다. 새벽기도시간에는 사연이 있어 오시는 분들이 많습니다. 그동안 양 집사님의 건강회복을 위하여 박 권사가 눈물을 뿌리며 기도를 했었습니다. 정명숙 집사님은 40일 동안 친정 부모이신 정진희, 강영자 씨가 예수님을 영접하게 해 달라고 작정기도를 했습니다. 이번 주부터는 정유선 집사님과 이혜순 집사님께서 새벽기도를 참여하고 있습니다. 그 간절한 기도소리가 애를 끓습니다.

월요일에 정 집사님이 전화를 하셨습니다. "목사님, 친구 김희경이 병원에 입원에 있어요. 뇌종양이래요."라고 울먹입니다. 김희경 자매님은 금년도 부활절에 남편 전광훈 형제님과 함께 우리 교회에서 세례를 받았습니다. 당시에 김희경 자매님은 산 날이 가까워서 움직이는 것조차 힘든 상황인데도 태어날 아이에게 모태신앙을 주기 위하여서 믿음으로 세례를 받았었습니다. 그러면서 아기가 뱃속에서부터 효도를 한다고 행복해하는 모습을 보였습니다. 이제 아기는 100일 정도 지나서 송민이가 좀 자라면 교회에 나오겠다고 했었는데, 이런 고통을 겪는 것을 생각하니 가슴이 미어집니다. 목사 내외는 정 집사님과 이 집사님과 함께 월요일에 일산 백병원에

문병을 갔습니다. 전광훈 형제는 눈물을 글썽이며 사랑하는 아내의 상태를 애처로워합니다. "어떡해요." 참 선하고 예쁘게 생긴 젊은 부부의 시련이 답답했습니다. 심방했었을 때 보았던 두 딸, 송담이, 송현이 모습이 목사의 눈에 떠오릅니다.

그런데 김희경 자매님의 고백은 놀랍습니다. 하나님께서 이미 복을 주셨다는 것에 감사한다는 것입니다. 막내 송민이를 주시고 이렇게 아프니까 감사하다는 것입니다. 만약에 경제사정 등으로 아이를 낳지 않았다면 어떻게 할 뻔했냐는 것입니다. 막내 송민이를 낳은 후에 아파서 너무 감사하다고 말합니다. 믿음의 고백은 하나님 앞에서 너무나 빛나는 보석입니다. 아무나 할 수 없는 귀감이 믿음의 고백들입니다. 성경에서도 예수님은 믿음의 고백이 있을 때마다 기적을 허락하셨습니다. "네 믿음대로 될지어다."라고 말입니다.

정유선 집사님은 새벽마다 김희경 자매님을 위하여 감사 예물을 올립니다. 이 모든 일들이 하나님의 계획 안에 있음을 고백하며 하나님의 은혜를 구하고 있습니다. 이혜순 집사님은 어려울 때 붙잡고 기도했던 십자가를 김희경 자매님에게 전해 주며 눈물의 기도가 심어진 십자가라며 하나님을 구하라고 전했습니다. 김희경 자매님의 시트에는 성경책과 십자가를 놓고 하나님을 구하는 모습이 너무도 거룩해 보입니다.

김희경 자매님은 일산 백병원에 입원한 지 이틀 후에 다시 서울 한양대 병원에 입원을 했습니다. 정 집사, 이 집사님과 함께 서울 한양대 병원에 문병을 가면서 친구를 향한 두 집사님의 사랑이 느껴졌습니다. 예수님도 친구를 위하여 목숨을 버리는 것보다 더 큰 사랑이 없다고 했는데 두 집사님의 사랑을 예수님도 기뻐하실 것 같다고 목사는 생각을 했습니다. 스승 목사님께서 목사가 편안하면 안 된다는 말씀을 주셨는데 그 말씀이 떠오릅니다. 울고 시험에 빠진 성도들을 붙들어 주고, 세워 주는 일이 목사의 할 일이라고 생각합니다. 삶 자체가 문제투성이인데 말입니다. 야고보 기자는 살다 보면 여러 가지 시험이 있다고 말했습니다. 그리고는 시험을 기쁘게 여기라고 말합니다. 고난을 피하지 말고 용기 있게 대처할 때 하나님은 인내를 선물로 주시고, 세상도 고난 앞에서 흔들리지 않는 성도들을 두려워할 것입니다. 우리 문제는 하나님께서 순식간에 해결하실 수 있습니다. 시험 앞에서 우리가 해야 할 일이 있습니다. 기도하는 것입니다. 하나님은 우리 성품을 다루시기 위하여 불같이 단련하실 때가 있습니다. 그때에는 하나님께 시험을 이길 수 있도록 지혜를 구하시길 바랍니다. 지혜는 그 얻은 자에게 생명나무라 지혜를 가진 자는 복되도다. (잠 3:18) 친구를 위하여 기도하시는 두 분 집사님께 함께 응원의 박수를 보냅시다. 그리고 병마와 싸우면서도 감사를 잃지 않는 김희경 자매님의 고백에도 아낌없는 박수를 보내며 중보기도를 부탁드립니다.

보고 싶은 마음

보고 싶은 사람을 말하라면 몇 사람이 생각이 납니다. 우선 미국에 가 있는 친동생이 그립습니다. 그렇지만 비자문제 때문에 동생은 한국에 올 수가 없습니다. 한국에 온 후에는 다시 미국으로 들어갈 수 없기 때문입니다. 그래서 아프지도 말아야 합니다. 그동안 큰 병 없이 8년간을 미국에서 무탈하게 지낸 것만도 하나님께 감사할 뿐입니다. 그래서 메일과 가끔은 국제 전화로 통화하고 있습니다. 또 고등학교 친구였던 강길상이 보고 싶습니다. 그 친구와는 추억이 많습니다. 고향이 진주였으니까 진주에 가면 아마 만날 수 있을 겁니다. 그러나 해양대학교를 다녔으니까 지금쯤은 마도로스가 되어 오대양을 누비고 있을지도 모릅니다. 그 친구는 힘 자랑을 하다가 나의 앞니를 부러뜨린 장본인이기도 합니다. 그 당시 담임선생님은 "길상이는 상철이를 잊을 수 있을지 몰라도 상철이는 길상이를 못 잊을 거야."라고 말했었습니다. 이빨을 생각할 때가 아니라도 길상이는 한번 보고 싶습니다. 후배인 고 박사도 늘 보고 싶습니다. 공직에 요직에 있어서 쉬는 날도 없습니다. 피차 전화로 가끔 연락할 따름입니다.

그리고 멀리 캐나다에 있는 이종청 장로님은 정말로 보고 싶은 분입니다. 연세가 90이 다 되셔서 이제는 볼 수 없는 상황이 되었습니다. 이 장로님은 70년대 후반부터 친분이 있었으니까 친분이 있은 지 꽤 오래 되었습니다. 그때 장로님은 50대였습니다. 장로님은 저에게 교회 재정사역을 인계하시고 늘 신앙생활에 모범을 보여 주신 분이십니다. 일상에 혼자서 생각하고 실천하시는 일까지도 공유하며 나누어 주셨던 일이 문득 생각납니다. 결혼도 새벽기도시간에 드렸던 일화는 도저히 따를 수 없는 믿음이었다고 생각합니다. 새벽기도를 좀 더 빨리 나가기 위해 미리 넥타이를 매어 놓고 있었다는 이야기는 지금도 생각이 날 정도입니다. 모 교회에서 후배들을 위해서 비전을 향해 자신의 체험담을 공개하기를 주저하지 않았습니다. 항상 희망과 부흥을 위해 열심히 헌신했던 그 모습이 귀감이 되었습니다. 목사가 교회를 개척할 때에 함께 신앙생활의 동역자로 모시고 싶었던 분이십니다. 그렇지만 이제는 연세가 너무

들어 목사가 돈을 모아 캐나다에 가기 전에는 만남이라는 것이 불가능하다고 생각했습니다.

그러나 지난주 화요일에 이 장로님이 한국에 오셨습니다. 15년 동안 세탁소를 매각하는 문제를 놓고 기도부탁을 하였는데, 그 세탁소가 매각이 되어 한국에 오실 수 있었다는 것입니다. 캐나다도 갈 처지인데 장로님이 한국에 오셨다는 이야기를 듣고 단숨에 장로님이 계신 곳으로 달려갔습니다. 그런데 너무도 생각보다 장로님의 건강상태는 좋지 않아 보였습니다. 장로님은 종아리에 3년 전 풀독이 올라, 그 환부가 몹시 헐고 부어서 걷기가 몹시 불편하셨습니다. 그런 상태로 어떻게 비행기를 타셨냐고 물으니까, 한국에 오는 것이 너무 좋아서 아픈 것도 몰랐다고 말씀을 하십니다. 보고 싶은 마음은 아픔까지도 치유해 주는 약 같습니다. 지난 한 주간 장로님과 기독병원에 다리를 치료하기 위해 함께 동행하면서 이제는 함께 식사도 하고 이야기도 나눌 수 있게 되었습니다.

사람에게 누구나 세월은 흐르고 막을 수 없습니다. 옛날에 만났던 사람들에겐 젊음과 희망을 함께 나누었던 모습들이 그리워지는 때입니다. 그래도 막상 만나고 나면 많은 세월이 흐른 것을 체험하게 됩니다. 그럼에도 함께 나누었던 추억의 이야기는 마음의 넓은 마당에 잔뜩 쌓여 있습니다. 여러분은 가을을 맞이하면서 보고 싶은 사람들이 계신가요? 추억의 마당을 펼치고 희망과 젊음을 상상해 보시길 바랍니다.

악플 그만! 칭찬합시다

그렇게 덥다고 했던 지난 여름도 한 번 비가 오고 쌀쌀
하더니 설악산에는 얼음이 얼었다는 소식도 들립니다.
갑작스런 일기변화에 일부 성도님들은 감기 때문에 고생을 하십니다. 금년 감기는 독하다고 매스컴에서도 야단을 떱니다. 이런 쌀쌀한 기온에는 시간이 더욱 빨리 지나는 것 같습니다. 환절기에는 길가의 풀꽃들을 보면서도 인생을 발견하시는 지혜를 얻기를 바랍니다. 평생이 일식 간에 지난다고 말합니다. 영화는 NG가 나면 다시
찍고 편집도 하면 되지만, 인생은 주어진 환경에 믿음으로 진지하게 살아야 합니다.

하나님의 사람 모세는 인생을 티끌로 표현했습니다. 자신이 티끌과 같은 인생임을 아는 사람들은 자신의 유익을 위해 자랑치 않게 됩니다. 어느 사람은 시간을 하늘과 땅, 바다로 표현한다면 하늘은 미래, 땅은 과거, 바다는 현재라고 말했습니다. 하늘과 땅, 바다는 인간이 품기에 너무 큰 공간들입니다. 그렇지만 하늘에서 보는 땅은 작게만 보이고, 바다는 아름답기만 하지요. 바다는 가끔 풍랑이 일기도 하고, 하늘이 어두울 때는 바다는 너무도 무서운 색을 띱니다.

지난주에 영화배우 최진실 씨가 자살을 했다는 소식에 많은 사람들이 패닉 상태가 되었습니다. 만인의 연인이라고 불리던 그녀가 자살을 하리라고는 쉽게 상상할 수가 없습니다. 최 씨는 가족의 인도로 교회도 다녔다고 하는데 목회자로서 안타까움을 금할 수 없습니다. 그녀의 죽음 뒤에는 인터넷 악플 때문이었다고 합니다. 인터넷상의 악플은 이 시대의 악입니다. 실명을 가린 익명의 악플 댓글 뒤에는 악한 영들이 웅크리고 숨어 있습니다. 사단은 우는 사자처럼 삼킬 자를 찾고 있는데 그들이 존재하는 곳에는 말의 권세를 아는 강한 영이 있습니다. 연예인들의 잇따른 자살소식에 사회는 자살예방 조치에 대한 사회적인 대안이 필요하다고 주장합니다. 종교계 또한 생명에 대한 고귀함을 다시 일깨워야 한다고 한목소리를 냅니다.

　험프리 데이비는 "인생은 위대한 희생이나 의무들로 이루어지지 않다. 오히려 작은 일들로 채워져 있다. 미소와 친절 그리고 작은 의무와 습관적인 것 등이 마음을 열게 해 주며 승리를 가져다주고 행복을 지켜 주는 것들이다."라고 말했습니다. 누군가가 "하나님은 세밀한 일에 관여하신다."라고 말했습니다. 하나님은 머리카락까지도 세시는 바 아주 작은 부분까지 관심을 가지십니다. 욕(악플)은 들은 사람과 전한 사람 모두를 불행하게 합니다. 때때로 사소한 일이 생사를 좌우하는 결정적인 요인이 될 수 있습니다. 우리가 친절한 말, 사려 깊은 말 한마디를 함으로써 이 세상은 변화되는 것입니다.

　우리는 이 세상에서 두 가지를 얻기 위해서 일합니다. 바로 돈과 칭찬입니다. 그리스도인들은 다른 사람들을 섬기기 위해 이타적으로 살아야 합니다. "칭찬은 고래도 춤추게 한다."라고 합니다.

우리 그리스도인들이 정직하고 진지하게 칭찬을 하는 모델이 되었으면 합니다. 사소한 진보라도 칭찬을 아끼지 말고 모두를 행복하게 하는 평화의 사람들이 되었으면 합니다.

금요일에 공영 라디오 모 방송에서는 '내가 대견한 이유'라는 주제로 청취자들의 의견을 받는 프로그램을 진행하였습니다.

"52세인데 방송통신대를 5년 만에 졸업했다며 내가 대견하다고 문자를 보냅니다. / 자전거를 타고 운동을 하는 내가 대견합니다. / 거울을 보면서 내 모습이 대견합니다. / 50대인데 30년 직장생활을 하면서 집도 장만하고 가족들과 잘 살고 있습니다. 그런 내가 대견합니다. / 환우들을 간호하는 내가 대견합니다. / 어려운 이들을 섬기는 내 모습이 대견합니다. / 교회에 다닌 지 4년 되었는데 지금은 모든 예배에 참석하고, 성가대, 여전도회, 식당봉사를 하는 내가 대견합니다."라는 문자를 아나운서가 읽습니다. 우리 주변에는 하루하루의 생활을 살면서 내가 대견한 이유를 발견합니다. 우리 사회가 이런 자신과 이웃이 대견한 이유를 발견하며 칭찬하는 건강한 사회가 되었으면 합니다.

지난주에 10월 2일부터 3일까지 홈스쿨 아이들이 강화도 성산수련원에 가을 캠프를 다녀왔습니다. 아이들은 산속의 공기는 맑고, 참 좋다고 하며 감탄을 합니다. 아이들이 자연까지도 칭찬을 아끼지 않습니다. 아이들의 모습을 보면 귀엽고 심지어 아름답습니다. 성경의 종려나무와 같이 어떤 환경 기후에도 끄떡 않고 오랜 세월 잘 자라는 모습과 같습니다. 이스라엘 과학자가 2,000년 된 종려나무 씨앗을 발견하여 싹을 틔웠다고 합니다. 종려나무는 30㎝까지 자랐는데, 성경에 가장 오래 산 사람 무두셀라(969세)의 이름을 이

나무에 붙였다고 합니다. 종려나무는 생명력이 강한 나무입니다. 승리를 상징하는 나무입니다. 우리 삶의 시간은 짧지만 하늘, 땅, 바다에 넓게 퍼져 아름답게 그려질 수 있습니다. 자연은 너무도 무서운 외로움을 잘 견디어 냅니다. 그 넓은 공간에 모든 것을 담아 내며 스스로의 자리를 잘 지켜 냅니다. 그런 세밀한 부분까지도 하나님은 관심을 기울이시며, "아주 좋다."라고 칭찬을 하십니다. 우리 모두 칭찬의 기술과 칭찬의 방법을 배우고 익혀서 '잘하였도다 착하고 충성된 종아'(마25:21)라고 말씀하시는 하나님의 음성을 듣기를 축복합니다.

이종청 장로님 간증을 듣고

지난주에 우리 교회는 캐나다에서 이종청 장로님이 오셔서 오전 예배 때는 대표기도를 하시고, 오후 예배 때에는 간증을 하셨습니다. 이 장로님은 고국에 오셔서 도원동에 있는 조카 장로님 댁에 잠시 머물고 계십니다. 주일 아침 9시 목사는 도원동에 계신 이 장로님을 모시려고 교회를 출발하셨습니다. 만수동에서 고속도로를 경유하여 신흥동 사거리를 가는 길은 시원하게 뚫려 있습니다. 장로님이 머무시고 계신 집은 5층 빌라입니다. 이곳에는 엘리베이터가 없어서 다리를 다치신 장로님이 오르고 내리시는 데에 너무도 불편합니다. 제가 9시 30분에 도착한다고 말씀을 드렸는데 조금 일찍 도착이 되어서, 장로님을 모시려고 5층으로 올라가니까 장로님께서는 계단 손잡이를 잡고 혼자서 천천히 내려오시고 계셨습니다. "장로님, 권사님은요?"라고 목사가 질문을 하니까 권사님은 준비가 되지 못했다고 하십니다. 장로님께서는 한국에 오시고 예배시간에 대표기도와 간증을 하시는 것은 큰사랑교회가 처음입니다. 정장 신사복에 속에는 조끼까지 차려입으시고 성경가방을 준비하고 계셨습니다. 장로님과 함께 만수동으로 차량이동을 하는데 장로님께서는 찬송을 부르시며 아주 흐뭇해하셨습니다. 큰사랑교회에 도착해서도 3층까지 계단을 오르시는 장로님께 죄송한 마음이 들었습니다. 이럴 때 엘리베이터가 설치되었다면 얼마나 좋을까 하며 목사는 안타까운 마음이 들었습니다.

장로님은 다리를 다치셔서 대표기도시간에 의자에 앉으셔서 마이크를 잡고 기도하시라고 말씀드렸더니, 굳이 강대상에 올라가서 기도해야 한다고 하십니다. 그래서 장로님은 목사의 손을 의지하고 아주 천천히 강대상에 오르셨습니다. 90세에 가까운 연세에도 불구하고 기도의 음성은 쩌렁쩌렁했습니다. 이 장로님이 기도하신 후에 강대상에는 장로님께서 침을 튀기시며 열정을 낸 흔적을 발견할 수 있었습니다. 저는 그것을 보며 장로님의 체취가 강대상에 묻어났다고 생각을 하게 되었습니다. 제 소망 중에 하나는 이종청 장로님께서 큰사랑교회에 오셔서 대표기도해 주시는 것이었기 때문입니다. 기도하고 강대상을 내려오실 때에는 지팡이를 갖다 드려서 지팡이를 잡고 의자에 다시 앉으셨습니다. 강 목사님은 이 장로님이 강대상에서 기도하시는 모습을 사진 속에 담아냈습니다.

오후 예배 때에 간증시간에는 장로님이 앉아서 말씀하실 수 있도록 간이 책상을 강대상 앞에 설치하고 의자를 준비했습니다. 장로님께서는 의자에 앉으셔서 간증을 하셨습니다. 장로님의 삶의 시간대는 우리나라가 일제시대에 독립운동을 한 시대와 한국동란 시대, 그리고 60년대부터 80년대까지의 격동기의 한국 역사의 중심에 있었습니다. 시대의 격동기마다 장로님께서는 죽음의 위험이 닥쳤는데 그때마다 "주여!" 하고 부르짖고 기도했던 체험을 말씀해 주셨습니다. 믿고 기도했더니 그때마다 하나님께서는 기적같이 장로님의 생명을 보호해 주셨다고 간증을 하셨습니다. 우리가 믿음생활하고 기도하는 것은 이렇게 하나님이 반드시 응답해 주시기 때문이라고 증언해 주셨습니다.

장로님께서는 지난 삶의 역사를 그대로 그려 내셨습니다. 아쉽게도 짧은 시간이었지만 老장로님의 말씀 한 마디에는 신앙, 믿음의 열정이 삶에 살아 있다는 것을 보여 주셨습니다. 성도들은 그것을 함께 느끼며 눈물도 흘리며 은혜를 받았습니다. 장로님께서는 성도는 살아 있는 믿음을 가져야 한다고 말씀하시면서 하나님이 우리 삶 속으로 친히 들어오셔서 보호해 주신다는 것을 살아 있는 간증을 통하여 증거하셨습니다. 연세도 많으시고, 또 다리를 다치셔서 걸음걸이가 힘드셔도 신앙의 건강한 모습을 보여 주셨습니다.

양홍우 안수집사는 노인 어르신들이 존경스럽다고 말을 합니다. 그냥 하는 말이 아니라 본인이 체험한 질병의 고통을 경험하고 나서 하는 이야기입니다. 노인들이 지금까지 사신 것은 그런 질병, 고통 등을 잘 관리하셨기 때문이라는 것을 말했습니다. 양 집사는 지난 여름에 뇌경색으로 길병원에서 입원을 하며 인생의 최대 위기를 만났었습니다. 그가 자신에게 찾아 온 질병에 대하여 이렇게 고백을 합니다. "이제는 이 병이 더 이상 발전되지 않고 내가 받아들여야 할 것 같아요. 잘 견디는 것이 은혜이지요." 의사들이 이렇게 말합니다. 노인들이 병원에 오시면 옛날 젊었을 때처럼 회복되기를 바라는 분들이 더러 계십니다. 어떤 질병은 원상태로 건강하게 회복되기도 하지만 노인들의 건강이라는 것은 노인들의 역연령에 걸맞은 노화라는 개념을 잘 받아들이는 것이 건강의 의미입니다.

질병 유무에 의한 건강평가는 질병의 치료와 예방에 효과적이나, 개인의 주관적 판단에 의한 기능 평가는 사회적인 측면에서 의의가 매우 높습니다. 노년기의 건강에 대한 개념은 의사에 의한 질병 유무의 판정보다는 삶의 질을 결정하는 개인의 주관적 기능수준 평가가 더욱 의미를 지니는 경우도 있습니다. 오랜만에 뵙는 이 장로님은 다리도 불편하시고 육체도 많이 쇠약해지셨지만 건강한 삶의 질을 보여 주셨습니다. 평생을 하나님을 신뢰하며 믿음생활을 하면 하나님은 노년의 인생을 축복하셔서 믿음을 통하여 건

강한 모습을 보여 주십니다. 우리 성도들이 건강하고 행복한 성도
들 되시길 축복합니다.

목사님, 할머니가 계단에서 넘어지셨어요

우리 교회에 노인대학에서 교회에 등록하신 세 분을 소
개합니다. 장금지, 이춘원, 황옥영 할머니이십니다. 장금
지 할머니는 89세, 이춘원 할머니는 85세, 황옥영 할머니는 84세이
십니다. 모두들 서로 가깝게 지내며 3자매처럼 함께 모여 예배를
드리고 있습니다. 지난주에는 중그룹 모임으로 노인 어르신들과 함
께 모여 영적인 교제를 나누며 은혜를 나누었습니다. 어르신들 모
두 즐겁게 이야기를 나누며 좋은 만남을 가졌습니다. 이제는 새로

등록하신 어르신들이 마음도 평안해하시고, 즐겁게 신앙생활을 하시는 것 같아 목사는 이번 추수감사절에는 세례를 집례해 드리려고 계획을 하고 있습니다.

10월 마지막 주일이라 교회의 각 기관들은 영적인 교제를 나누며 각 기관별로 모임을 진행하고 있는데 박정자 집사님이 허겁지겁 달려오셨습니다. 장금지 할머니가 계단을 내려가시다가 발을 헛디디셔서 넘어지셨다는 것입니다. 박 집사님과 목사는 급히 5단지에 사시는 장금지 할머니 댁을 찾아갔습니다. 그곳에는 이춘원 할머니, 황옥영 권사님과 김복동 권사님이 함께 모여서 장금지 할머니를 돕고 계셨습니다. 장금지 할머니는 계단을 구르면서 머리를 철제 난간에 부딪쳤다고 합니다. 마지막 계단이 남아 있는데 다 내려왔다고 착각을 하시고 발을 헛디디신 것입니다. 뒷머리를 보니까 어린 아이 주먹만한 혹이 나 부어 있었습니다. 늘 계단을 오르시는 어르신들이 걱정이 되었는데 그동안 아무 별일이 없었는데 일이 터진 것입니다. 교회 건물에 엘리베이터가 설치되어 있으나 상가 주인들이 함께 합심이 되지 못해 가동을 하지 못하고 있는 것을 늘 안타깝게 생각을 하고 있어서 항상 기도제목으로 삼고 있습니다. 빨리 이 건물이 교회건물이 되어서 지역을 섬기는 일에 공간도 확보하고, 엘리베이터도 설치를 해서, 어르신들이 편하게 교회를 오실 수 있도록 해 드리는 것이 목사의 소원이기도 합니다.

목사님은 빨리 병원을 가자고 재촉을 하니 장금지 할머니는 괜찮다고 하며 극구 사양을 하십니다. 장 할머니 말씀이 너무 완강해서 목사님은 조금 기다려 보고 결정하기로 했습니다. 앉아서 함께 이야기를 하다 보니까, 장금지 할머니는 부지런히 부엌에서 과

일을, 베란다 광에서는 떡과 인삼 튀긴 것을 내오시는 것입니다. 떡과 인삼은 웬 것이냐고 하니까, 어제 서울에서 아들이 왔었는데 엄마가 드시라고 먹을 것을 놓고 갔다고 합니다. 목사님은 자식이 공궤한 것을 왜 제가 먹느냐고 하며 어머니께서 드시라고 했더니 목사님 기운 내셔서 좋은 일 많이 하시라고 드리는 것이라고 꼭 드시라고 하십니다. 그래서 함께 감사기도하고, 장금지 할머니 아픈 곳을 안수하며 간절히 기도해 드렸습니다. 모두 장 할머니를 걱정해 주며 합심으로 기도하였습니다.

함께 모인 장금지, 이춘원, 황옥영 권사님은 서로가 너댓살 차이로 첫째, 둘째, 셋째라고 하시며 소개를 하십니다. 이춘원 할머니는 목사님께서 기도해 주셨으니까 이제 아무 탈도 생기지 않고 깨끗하게 회복될 것이라고 말씀하십니다. 그리고 감사한 것은 다리를 다치지 않고 걸을 수 있는 것이 얼마나 감사하냐고 위로도 잊지 않으십니다. 노인 어르신이 혼자서 집에 사시는 것은 때론 위험하기도 합니다. 어려울 때 늘 연락이 될 수 있도록 하는 것이 꼭 필요합니다. 그런데 세 분이 이렇게 함께 노후에 삶을 동행하는 모습은 아름답다고 생각이 되었습니다.

한참을 지나고 나니까 머리에 혹이 가라앉았습니다. 모두들 안도를 하였으나 그래도 혼자 계시니까 밤에 목사는 다시 한 번 확인을 하기로 했습니다. 저녁 늦은 시간에 장금지 할머니에게 전화를 드렸더니 씩씩한 음성이 들립니다. "목사님, 전 괜찮아요. 걱정하지 않으셔도 돼요." 전화소리가 분명하여 목사님은 너무도 감사했습니다. 그래도 다음날 아침에 또 전화를 드려 보았습니다. 장 할머니는 이제 괜찮다고 하시면서 많이 회복이 되었다고 전해 주십니다.

이제 날씨가 쌀쌀해져서 수요일에 목사님은 선풍기를 깨끗이 닦고, 난로도 설치했습니다. 박정자 집사님이 수요일 아침에 교회를 들르셨습니다. 박 집사님은 "제가 도울 일이 있으면 말씀하세요." 그래서 걸레를 씻어 오시면 고맙겠다고 하니까 걸레도 빨아 오시고, 선풍기 날개도 함께 닦아서 박 집사님과 함께 겨울채비를 함께 하게 되었습니다. "목사님, 전 정말 걱정을 많이 했어요. 목사님께서 늘 어르신들 계단을 오르시는 것을 걱정하셨는데 그런 일이 생겼잖아요. 그래도 그만해서 정말 다행이에요." 장 할머니 전화번호도 알아 놓고 연락을 했더니 이제는 혹이 다 가라앉았다고 전해 주십니다. 목사는 박 집사님의 친절한 마음을 고맙게 생각했습니다.

평강의 하나님

해마다 겨울철과 수난 주일엔 목사의 성대가 부어서 고생을 좀 했습니다. 성도들에게도 말씀을 전하는 목사의 목소리가 쉰 소리를 내니 여간 미안한 게 아닙니다. 올해도 어김없이 목소리에 이상이 생겼습니다. 새벽 기도를 인도할 때는 더욱 쉰 소리가 나오고 기침도 해서 정말 미안하고 죄송하다고 말씀을 드려도 목사의 마음은 그리 편치 못합니다. 병원에서는 "목사님, 무리하지 마시고 쉬시면서 따뜻한 물을 많이 마시세요."라고 말해 줍니다. 의사는 주사도 놓지 않고, 약도 3일간을 지어 주면서, "상태가 심하다고 생각할 때 약은 드세요."라고 처방을 해줍니다. 현대의학에서 가장 위대한 발견은 육신이 마음과 연결되어 있다는 사실입니다. 긍정적인 감정은 신경전달물질인 도파민과 옥시토신

호르몬을 만들어 뇌 속에 흘러 들어간다고 합니다. 마음이 평안하면 육체도 건강해진다는 것입니다. 비록 육체가 질병으로 고통 중에 있어도 하나님이 주시는 평강으로 건강하시길 바랍니다.

지난주에 가슴 아픈 사연이 있었습니다. 목사가 잘 아는 권사님 한 분이 만수동 하이웨이 주유소 앞에서 교통사고를 당해서 소천을 하셨습니다. 항상 인자하게 웃으며 주변에 편안함을 주시던 그 모습이 눈에 선하지만 이제는 다시 환한 미소를 볼 수 없게 되었습니다. 권사님은 목사가 아주 사랑하는 친한 성 목사님의 어머니이십니다. 25일 화요일 병원심방을 마치고 화요기도회를 하고 사택에 있는데 성 목사님께서 전화를 주십니다. "어머니가 교통사고를 당해서 소천하셨습니다." 낙심한 목사님의 음성이 귓전을 때립니다. 정말 마음이 아프고 몸에 힘이 빠지는 그런 심정이었습니다. 길병원 장례식장에 도착을 했더니, 3시간 전에도 같이 있었다는 권사님들의 이야기를 하십니다. 성 목사님은 예배를 집례해 달라고 부탁을 하십니다. 목사님은 유족들과 친구권사님들과 함께 예배를 드렸습니다. 우리 삶에는 고통과 두려움이 많이 있지만, 그래도 하나님의 말씀과 그분께서 하신 기적을 기억하고 주님이 함께 동행하시는 믿음으로 잘 이겨 내시라고 위로를 드렸습니다. 목요일에는 부평 승화원까지 하고 하관예배까지 드리며 성 목사님의 아픔에 함께 동참했습니다. 목사는 성 목사님의 슬픔을 위로할 수 없어서 그냥 옆에서 있기만 한 것 같습니다.

추계심방을 하면서 성도들의 삶에 어려움이 많은 것을 보게 됩니다. 정유선 집사님의 친정아버님께서 폐암으로 세림병원에서 토요일 아침 9시에 소천을 하셨습니다. 그동안 새벽기도 때에 기도의 동역자들과 함께 중보기도하였습니다. 수요일에는 루디아 회원들과 함께 수요예배가 끝나고 1시간 동안 집중적으로 기도를 했습니다. 평소에 1시간 이상 기도를 하지 못했던 회원들은 1시간 동안 기도하면서 기도를 운동한다는 생각을 했다고 합니다. 평소에 기도하라고 하면 10분 이상을 하는 것도 많이 하는 것으로 생각되고 또 그 이상 기도할 내용도 없다던 성도들이 1시간 이상 중보기도하면서 부르짖은 것은 하나님이 주시는 훈련이라고 생각됩니다. 강 목사님도 1시간이 언제 지났는가 생각될 정도로 빠르게 지났다고 말했습니다. 이런 기도운동을 통해서 큰사랑교회가 기적을 일으키는 체험을 하기를 소원합니다.

정 할아버지의 죽음을 통해서 무엇이 기적인가 생각해 봅니다. 정 할아버지는 중환자실에서 하루만에 퇴원을 하셨습니다. 중환자실에서 꼼짝없이 면회시간만 접견을 허락하여 혼자서 질병과 씨름했던 정태복 어르신은 얼굴이 환해지셨습니다. 말씀도 잘하시고 목사님께서 오셨다고 반기십니다. 미음도 드셨습니다. 이틀 동안 그렇게 편안한 얼굴로 계시며 효도를 받으시던 정 할아버지는 마지막 숨을 잇지 못하시고 소천을 하시고 말았습니다. 정 집사님이 "아빠." 하며 우는 모습에 목사는 가슴이 아리는 경험을 합니다. "아빠."하며 부르는 정 집사님에게 목사님은 아빠가 가장 좋은 선물을 주셨을 테니까 위로와 소망을 가지라고 말씀해 주셨습니다. 유족들은 아빠와 10일간 함께 교제하시던 분이 큰사랑교회 목사님이니까 큰사랑교회에서 장례절차를 준비해 달라고 했습니다. 토요일부터 월요일까지 장례절차에 대하여 하나님께서 섭리를 통해 기적이 일어나기를 목사는 소원하고 있습니다.

절기 때마다 피곤함으로나 육신이 약해서나 목사님의 성대가 부어서 말씀을 전할 때마다 미안한 마음이 들었으나, 한편으로는 주님과 또는 성도들과 고통을 함께 나눈다는 의미로도 해석하곤 했답니다. 그렇지만 이제 목사 스스로도 마음을 담대하게 먹으려고 합니다. 평강의 하나님께서 우리 마음에 건강할 수 있는 복을 이미 주셨는데, 우리들이 건강한 것이 하나님의 마음이 아니겠습니까? 건강에 초점을 맞추고 정기적으로 몸에게 감사를 표현해 보시길 바랍니다. "내 몸아 내가 피곤하게 몸을 써도 복잡한 기능을 잘 수행해 주어서 감사해."라고 몸에게 격려도 하시길 바랍니다. 우리 성도들이 몸에 대한 감사를 통해서 자기 자신에게 감사하고, 삶에도 감사하고, 주변에 그 감사가 넘치게 했으면 좋겠습니다. 믿음으로 감사하면 죽음도 이겨 낼 수 있는 소망을 분명히 주실 줄 믿습니다.

시샘하는 바람

'개척하는 마음으로 합니다. 1부 주일 아침 예배 8시 30분, 큰사랑교회' 플래카드가 높이 걸려 있습니다. 11월 30일 주일 오후에 양홍우 집사와 전진욱 청년, 유상진 학생이 함께 플래카드를 교회 앞에 걸었습니다. 그리고 양 집사는 은행나무에 묶여 있던 줄들이 나무 피부를 깊이 파서 상처가 생긴 것을 보고는 나무마다 올라가서 그 줄을 다 풀어 주었습니다. 매일같이 플래카드를 보면서 1부 주일 아침 예배를 위하여 기도를 드렸습니다. 그동안 직장문제로 주일예배를 드리지 못하고 있는 성도들이 계셨습니다.

강장원 집사님은 주일에도 직장에 나가야 합니다. 본인도 주일

예배를 드릴 수 있게 해 달라고 아침 일찍이 교회 성전에 와서 잠시라도 기도를 드리고 가십니다. 목사 부부는 아침에 강 집사님을 보기 위하여 주일 아침 9시면 교회에 올라왔습니다. 그리고 김영순 권사님도 주일에도 직장에서 일하셔야 합니다. 그 밖에 가게 운영 및, 직장으로 주일예배를 드리지 못하는 분들도 계십니다. 그래서 그분들을 위하여 1부 예배를 시작해야겠다는 생각을 하게 되었습니다. 이제 1부 주일 아침 예배 대상자는 "아주 소수이지만 개척도 했는데."라는 생각을 하니까 숫자가 문제가 되지 않았습니다. '시작이 중요하다.'라는 믿음이 생겼습니다. 예수님께서도 "두, 세 사람이 있는 곳에 내가 함께 있겠다."라는 말씀을 하신 것이 기억났습니다. 주중에 김종오, 김성희 집사님 내외가 일하시는 창대시장에 들렀습니다. "1부 주일 아침에 나오세요."라고 권면을 하니까 김종오 집사님은 "김성희 집사와 함께 가도록 할게요."라고 대답을 해줍니다. 이 분들이 예배를 통해서 하나님께서 주시는 새로운 세계를 경험하기를 소원합니다.

금요일 새벽에 교회에 올라오는데 플래카드가 바람에 똘똘 말려 있습니다. 줄이 끊어져 이리저리로 흔들리는 플래카드를 보게 되었습니다. '누가 그랬을까?' 그런 마음이 듭니다. 그리고 플래카드에 쓰인 내용에 누가 방해하는 것 같아 신경이 쓰였습니다. 2층 창문에서 내린 줄부터 끊어져 있었습니다. 2층으로 올라가 보니 창문턱의 모서리에 줄이 바람에 쓸려서 끊어진 것입니다. '바람이 시샘을 한다고 하는데 바람이 그랬구나.' 바람이 그랬다고 생각하니 또 다른 생각을 하게 되었습니다. 바람은 좋은 일도 하지만 시샘을 하는 바람은 피해야 한다는 생각 말입니다. 바람을 탓할 수만은 없지 않습니까?

우선 새벽기도를 마치고 플래카드를 다시 걸어야겠다고 생각을 하고 새벽기도회를 인도했습니다. 새벽기도 동역자들에게 1부 주일 아침 예배를 위하여 기도를 부탁드렸습니다. 오늘 말씀은 이사야 48장 말씀입니다. 말씀대로 살지 못하고 거듭 거역함에도 하나님께서는 즉시 심판하지 않으시고 오래 참으신 뜻은 1) 이스라엘 백성을 통하여 하나님의 사랑 안에 만인구원의 뜻이 담겨 있다고 전하고, 2) 하나님의 영광을 위하여, 3) 하나님께서는 먼저 선택한 백성을 구원하시고, 하나님의 큰 사명을 주시기 위해서입니다. 라고 전했습니다.

새벽기도회가 끝나고 기도시간에 목사님은 플래카드가 바람에 날리는 것이 마음에 쓰입니다. 그래서 일찍 내려가서 '플래카드를 다시 걸까'라고 생각을 해 봅니다. 그렇지만 정한 기도시간을 빼먹게 되는 것이라고 생각이 들어 계속 정한 기도를 다하였습니다. 그 시간에는 모든 성도들을 위해서 중보기도 대상을 위해서 기도를 하고 있기 때문입니다. 하루라도 기도를 빼먹는 것이 마음에 걸렸습니다. 그리고 바람이 기도하지 못하도록 방해하는 것이라고 생각이 들어 기도 시간을 다 채워야겠다고 생각까지 했습니다.

7시에 교회 앞으로 내려가 보았습니다. 날씨도 흐리고 어둡습니다. 아직도 플래카드는 바람에 세차게 흔들리고 있습니다. 다시 플래카드를 걸어 보려고 했지만 혼자서는 되지 않았습니다. 그렇다고 아침까지 플래카드가 똘똘 뭉쳐 있는 모습이 사람들에게 보이는 것이 모양새가 좋지 않다고 생각을 했습니다. 플래카드를 내리려고 사다리를 걸고 나무에 올라갔습니다. 캄캄한 곳에서 목사님은 사다리가 넘어지는 바람에 땅으로 굴렀습니다. 머리를 부딪치고 손을 바닥에 쳤습니다. 잠시 땅에 앉아 있는데 이마에서 피가 흐릅니다. 아침에 병원에 찾아 의사에게 물었더니 상처가 생기니 꿰매야 한다고 합니다. 그래서 이마에 4바늘이나 꿰매었습니다. 간호사에게 얼굴에 상처가 생겨 신경이 쓰인다고 하니까, "나이 드셨는데요."라고 합니다. 그리고는 "정면보다 옆이니까 다행이에요."라고 말합니다. 그렇습니다. 그나마 다행입니다. 다리 부러지지 않아서 다행이고 손이 부러지지 않아서 감사합니다.

바람이 시샘을 했습니다. 교회가 부흥하려고 하니까 방해하는 세력도 있습니다. 그렇지만 그런 바람을 타는 모습이 멋집니다. 1부 주일 아침 설교할 때 얼굴에 상처가 있어 보여도, 사람들 앞에 만날 때에 "얼굴 다치셨네요."라고 말을 들어도 좋습니다. 이 상처는 1부 주일 아침을 개척하는 영광의 상처이기 때문입니다.

등대의 빛

우리 교회에 귀한 모임 가운데 하나는 독서모임입니다. 박승희 권사, 김영순 권사, 정유선 집사, 최정희 자매, 이혜순 집사 5명입니다. 정유선 집사가 독서 모임 리더를 맡고 있습니다. 독서 모임에서는 리더십에 관련한 책을 선별하여 한 달에 한 번씩 발표시간을 갖습니다. 목사님은 독서 모임 회원 모두가 책에 대한 기대치가 높고 열정으로 참여하므로 좋은 일꾼들로 세워질 것을 기대하고 있습니다.

이번 달에는 페란 라몬-코르테스가 지은 『등대』라는 책을 읽었습니다. 이 책은 커뮤니케이션의 5가지 열쇠에 대한 내용을 5개의 등대 이미지를 통해서 찾는 내용으로, 다양하고 풍부한 삶의 적용을 보여 주고 있는 책입니다. 5가지 등대의 이름은 파바리츠, 아르트루츠 곶, 푼타나티, 카바예리아, 아이레 섬 등대입니다. 각 등대가 위치도 다르고 또한 각자의 상징성이 있는 것을 페란 씨는 독자에게 명확하게 알려 주고 있었습니다.

파바리츠는 집에서 가장 찾아가기 쉬운 장소에 있고, 특징은 정확하고 친절하게 반복되는 메시지를 전하고 있습니다. 같은 내용을 반복하고 있지만 표현하는 뉘앙스는 매번 다릅니다. 아르트루츠 곶 등대는 집에서 가장 멀리 있는 등대이지만 라이벌이 있어서 등대 주변에 다른 불빛이 있습니다. 그래서 더욱 강한 빛을 내쏘는 등대입니다. 구별된 빛인 빛을 이야기라고 저자는 해석을 했습니다. 푼타나티 등대는 육지 쪽에서는 매력 없는 등대입니다. 그렇지만 상대방인 뱃사람에게는 유용하고 특별한 언어를 줍니다. 저자는 궤변, 미사여구, 상대방에게 적합하지 않는 언어는 안개와 같다고 하면서 푼타나티 등대와 같이 상대방에게 필요한 언어를 선택하는 것이 중요하다고 지적합니다. 카바예리아 등대는 모든 등대의 표본입니다. 시간이 지남에 따라 등대의 불빛이 점점 강해지는데 메시지를 확인하는 것은 등대가 아니라 바다에 떠 있는 선박들입니다. 중요한 것은 바다에 떠 있는 선박들이 그 등대 불빛을 어떻게 받아들이는 것이냐입니다. 그러므로 상대방과 대화를 나눌 때 제스처, 표정, 눈빛이 중요합니다. 목소리의 톤을 결정하는 것은 감정이므로 카바예리야 등대는 감정과 커뮤니케이션의 관계를 잘 알려 주고 있다고 해석을 합니다. 아이레 섬 등대는 자그마한 무인도에 있습니다. 이 등대는 신호만 보내지 아무 일도 하지 않습니다. 최대한 밝게, 매력적으로 자신을 상대방에게 알리기만 합니다. 등대는 자신에게 다가갈 수 있는 길을 가르쳐 줍니다. 억지도 아니고 강요하지도 않고…… 당당하게 서 있는 등대 메시지를 바꾸지 않는 등대…… 그렇게 함으로 지나가는 배들을 안내하는 등대가 아이레 섬 등대입니다.

목사님은 모임 회원들에게 "어느 등대의 이미지를 선택하고 싶습니까?"라고 물었더니 모두들 카바예리아 등대가 좋다고 합니다. 카바예리아 등대는 등대의 표본이기에 매력이 있기도 하지만, 각자에겐 자기 특징이 있으니까 그것을 최대한 활용해야 한다고 말씀을 드렸더니 각자의 특징을 말씀해 달라고 합니다. 그래서 목사님은 앞으로 훈련을 통해서 각자의 색깔을 정하는 것으로 하자고 숙제로 정했습니다. 우리도 끊임없이 빛을 발하는 등대가 되어 사람의 마음을 얻는 빛의 자녀이기를 바랍니다.

이번 주 12월 12일 큰사랑교회에서는 노인대학에서 영정 사진을 찍어 드렸습니다. 한 달 전부터 광고를 하고 한복을 곱게 차려 입으시라고 말씀을 드렸습니다. 대토단지에 차량운행을 하려고 도착을 했더니 할아버지 한 분이 서 계셨습니다. 할머니께서 할아버지도 함께 영정 사진을 찍어야 한다고 함께 모셔 왔다고 합니다. 여기저기서 나중에 들었는데 할아버지 연세는 93세라고 합니다. 교회로 향하는 노인 어르신들의 품 안엔 연분홍색 파란색 보따리가 들어 있습니다. 안화자 어르신이 말씀하십니다. "집에서 보따리 싸서 나왔어요." 농담으로 하시는 말씀엔 사진을 찍는다는 기대가 부풀었습니다. 그러면서도 "우리도 이제는 죽음을 준비하는 나이가 되었네요."라고 진지한 말씀도 하십니다. 이 분은 지난 봄까지만 해도 다리가 불편해서 걷지를 못했었습니다. 그러나 이제는 잘 걸을 수 있어서 너무 감사하다고 합니다. 큰사랑실버라이프 노인대학에 올 수 있어서 감사하고, 그래서 다리도 빨리 나은 것 같다고 덕담을 하십니다. 이정웅 집사가 영정 사진을 찍는 것을 봉사했습니다. 이 집사는 노인 어르신 한 분 한 분 정성껏 표정도 살피고 자세를 교정하면서 사진을 찍으니, 어르신들이 모두 누구냐고 말도 잘하고 친절하다고 칭찬을 마다하지 않으십니다. 목사님 사위라고 하니 고마움을 아끼지 않고 좋은 일을 해 주어서 정말 고맙다고 말해 주십니다. 오늘은 할아버지들도 3분이 오셨습니다. 이렇게 가까운 것을 보니 다음부터는 노인대학에 오시겠다고 하십니다. 단체 사진을 나누어서 찍고 한 사람씩 작은 보조 의자에 앉게 해 드리고 사진을 찍었습니다. 배경에는 벽에 스크린을 매달아 그림자가 나오지 않도록 하였습니다. 영정 사진에 참여하신 분은 40여 분이나 되었습니다. 생각보다 많은 분들이 참여했으므로 한 분씩 사진을 찍을 때마다 '김치' 하며 웃음을 자아내려고 하는 노력 때문에 영정 사진을 찍기는 12시 30분이 훨씬 넘도록 늦어졌습니다. 할머니, 할아버지들은 수고하셨다고 말씀해 주시면서 너무 고맙다고 전합니다. 영정 사진을 찍는다는 것을 노인 어르신들도 많이 이해를 하셔서 사진 찍는 것을 즐기시는 것 같습니다. 노인대학 사역이 등대의 빛이라고 생각하며 어르신들에게 감정이 전해진 것을 확인해 봅니다.

리더는 환경변화로

큰사랑교회 사역훈련 팀은 아주 잘 운영되고 있습니다. 팀원은 박승희b 권사, 정명숙 집사, 이혜순 집사이고 팀장은 이혜순 집사입니다. 지난주 수요일에 제자훈련, 사역훈련을 마치고 소그룹 리더 훈련을 시작했습니다. 훈련생들에게 지금까지 훈련을 받은 것을 통해 변화된 것이나 얻은 것이 있으면 말해 보라고 했습니다.

그랬더니 각자 자신의 삶과 가치가 훨씬 변화되어 있는 것을 고백했습니다. 그리고 자신이 본받고 싶은 모델들을 소개하며 은혜를 나누었습니다. 목사님은 훈련생들의 고백을 들으며 행복감을 느낍니다. 사역훈련이 훈련생들에게 아주 좋은 영향을 주어 변화된 삶을 보았기 때문입니다.

예수님도 12명의 제자들을 선택하시고 효과적으로 지도하신 것을 보면 아주 작은 소수가 주는 의미는 크다고 할 수 있습니다. 사역훈련은 3명의 훈련생이라 오붓하게 자리를 만들고 질의응답식으로 훈련생들에게 그동안 많은 시간을 보냈었습니다. 처음에는 목사가 질문하는 말에 적당한 대답을 찾는 것에 망설임과 당혹스러움을 표현했지만, 이제는 많이 훈련되어 스스로가 신앙으로 성숙되었음을 고백하고 있습니다.

지난주 수요일에 큰사랑실버라이프 이야기 4권이 출간되었습니다. 출판사 민승기 사장님이 직접 교회를 방문하여 책을 배달하였습니다. 출판사 이름은 민컴입니다. 민 사장님은 교회 집사님이십니다. 그동안에는 늘 전화로만 통화하고 메일로 업무 이야기만 했었습니다. 사전에 방문 약속을 받은 것이 아니었는데 교회를 방문하신 것입니다. 교회는 처음 방문하지만 그동안 큰사랑실버라이프 이야기를 1권부터 4권까지 직접 교정을 보셨기 때문에 우리 교회 이야기를 훤히 다 알고 계셨습니다.

교회에 들어오시면서 교회 분위기가 따뜻하다고 말씀을 하십니다. 예배당을 보여 드렸더니 "저 의자가 새로 들어온 의자군요."라고 말씀하십니다. 예배당도 아름답고 교회도 살아 있는 것 같다고 말씀해 주십니다. 자신도 작은 교회에서 재정을 맡고 있다며 큰 교회도 할 수 없는 일을 하신다고 칭찬해 주십니다. 천국이란 물질보다 더 귀한 가치가 있는 좋은 사역이라고 경험을 이야기해 주셨습니다. 민 사장님은 문서사역을 통해서 한국 교회를 섬기고 싶다며 꿈을 이야기했습니다. 그래서 우리 교회에도 문서사역을 하고 싶다며 동역자가 되어 달라고 부탁을 드렸습니다.

숫자가 작은 것을 주장하기보다는 교회의 체질을 가정과 같은 분위기로 만드는 것이 필요합니다. 그동안 사역훈련생들과 함께 배우고 함께 은혜를 나누고 함께 자랄 수 있었음을 감사드립니다.

소그룹 모임을 통해서 우리는 5가지를 치료받을 수 있습니다.

1) 일반화입니다. 일반화는 평소에 자신만의 문제라고 생각했던 것이 다른 형제에게도 있는 것을 발견하게 되는 것입니다. 인생이란 한배를 탄 모습입니다.

2) 인간 상호 관계 학습입니다. 작은 공동체 안에서는 다른 사람 때문에 자기의 장단점이 무엇인가를 알 수 있습니다.

3) 그룹 애착심입니다. 소속한 멤버가 작은 공동체를 무척 사랑하고 귀히 여기게 됩니다.

4) 모방입니다. 좋은 점을 가진 형제를 자기도 모르게 모방하려는 성향이 강하게 나타납니다.

5) 카타르시스입니다. 감정을 확 풀어놓으면 정서적인 안정과 평온을 찾을 수 있습니다. 작은 공동체는 감정을 흡수할 수 있는 분위기를 만들어 줍니다.

사역훈련을 통해서 훈련생들은 그동안 느낌을 쉽게 말할 수 있는 경험을 했습니다. 그럼으로 영적으로 훌쩍 성장한 것을 목사는 볼 수 있습니다.

이번 주에 주방시설을 했습니다. 그동안 주방공사는 나중에 하자고 미루었는데, 마침내 싱크대 밑이 주저앉는 바람에 물이 새고 당장 주방설비를 하지 않으면 안 되게 되었습니다. 그래서 그동안 재정 때문에 미뤘던 일도 주방시설을 못쓰게 되니까 당장에 설비를 하게 되었습니다. 인생의 고난이라는 환경은 어쩌면 시설이 고장 나는 그런 모습일 겁니다. 그러나 그것 때문에 당장에 고쳐야 하는 당면과제가 되는 것이라는 것을 깨닫습니다. 환경은 어쩌면 우리 체질을 변화시키는 훌륭한 교사입니다. 그 환경이 작은 공동체 소그룹이기를 바랍니다.

19일 금요일에는 노인대학 방학식을 했습니다. 3월 6일 개강을 한다고 하니까 다른 대학에선 2월 첫째 주에 개강을 한다고 하며 참조하라고 압력을 넣습니다. 방학 때 갈 곳이 없다는 것입니다. 그래서 강 목사는 2월 둘째 주일에 하는 것으로 광고를 했습니다. 이혜순 집사가 기도를 하고, 박소영 노래강사는 특송을 했습니다. "멋지게 늙어 가자"라는 말씀으로 어르신들이 방학 때도 즐거운 마음으로 건강하고 개학 때 한 사람도 빠지지 말고 다시 만나자고 말씀을 드렸습니다. 층계를 힘들게 오르는 어르신들도 노인대학에서 행복을 주기 때문에 힘들지 않고 오를 수 있었다고 말씀해 주십니다. 작은 공동체를 이렇게 행복하고 따뜻하게 만들 수 있었던 것은 큰사랑교회 성도들 여러분이십니다.

己丑年 새해 복 많이 받으세요

2008년 무자년이 지나고 2009년 기축년이 왔습니다. 고대로부터 우리나라는 子(쥐), 丑(소), 寅(호랑이), 卯(토끼), 辰(용), 巳(뱀), 午(말), 未(양), 申(원숭이), 酉(닭), 戌(개), 亥(돼지)의 12띠를 통하여 새해의 새롭게 시작하는 풍습이 있습니다. 그러니까 작년 무자년은 쥐띠 해였고, 2009년도는 두 번째의 띠로 소띠 해가 됩니다. 소는 고대 농경사회로부터 살림살이 제1호에 들 만큼 귀한 재산가치가 있는 가축으로 사람들이 사랑하는 동물입니다.

우리 성도들이 기축년에는 하나님 나라의 가치로 풍성해지기를 바랍니다. 작년에는 미국 소 때문에 한우가 여러 가지 도전을 받았던 기억도 있습니다. 그래도 한우는 우리가 사랑하는 동물입니다. 새해가 밝아 오면서 동해 바다의 울릉도가 소개되었습니다. 울릉도에는 오징어만 유명한 것이 아니라 울릉도 약소도 유명하다고 소개되었습니다. 울릉도에는 지천으로 약초가 있어서 그 약초를 먹고 자란 소가 인기가 많다는 것입니다. 새해에 벌써 울릉도에 가서 약소불고기를 시식하고 있는 관광객들의 모습을 보며 부럽게 바라보며 제 아내는 우리도 울릉도에 한번 가자고 말합니다. 금년에는 울릉도에 한번 갈 기회가 있을까 모르겠습니다.

새해 밝은 태양이 떠오름같이 덕담을 많이 주고받았습니다. 연초와 연말에 지인들에게 문자로 카드로 새해축복을 하는 메시지를 보냈는데 제 핸드폰에도 많은 문자가 울립니다.

"새해 복 많이 받으세요. 신○○ 올림/새해에는 뜻하시는 일 모두 이루시기 바라며 복 많이 받으십시오. 강○○……/박 목사님, 감사합니다. 새해에는 주님의 넘치는 복을 받으세요. 박○○……/목사님 두 분 새해 복 많이 받으시구요 송구영신 때 뵙겠습니다. 원○○……/지금까지 축복해 주시고 기도해 주셔서 감사합니다. 새해에 더욱 건강하시고, 두 분 목사님께서 계획하시는 하나님의 사업이 아름답게 이루어지기를 기도합니다. 김○○……/성원에 감사드리고 기축년에는 소원성취하시고 가내 건강과 행복을 기원드립니다. 김○○……/목사님 새해 복 많이 받으시고 건강하세요. 이○○……/2009년엔 건강, 사랑, 행복, 언제나 웃음 가득히~ 안○○……/보내 주신 배려에 이렇게 마음을 전합니다. 새해에는 더 새롭고 웅대한 포부로 하시는 일마다 괄목할 만한 발전이 있는 한 해 되기를 기도합니다. 강○○……/올 한 해 기도와 사랑에 감사드리며 새해 강건하시고 승리하시길 기도합니다. 고○○……/2009년도에 계획한 일이 착착 이루어지기를…… 기도합니다. 이○○……/기축년 새해 복 많이 받으세요. 기○○……/목사님 감사합니다…… 은혜받았습니다. 행복하시고 건강하셔요. 사랑합니다. 강○○……/성령충만, 만사형통, 새해를 맞이하여 하나님의 크신 축복이 충만하시길 기도합니다. 이, 정○○……/목사님 두 분 웃음 속에서 따뜻한 사랑을 느낍니다. 2009년도 새해에도 늘 건강하시고 승리하시는 삶이 되기를 기도드립니다. 이○○ 부부 드림……."

따뜻하고 정감이 넘치는 밝은 인사와 덕담들을 통하여 새해에 하나님의 사랑의 역사를 기대합니다. 이번 송구영신예배 때는 성도들 거의 전부가 오셔서 새해를 아름답게 시작을 하셨습니다. 새해에는 말씀충만으로 성령충만의 체험을 하자고 전하며 우리 성도들이 정체성은, 주인 되신 하나님의 종이고, 임금 되신 예수님의 신하이며, 하나님의 나라의 백성임으로 새해를 하나님의 종으로, 신하로, 백성 됨으로 출발하자고 전했습니다. 가족별로 기도제목을 써 낸 것은 담임목사가 일 년 동안 새벽기도회 때 기도해 드린다고 약속을 했습니다. 가족별로 앞자리에 나와서 담임목사의 안수기도를 받고 돌아가는 성도들의 마음속에는 이미 하나님 나라가 이루어진 것을 확신합니다.

루디아 회원들은 송구영신 예배를 끝나고도 새벽까지 철야를 하며 성전에서 기도하는 것으로 새해를 시작했습니다. 그리고 일부성도들과 함께 1월 1일 아침 9시 30분에는 갈멜산 기도원에 가서 새해를 맞이하며 하나님께 부르짖고 기도를 했습니다. 기도원 원장의 말씀 메시지에도 한 해를 출발하는 마음은 왕 되신 하나님의 신하로 하나님의 말씀을 어명으로 알고 순종하자고 전하셨습니다. 소띠한 해 동안에 하나님의 말씀이 풍성하고 영적으로 부유한 행복한 새해 되시길 축복합니다.

한 편의 시처럼 살게 하소서

이해인 시인은 고백의 기도에서 당신을 위한 기도가 그대로 한 편의 시가 되게 해 달라고 기도합니다.

"당신 안에 숨 쉬는 나의 내일이 읽을수록 맛 드는 한 편의 시가 되게 하소서."라며 "때로는 아까운 말도 용기 있게 버려서 더욱 빛나는 한 편의 시처럼 살게 하소서."라고 노래했습니다.

2009년도를 시작하면서 한 편의 시처럼 시작되길 소원합니다. 하나님께 영광 돌리며 하나님의 가치를 이루기 위해서 내 것을 버리는 행동이 얼마나 절실한 지를 생각하며 말입니다. 새해가 시작되면서 목사는 새해의 성도들의 삶에 실제로 적용되는 것을 보고 싶습니다. 성도들이 성령을 받고 행복해하는 모습을 말입니다.

월요일 4일이 소한이었습니다. 월요일부터 소한 추위가 조금 늦게 온 것 같다고 생각하며 목사는 아파트 단지 길을 걸어 새벽기도를 하러 옵니다. 추위라고 느끼기에는 이른 봄이 오는 것 같은 그런 기온이 마뜩지는 않았었는데, 목요일부터 쌀쌀한 기온에 석유 난로에 불을 지폈습니다. 새벽기도시간에 올라올 때는 몸에 열이 생겨 추위를 못 느끼지만, 한창 기도 중엔 몸에 냉기가 올라와 기도시간을 늘릴 수가 없습니다. 그래서 난로의 열기를 한 단계 더 올려놓았습니다. 요즘 새벽기도를 하러 오시는 분이 10여 분 계십니다. 새해를 결단하며 시작하는 거룩한 모습입니다. 결단과 행동, 그리고 고백하는 삶의 모습입니다.

김춘수 시인의 '꽃'이라는 시가 생각납니다.

내가 그의 이름을 불러 주기 전에는 그는 다만 하나의 몸짓에

지나지 않았다. 내가 그의 이름을 불러 주었을 때 그는 나에게
로 와서 꽃이 되었다. 내가 그의 이름을 불러 준 것처럼 나의
이 빛깔과 향기에 알맞은 누가 나의 이름을 불러다오. 그에게로
가서 나도 그의 꽃이 되고 싶다. 우리들은 모두 무엇이 되고 싶
다. 너는 나에게 나는 너에게 잊혀지지 않는 하나의 눈짓이 되
고 싶다.

　하나님의 가치를 우선시하며 사는 삶에 하나님께서는 거룩함이
라고 꽃 이름을 불러 주실 것이라고 믿습니다.
　우리 성도들에게 위로를 주고 싶어 이기철 시인의 '저물어 그리
워지는 것들'을 소개합니다.

　　나는 이 세상을 스무 번 사랑하고 스무 번 미워했다. 누군들 헌
　　옷이 된 생을 다림질하고 싶지 않은 사람 있으랴. 유독 나한테
　　만 칭얼대는 생 돌멩이는 더 작아지고 싶어서 몸을 구르고 새들
　　은 나뭇잎의 건반을 두드리며 귀소한다. 오늘도 나는 내가 데리
　　고 가야 할 하루를 세수시키고 햇볕에 잘 말린 옷을 갈아입힌
　　다. 어둠이 나무 그림자를 끌고 산 뒤로 사라질 때 저녁 밥 짓
　　는 사람의 맨발이 아름답다. 개울물이 필통 여는 소리를 내면
　　갑자기 부엌들이 소란해진다. 나는 저녁만큼 어두워져서는 안
　　된다. 남은 날 나는 또 한 번 세상을 미워할는지 아니면 어제보
　　다 더 사랑할는지

　유독 경제가 어렵다고 모두들 힘들지만 우리 삶을 하나님 앞에
서 노래해 보시길 바랍니다.
　새벽을 깨우며 기도하시러 오시는 분들은 겨울나무에서도 꽃봉
오리를 피우시는 분처럼 보입니다. 어느 시인은 봄 꽃망울이 틔우
는 것을 보고 '졸탁'이라고 불렀습니다. 병아리가 안에서 밖으로

나가려고 쪼는 것을 卒(졸)이라고 말합니다. 그러나 병아리는 힘이 부쳐 알을 깰 수가 없습니다. 안에서 병아리 부리로 두드리는 소리를 듣고 어미 닭이 밖에서 쪼는 것을 啄(탁)이라고 부릅니다. 卒啄同時(졸탁동시)는 안에서 쪼고 밖에서 깨는 것이 동시에 이루어진다는 뜻입니다. 동시에 발생해야 알이 깨어나듯이 어떤 일도 완성이 되려면 졸탁동시가 되어야 합니다.

우리는 하나님께 부르짖고 하나님께서는 우리 기도를 통해서 일하시는 절묘한 기적을 체험하시길 바랍니다. 그러기 위해서는 내가 먼저 변화해야 하고, 하나님의 부르심을 경청하고, 타이밍을 통해 예배하고, 그것을 지속적으로 변화와 혁신을 통하여 기다린다면 행복한 일들이 생길 줄 믿습니다.

지난 9년을 타던 아토즈 차를 매각했습니다. 그리고 아반테를 구입했습니다. 아토즈는 그동안 교회개척에 매우 기여를 많이 했었습니다. 강 목사가 한 주간 매우 조심스럽게 운전을 하고 있습니다. 어깨가 뻐근하다고 합니다. 왜 그러냐고 물으니 차를 주차하는데 너무 조심스러워 그랬다고 합니다. 아반테는 아토즈보다 사이즈가 조금 커서 주차하는 데 익숙하지 않아서 그랬던 것입니다. 조금 사이즈가 커진 차에 대해 조심하고 신중해하는 제 아내가 한편으로 순진해 보이고, 또 한편으론 미안한 마음도 듭니다. 그동안 경차를 운전하며 익숙해 있는 아내에게 이제는 사모 같다는 어느 성도의 고백도 쑥스럽습니다. 우리 모두는 몸의 지체들입니다. 한 지체가 움직이는 것은 몸짓에 불과하지만 시처럼 절제하며 아까운 말도 용기 있게 버린다면 우리는 시처럼 살 수 있습니다.

믿음의 능력

현대 사회는 자주 믿음이라는 것을 소망적인 생각으로 해석합니다. '나는 모든 일이 잘되기를 바래. 나는 잘될 거야. 나는 믿음이 있어'라는 정도로 말입니다. 성경은 믿음을 그렇게 말하고 있지 않습니다. 믿음에는 두 가지 의미가 있습니다. belief와 faith가 그것입니다. belief는 하나님을 아는 의미이고, faith는 하나님을 신뢰하고, 맡기는 것과 충성을 다하는 의미가 있습니다. 우리 성도들이 믿음의 능력을 회복했으면 좋겠습니다. 하나님의 자녀들이 믿음의 능력을 잃었으면 더 이상 크리스천이 아닙니다.

3일 동안 굶은 호랑이가 있었답니다. 먹이를 찾아다니다가 어설프게 쭈그리고 있는 토끼를 보고 한발에 낚아챘습니다. 그런데 토끼가 고개를 빳빳이 들고 호랑이를 째려보면서 이렇게 말합니다. "이거 놔 임마!" 생각치 못한 반응에 충격을 받은 호랑이는 얼떨결에 토끼를 놓아주고 말았습니다. 다음 날 충격에서 깨어나지 못한 채로 방황하던 호랑이 앞에 또 한 마리의 토끼가 나타났습니다. 이번에도 역시 간단하게 한발로 토끼를 낚아챘습니다. 그러자 토끼가 이러는 겁니다. "나야 임마!" 그 토끼는 바로 어제 그 토끼였던 겁니다. 깜작 놀란 호랑이는 그 토끼를 얼른 놓아주었습니다. 호랑이는 놀란 가슴을 쓸어내리면서 다시는 저 무서운 토끼를 알아보지 못하는 실수를 하지 않겠다고 다짐을 했습니다. 후들거리는 내 다리를 억지로 이끌고 굴로 들어가 쉬었습니다. 다음 날 또 토끼를 잡았습니다. 이번엔 분명 그 토끼가 아닌 다른 토끼였습니다. 그런데 호랑이는 그 토끼가 한 말에 쇼크를 받아 그만 죽어 버리고 말았습니다. 도대체 이 토끼가 호랑이에게 무슨 말을 한 것일까요? "소문 다 났어 임마!" 비록 유머지만 이 이야기 속에는 우리들의 모습을 풍자하고 있습니다. 발톱이 빠지고 이빨이 흔들리는 무늬만 호랑이인 그런 모습의 크리스천 말입니다.

사람들이 예수님에 대해 듣기를 싫어합니다. 친구들에게 예수님 이야기를 하면 '왕따' 되는 분위기라고 말합니다. 교회 안에도 능력으로 역사하는 믿음을 가진 크리스천들이 많지 않습니다. 다 누리려고 신앙생활을 하지, 헌신하려고 신앙생활을 하지 않습니다. 그러다 보니 예수 믿는 능력이 생활에서 나타나지 않습니다. 말세에는 믿음을 보기가 쉽지 않습니다. 그러나 주님은 말세에 믿음을 지키는 용사를 꼭 보기 원하십니다. 사도행전 2장 43절에서는 '사람마다 다 두려워하는데 사도들로 인하여 기사와 표적이 많이 나타나니'라고 기록하고 있습니다. 불신자들이 초대교회 크리스천들을 두려워했다는 것입니다. 이들을 보면 하나님이 함께하시는 것이 보였기 때문입니다. 기적이 일어나고, 병도 낫고, 표적도 보이고, 그러면서 서로 죽도록 사랑하고, 똘똘 뭉쳐 하나 되고…… 그러니 사람들이 두려워한 것입니다.

이번 주 독서모임에서 결단과 적용 예화를 소개를 합니다. 사역훈련 중에 저는 '교회론'을 배웠습니다. 그래서 이번 독서모임 준비를 하는 데 개인적으로 많은 도움이 되었습니다. '좋은 교회를 얻는 것은 좋은 남편이나 아내를 얻는 것 못지않은 행복의 조건이라 할 수 있다. 교회가 바로 서서 잘 지도하고, 돌보아 주지 아니하면 한 사람도 자기 믿음을 끝까지 유지하지 못할 것이다.' 이런 의미에서 교회는 믿는 자들에게 영적인 어머니가 됩니다. 이 모든 부분이 교회 목회자뿐만 아니라 우리 성도들도 하나님 중심으로 생활하고 노력하고 훈련하면 영적인 어머니 같은, 좋은 교회가 될 수 있을 거라고 생각합니다. 하나님은 올바른 그리스도인을 위해서 교회에 사도, 선지자, 복음을 전하는 자, 목사와 교사(엡4장 11-13) 등 지도자들을 세워 주셨습니다. 우리 모두는 교회지도자를 잘 따르고 비전에 동역하고 맡은 바 직분, 사명을 잘 감당할 때 영적 성숙을 이룰 수 있고, 갈등 없는 행복한 교회될 수 있으리라 믿습니다. 이렇게 교회 목회자와 성도들이 하나님 중심으로 생활하고 노력할 때, 영적인 어머니 같은 교회가 될 수 있습니다. 저 또한 이런 교회가 될 수 있도록 노력하겠습니다.(이)

우린 주님을 기쁘게 하는 데에 우리 전 존재를 다 걸어야 합니다. 사도바울과 마가의 다락방에서 성령을 받은 베드로의 헌신처럼 우린 그들을 모델로 삼고 매순간 하나님과 화평을 유지해야 합니다. 올해는 어깨가 무겁게 4국(교육, 문서행정)을 대표하는 국장의 직분을 맡게 되었습니다. 이 또한 얼마나 부담이 되는 줄 모릅니다. 하지만 이 일을 통해 하나님께 순종하기로 결단합니다.(정)

교회 내 갈등이란 주제를 통해서 내 삶의 모습을 성찰하게 되었습니다. 나 자신이 교회의 일원으로서 어떤 사람으로 성장할지 기대해 봅니다. 나에게 리더십이란 온유함으로 다른 사람들에게 영향력을 끼쳐서 공유하는 목적으로 함께 나아가는 것이라 생각합니다.(최)

우리가 얼마나 하나님 앞에서 깨어 있어 겸손함으로 낮아져서 말씀과 기도로 무장해야 하는가 생각하게 되었습니다. 2009년도에도 아름다운 보석의 신부들이 세워져 서로 격려, 칭찬, 중보, 기다림, 사랑과 돌봄의 교회가 되길 소원합니다.(박)

믿음이 그리 크지 못해도 하나님의 통치를 느끼며, 말 뒤에 행동이 따르는 믿음의 능력을 가지길 축원합니다.

듣는 귀는 천국입니다

잘 듣는 것은 아주 중요한 일입니다. 어느 사람이 예수께 찾아와서 하나님의 일을 하려면 어떻게 해야 하느냐고 물었습니다. 예수께서 대답하실 때 하나님의 일은 하나님의 일을 듣는 것이라고 말씀하셨습니다. 예수께서는 이 땅에 오셔서 하나님의 나라를 선포하셨습니다. 그래서 늘 들을 귀 있는 자는 들으라고 말씀하신 것입니다. 늘 예수님의 관심사는 하나님 나라 천국이었습니다. 우리 성도들이 하나님 나라를 늘 관심 갖고 하나님 나라의 일에는 앞장서시기 바랍니다.

화장을 맨 처음 시작한 사람들은 고대 이집트 여인들이었다고 합니다. 자신의 매력을 한층 돋보이게 하려는 의도에서였습니다. 천연두가 유행했던 중세에는 마마 자국을 감추려고 화장을 진하게 했습니다. 서커스단의 분장사는 사람들을 웃기려고 피에로 화장을 합니다. 아프리카나 뉴기니 원주민들은 전쟁을 할 때 무섭게 보이려고 화장을 합니다. 마치 카멜레온이 상대방과 싸울 때 붉은 색을 진하게 내듯이 말입니다.

화장을 하는 이유는 제각기 다르지만 근본 이유는 결국 남을 속이기 위한 것인지도 모릅니다. 화장을 잘하면 얼굴의 결점도 감춰지고 더 아름답게 보입니다. 화장은 여성들만의 전유물이 아닙니다. 남녀 구별 없이 사람들은 여러 가지 모양으로 화장을 합니다. 학벌, 가문, 출신지역, 돈, 명예, 따위의 다양한 화장도구들을 사용

합니다. 그것으로 자신의 본래 모습을 감추고 남들 앞에서 좀 더 멋진 사람으로 보이려고 애씁니다. 하지만 얼굴에서 화장이 지워질 때, 추한 모습이 하나 둘, 드러납니다. 지워진 자국에서 차츰 드러나는 본래의 얼굴이 곱기는 어렵습니다.

이 세상에 살면서 우리는 얼마든지 화장을 할 수 있습니다. 그러나 잘못된 화장은 언젠가 지워지게 마련입니다. 설령 이 땅에서 지워지지 않는다고 해도 하늘나라에서는 모든 게 지워질 것입니다. 주님은 바리새인들에게 자주 질책을 하셨습니다. "회칠한 무덤 같은 너희들, 외식하는 자들아!" 무슨 말씀일까요? 화장에 익숙한 자들이란 말입니다. 속을 그대로 보인다는 말입니다. 겉과 속을 달리하지 말라는 말입니다. 위조화폐가 통용되지 않듯이, 하늘나라에서는 거짓이나 위선이 통하지 않습니다. 언젠가 화장이 지워지기 마련이기 때문입니다.

에이브러햄 링컨이 이런 말을 했다고 합니다. "사람이 40세 때에는 자기 얼굴에 책임을 져야 합니다." 40세 전까지는 가꾸어 가는 인생이지만 40세가 되기까지는 이미 그 과정에서 사람이 만들어져 있어야 한다는 말도 될 것입니다. 어느 교수님이 재미있는 말을 해서 전합니다. 젊었을 때 아름다운 사람들, 즉 탤런트들이 중년이 지나고 노년에 접어든 모습을 보면 좀 외로워 보이는 것 같다는 것입니다. 어딘가 풍성함이 없고 쓸쓸해 보인다는 이야기를 했습니다. 그런데 좀 못생겼다는 탤런트들이 젊었을 때에는 인기도 부족하고 해서 고생을 하는 것 같았는데, 어느 날 중년이 되고 나이가 든 모습을 보았더니, 어딘가 여유가 있어 보이고 풍성해 보이더라는 것입니다. 왜 그럴까 생각해 보니 잘생긴 탤런트는 자기의 잘생긴 모습에 교만해서 사람들을 무시한 경향이 있었을 것이고, 못생긴 탤런트는 자기가 못생겼기 때문에 더욱 주변의 사람들에게 도움을 청하고 해서 사람들과의 교제의 영역이 넓어져서 그랬을 것이라는 것입니다. 저는 그 이야기를 듣고 그럴 수도 있겠구나 하고 생각을 해 보았습니다. 젊었을 때의 잘생긴 얼굴은 화장을 한 것뿐입니다. 외모 지상주의도 화장이라고 생각이 듭니다. 나이가 들면 지워지는 화장 말입니다.

지금 내가 만들어진 것은 내가 잘나서가 아닙니다. 처음에는 하나님께서 나를 부르셨고, 부모님이 나를 있게 하신 것입니다. 그리고 인생이라는 삶을 살면서 나를 도와준 많은 사람들이 지금의 나를 함께 만들어 간 것입니다. 그러기 때문에 내 삶은 내 것이 아닐 수밖에 없습니다. 우리 모두가 함께 사용해야 할 우리들의 것이고, 하나님의 것이라고 말할 수 있습니다.

녹음을 하여 자기 목소리를 들어 보면 처음에는 참 이상합니다. 저게 내 음성인가? 의심이 들 정도입니다. 저도 설교녹음을 하여 들어 보면 늘 만족하지 못합니다. 나 같지 않기 때문입니다. 왜 그러냐 하면 자기가 발음한 음성을 가장 아름답게 들을 수 있는 위치는 자신의 귀라고 합니다. 자신의 귀의 위치가 자기 음성을 가장 아름답게 들을 수 있는 장소라는 것입니다. 우리는 눈으로 보아야 하는 외모보다는 귀로 들을 수 있는 자신 속에서 들리는 목소리를 들어야 합니다. 내 안에 계시는 주님의 목소리, 늘 하나님 나라를 말씀하시는 예수님의 음성을 내 귀로 들을 수 있다면 그 장소는 천국입니다.

봄을 준비하며 희망의 길을 갑시다

목사 방에서 동쪽 창문 바로 앞에는 산이 있습니다. 비록 120m 남짓 작은 산이지만 거미산이라고 부릅니다. 다른 이름도 있는데 머리산이라고도 부릅니다. 커튼을 젖히면 계절마다 머리산에서는 살아 있는 풍경화를 제공하고 있습니다. 푸른색, 붉은색, 노란색, 갈색, 회색, 흰색의 채색은 살아 있음을 알리는 메시지로 들립니다. 오늘은 창문커튼을 여는데 겨울나무가 잔잔하게 무리지어 모여 있는 모습이 마치 무슨 일을 시작하듯이 준비하며 회의를 하는 모습 같습니다. 겨울나무 모습을 보면 참으로 신기합니다. 가을에 잎이 다 떨어지고 말라진 나뭇가지마다 이미 죽어 버려 다시 돌아오지 못할 것 같았는데, 봄이 되면 다시 싹이 트고, 생명을 재생하는 모습이 참으로 신기할 뿐입니다. 머리산의 봄단장을 위하여 나무들은 머리를 맞대며 회의를 하는 모습같이 보입니다.

목사 방 창문 바로 앞에는 은행나무 6그루가 심겨져 있습니다. 지난 가을 철에는 노란 은행잎이 여간 감동적인 것이 아니었습니다. 특히 은행나무 가지는 모두가 팔을 벌린 것처럼 뻗어져 있어서 가슴을 펼친 희망의 나무들처럼 보입니다. 그 노란색이 지금은 안 보이지만 저 나무속에는 노란색이 가득 심겨져 있음을 알고 있습니다. 2009년도의 색 이미지는 노란색이라고 합니다. 경제적으로 어려움을 겪고 있는 사람들에게 희망을 주자는 의미에서 풍요로움을 상징하는 노란색이 정해졌다고 합니다. 은행나무 속에 노란색이 심겨져 있듯이 어려운 이들 마음속에도 노란색의 이미지가 심겨지기를 바랍니다.

지난주 수요일엔 입춘이었습니다. 이제 대기는 봄을 이미 준비하고 따스한 봄바람을 만들고 있습니다. 봄, 듣기만 해도 설레는 계절입니다. 겨울나무들은 봄소식을 이미 듣고 싹을 틔우며 땅속 깊은 곳에서 물을 긷고 있습니다. 나무들, 참 부지런하지요? 목사는 나무들을 칭찬하고 싶어집니다. 새벽기도회에 오시는 분들이 많아졌습니다. 그동안 보이지 않으시던 동네 분들이 부부, 모녀, 모자 등 가족 단위로 오시는 분들도 계십니다. 새벽을 깨우며 기도하시는 분들의 살아 있는 영성을 보면 거룩해 보이고 아름답게 보입니다.

이제 겨울이 지났습니다. 봄을 준비하고 희망의 길을 새롭게 시작하는 계절이 되었으면 합니다. 노인대학 어르신들이 매주 전화를 주십니다. 목사님 내외분께 인사를 드리기 위함이라는 것입니다. "겨울철이 지났으니까 빨리 보고 싶어요."라고 말씀해 주십니다. 노인대학 봄 개강을 기다리는 어르신들의 마음을 고맙게 생각합니다.

이번 주일은 큰사랑교회 8주년 창립기념주일입니다. 또한 박태성, 박동원 집사님의 명예 권사 임직식도 함께 있습니다. 금요일에 플래카드를 거니까 분위기가 고조됩니다. 금요일 밤에 강장원 집사와 함께 플래카드를 걸었습니다. 강 집사는 금요기도회를 마친 후에 밤늦게 교회 청소를 하였습니다. 양홍우 안수집사가 토요일에 전화를 했습니다. "바울선교회에서 생일 떡은 준비하겠습니다." 박승희 권사는 루디아에서 꽃다발과 과일을 준비하겠다고 합니다. 정유선 집사는 강대상의 꽃꽂이를 하였습니다. 강대상이 꽃으로 환합니다. 꽃은 볼수록 참 아름답습니다. 교회 생일을 준비하는 사람들이 많아지니 목사는 기분이 좋아졌습니다. 모두들 꽃과 같이 활짝 피어나는 일꾼들이 되기를 바랍니다. 함께하는 모습은 승리를 안겨 줍니다. 그들에게 따뜻한 격려와 복을 빌고 싶습니다.

목요일에 제37회 인천남지방회가 있었습니다. 아침 9시에 예배를 시작하고 저녁 5시까지 회무를 통해서 목사부부는 지방회에 참여하여 많은 이야기를 들었습니다. 특히 지방회 교회들의 부흥과 또한 어려움에 처한 교회 소식을 듣게 되었습니다. 작은 교회를 염려하는 지방회의 마음을 읽게 되었습니다. 한 지체로서 지방회의 건강한 부흥을 기대해 봅니다. 우리 큰사랑교회도 이제는 지방회의 한 지체로서 건강하고 칭찬받는 교회로 성장할 것을 다짐해 보았습니다.

교회에서 훈련받고 열심히 충성을 하는 사람들도 세상에 나가면 전쟁에 패하는 경우를 종종 봅니다. 영적으로 깨어 있지 않으면 전쟁에는 패하고 맙니다. 또한 참으로 영적으로 깨어 있지 않으면 자신이 세상에서 패하여 죽은 것인지도 모르는 경우가 있습니다. 양심에 화인이 맞은 거지요. 목사 방 앞의 머리산에 있는 나무들과 창문 바로 앞의 6그루의 은행나무를 보면서 봄을 증거하는 귀한 모습을 봅니다. 하나님의 신실하신 언약은 하나님의 백성인 우리에게 큰 민족과 땅과 복의 근원이 되게 하시는 것입니다. 하나님께서 우리를 세상에 보내신 것은 하나님의 언약을 성취하시기 위한 것입니다. 세상을 이기는 사람들은 이런 귀한 믿음을 갖고 말씀과 예배의 증거자가 되는 사람들입니다. 큰사랑교회 모든 성도들이 이런 귀한 성도들이 되시길 바랍니다.

8주년 창립 기념예배

2001년 2월 11일 만수동 12번지에서 교회를 창립한 것
이 어언 8주년이 지납니다. 그해는 눈이 엄청 내렸지
요…… 제 기억으로는 눈이 30㎝가 넘어서 만수주공 4단지에는
차량이 미끄러워 다니질 못했습니다. 그때 차를 주차해 놓았다가
밤새 눈이 내려 주차된 차 주변에 눈이 쌓여 빠져 나오지 못했던
기억도 있습니다. 종탑을 세우는 데 하늘이 보이지 않을 정도로
눈이 쏟아져 4층 옥상에서 눈을 맞으며 십자가를 바라보았던 기억
도 있습니다. 그 당시 상가 내에서는 종탑을 세우면 아파트 주민
이 반대할 것이라고 해서 종탑을 세울 때 긴장을 무척 많이 했었
습니다. 그래서 눈이 오는 그날이 얼마나 편한 마음이 들었는지
모릅니다. 하나님이 십자가 종탑을 세울 수 있도록 간섭하신다고
믿음이 들었습니다. 이제 세월이 흘러 8주년이 되었습니다. 감회가

무척 남다릅니다. 특별히 이번 교회 생일에는 80세를 넘기신 박태성 권사님과 박동원 권사님의 명예 권사취임을 할 수 있어서 의미도 있고, 기쁨이 더욱 컸습니다. 두 분은 교회 창립부터 큰사랑교회를 섬겨 주신 창립 멤버이십니다.

낮 예배를 드리면서 교회 모든 성도들이 함께 축하하여 주셨습니다. 교회에서 드리는 권사취임 메달과 축하 꽃다발을 드릴 때에 상기된 모습이 되셨습니다. 예배 중에 담임 목사와 함께 기념사진도 함께 찍었습니다. 임직은 만세 전부터 이미 하나님의 계획 안에 있는 하나님의 사역이십니다. 본인들은 "이 나이에 그냥 신앙생활을 하겠습니다."라고 하셨지만 그래도 하나님의 계획은 사람과는 다른 영역이 있습니다. 아무리 연세가 드셨더라도 오르지 못할 산은 없다고 믿습니다. 아브라함도 75세에 하나님의 부르심을 받았고, 갈렙도 80세에 하나님이 약속하신 땅을 정복하겠다고 나섰습니다. 비전으로 성공하는 성숙의 길에서는 육신의 정력보다는 심력이 더욱 중요하다고 생각을 합니다. 두 분의 인생 경험에서의 시련과 역경들이 신앙에서는 심력을 보여 줄 수 있는 힘이 되시길 바랍니다.

영어에 '보는 것을 얻을 것이다.'라는 말이 있습니다. 육안이 아닌 두뇌를 가지고 세계와 미래를 선명하게 내다보면 인생에서 무엇을 성취하고 어떻게 살 것인지를 알게 됩니다. 아프리카의 성자라고 불렸던 알베르트 슈바이처 박사는 자녀 교육에서 가장 중요한 것 3가지를 이렇게 말했습니다. 첫째도 본보기, 둘째도 본보기, 셋째도 본보기라고 말입니다. 자녀 교육의 가장 중요한 단어는 페어런팅 parenting인데 그 의미는 부모가 되는 것입니다. 즉 엄마는 엄마 역할, 아빠는 아빠 역할을 제대로 해서 생활 속의 본보기가 되는 것입니다. 교육에서는 인물이 되려면 인물을 만나야 한다는 말이 있습니다. 인물이 되는 데는 역할 모델이 필요하다는 것입니다. 교회 생일을 맞이하여 큰사랑교회 모든 임직자들에게 당부드리고 싶은 말이 그것입니다. 여러분은 가정의 역할 모델이 되시길 바랍니다.

금요일에 영종 벧엘교회에서 연합으로 금요기도회를 다녀왔습니다. 겨울철 일기와 또한 영종 벧엘교회에서 교회 이전을 하는 이유로 해서 두 달간 연합기도회를 쉬었는데 두 달 만에 벧엘교회 성도들을 보게 되어 참 반가웠습니다. 벧엘교회는 중산리에서 운북 5리 여단포라고도 불리고 또 장촌이라는 마을 명이 있는 곳으로 이전을 하였습니다. 영종 개발로 인하여 기존의 교회는 폐쇄할 수밖에 없어서 어려움이 많았는데, 그곳의 교인이 땅 400평과 건물 2층 100평, 그리고 사택을 지어 10년간 교회에 무상으로 사용할 수 있도록 후원했다고 합니다. 1층은 선교원과 식당으로 꾸며져 있었고, 2층은 예배당으로 잘 꾸며 놓았습니다. 우리 교회 성도들은 교회가 아름답게 지어져 마치 별장 같다고 하며 감탄을 하였습니다. 벧엘교회는 교회가 이전하면서 두 가정이 새로 등록을 했다고 합니다. 한 분은 서울에서 모 교회에 다녔었는데 성가대 지휘를 하시던 분이라고 하며 김영기 목사님께서 소개를 시켜 주었습니다. 이제 벧엘교회는 교인 수는 얼마 되지 않아 성가를 하려면 거의 전체가 다 성가대를 해야 하지만, 그래도 성가대를 시작했다고 자랑을 하십니다.

설교시간에는 마19장 '꿈과 비전의 사람이 되자'라는 말씀으로 전했습니다. 부자청년이 영생이라는 좋은 비전을 갖고도 그 뜻을 이루지 못한 것은 예수님의 말씀인 "네 소유를 팔아 가난한 자들에게 주라는 명령을 실천하지 못해서."라고 전하며, 현재의 자기 소유를 통해서 최선을 다해 하나님께 헌신을 하면 하나님께서는 비전과 꿈을 이루게 하신다고 증거했습니다. 이어서 큰사랑교회 성도들과 영종의 벧엘교회 성도들은 합심으로 부르짖고 기도를 하였습니다. 큰사랑교회는 4층 건물을 허락하시어 복지센터를 지을 수 있게 해 달라는 기도제목과 함께 동역할 많은 일꾼들을 보내 달라고 기도하고, 영종 벧엘교회는 장촌에 있는 하나님을 알지 못하는 사람들을 위해 전도하고, 교회 준공검사와 보상문제 해결과 영종을 복음화하고 세계를 향해서도 선교하는 교회가 되게 해 달라고 기도했습니다. 기도회가 끝나고 호박으로 만든 팥죽과 백설기떡, 귤과 김치 등 후식을 먹으며 두 교회가 오랜만의 정담들을 나누며 보는 것을 이룰 수 있도록 마음의 결단을 하며 소원을 빌었습니다.

우리들은 사랑의 종교입니다

2009년 2월 16일(월) 김수환 추기경(스테파노, 87세)께서 강남 성모병원에서 선종했습니다. 가톨릭에서 선종이란 임종 때에 성사를 받아 큰 죄가 없는 상태에서 죽는 일을 말한다고 합니다. 기독교 신자들이 모여서, "김수환 추기경은 천국을 갔을까요?"라고 질문을 하시는 것을 들었습니다. 그랬더니 한 분 목사님이 이렇게 대답을 하십니다. "천국을 갔다고 하면 천주교에도 복음이 있는가."라는 의문이 있고, 천국에 가지 못했을 것이라고 말한다면 그렇게 많은 사람들이 존경하는 분이 천국에 가지 못했을 리 없다고 하는 지적을 받을 것이라고 말씀을 하십니다.

2천 년 전에도 비슷한 상황이 있었습니다. 당시의 유대교 지도

자들은 예수님에 대하여 이렇게 질문을 합니다. "당신이 하는 권세는 누구로부터 온 것입니까?" 예수께서 그 질문에 대한 대답하기에 앞서서 "그러면 요한의 세례가 하늘로서냐? 땅으로서냐? 먼저 대답해 보거라. 대답하면 나도 대답을 하겠다."라고 하셨습니다. 그랬더니 유대지도자들은 서로 의논을 합니다. 세례 요한이 세례가 하늘로서라고 대답을 하면 왜 믿지를 않느냐 할 것이고, 땅으로서라고 대답을 하면 백성들에게 원망을 들을 것이고…… 그래서 그들은 대답을 회피할 것을 결정합니다. "잘 모르겠다."라고 말입니다. 그랬더니 예수님께서 "나도 너희에게 대답을 하지 않겠다."라고 말씀하십니다. 그런 질문을 한다는 것은 본래 진정성보다는 정치적인 성격이기 때문에 대답을 회피하게 되는 것입니다.

고 김수환 추기경은 우리 시대의 어른 노릇을 하셨습니다. 많은 사람들이 그를 존경하고 있습니다. 그의 죽음을 슬퍼합니다. 김 추기경은 스스로 부끄러운 사람이라고 말했습니다. 초상화를 그리고 그 밑에다 바보라고 썼습니다. 사목생활을 점수로 매기면 60점이라고 스스로 평가했습니다. 그의 학병시절의 사진이 인터넷이 떠돌아 사람들이 친일파라고 매도할 때에 그는 이렇게 대답을 하였습니다. "살아 보지 않은 사람이 그 시대의 정확한 판단을 내리기는 어렵다."라고 말하며 웃었다고 합니다.

그의 말 중에 제가 제일 마음에 닿는 말은 이것입니다. 사랑이란 말을 입에 달고서 실천치 못해 후회한다고도 말했습니다. 그리고 가장 많이 쓴 말인 '너와 너희 모두를 위하여'를 사목 표어로 삼았습니다. 그분이 종교인으로 양심을 갖고 시대에 바른 길을 제시한 것은 틀림없습니다. 그분이 이제 이 세상에 계시지 않음으로 그분의 죽음에 대하여 삼가 조의를 표합니다.

수요일에 진정한 사랑에 대하여 설교를 했습니다. 구원의 길에
는 세 가지 길이 있습니다. 중생의 길입니다. 중생은 믿음으로 갈
수 있습니다. 그 다음엔 성화의 길을 가야 합니다. 성화의 길은 예
수님을 닮는 길입니다. 그리고 마지막으로 영화의 길, 소망의 길이
있습니다. 예수의 길은 사랑의 길입니다.

사랑의 길을 가기 위해서 우리는 세 가지를 실천하여야 합니다.

1) 겸손함입니다. 아무 일에든지 다툼, 허영으로 하지 말고 오직
   겸손한 마음으로 각각 자기보다 남을 낮게 여겨야 합니다. 만약
   다른 사람이 자신보다 못하다는 생각이 들면 회개하여야 한다
   고 말했습니다. 그러나 다른 사람에게 나보다 나은 점이 발견되
   면 하나님께 감사하라고 말했습니다. 옳다 인정받는 자는 자기
   를 칭찬하는 자가 아니요, 오직 주께서 칭찬하시는 자입니다.

2) 언어로 사랑을 실천하라고 했습니다. 선한 말은 꿀송이요, 마
   음에 달고 뼈에 양약이 됩니다. 말이 많으면 허물을 면키 어
   렵고, 입술을 제어하는 자는 지혜로운 자입니다. 타인으로 너
   를 칭찬케 하고 자기 입으로는 말아야 합니다.

3) 선행으로 사랑을 나타내자고 했습니다. 우리는 그리스도 안에
   서 선한 일을 위하여 지으심을 받은 자입니다. 이 일은 하나
   님께서 전에 예비하시어 우리로 그 가운데서 행하게 하려 하
   십니다. 설교를 끝내고 오늘은 정말로 해야 할 말을 했다고
   생각을 했습니다. 그리고 우리 모두가 주님께서 주신 사랑을
   꼭 실천했으면 좋겠다는 생각을 했습니다.

설교를 마치고 사택에 들어왔습니다. 사모가 말합니다. "당신, 사랑의 말을 실천해 봐." 부부 사이 대화 중에 사모의 심기를 건드렸나 봅니다. 사모는 하루 종일 교회 허드렛일을 하느라고 저녁 때는 무척 지쳐 있습니다. 특히 오늘은 사모가 아침 일찍 기아대책 인천본부에서 아침 설교를 인도하고, 또 아이들 식사준비 등 하루 종일 쉬지 않고 일을 했습니다. 저녁때는 무척 피곤할 수밖에요. 제가 배려가 부족했었나 봅니다. 설교는 할 수 있지만 생활에서 실천하기는 정말 어렵습니다. 그러므로 우리는 남을 판단하고, 정치적인 발언보다는 스스로가 사랑의 종교라고 생각하여야 합니다. 사랑의 실천이 부족한 것을 늘 마음에 아파해야 합니다. 이 땅에 모든 사람들은 하나님의 사랑을 받을 권리가 있습니다. 우리들은 사랑의 종교입니다.

큰사랑실버라이프 개강

2009년 2월 27일(금) 큰사랑실버라이프 노인대학 개강을 했습니다. 아침부터 좀 쌀쌀한 날씨로 걱정을 했지만 기우(杞憂)였습니다. 많은 어르신들이 예배당에 꽉 찼습니다. 9시부터 일찍 오신 분들도 계십니다. 목요일 저녁부터 노인대학 순서지와 파워포인트를 준비해서 화면으로 띄우며 개강식 예비 연습을 했습니다. 대형 텔레비전을 무대 중앙에 옮기고, 강대상은 측면으로 옮겨 놓았습니다. 그리고 뒷면을 자바라로 가리고 강의실로 준비를 했습니다. 오늘도 개강식을 위해 새벽에 오시는 기도의 동역자들에게 중보기도를 부탁드렸습니다. 그리고 새벽기도를 마치고 또 노인대학 개강식 준비를 합니다. 9시 20분에 대토단지로 어르신들을 모시러 갔습니다.

오랜만에 만나는 얼굴마다 반갑게 맞으며 환하게 웃으십니다. 어르신들은 지난 겨울방학이 좀 길었다고 이구동성으로 말씀하십니다. 어제부터 내일 큰사랑실버라이프를 간다고 좋아서 잠도 못 주무셨다고 말씀을 해 주십니다. 마치 소풍을 기다리는 아이들처럼 너무 일찍 새벽 4시에 깨었다가 아침에 잠깐 조는 바람에 늦은 어르신도 계시다고 합니다. 어느 할머니는 할아버지가 노인대학에 안 가냐고 해서 부랴부랴 나오셨다고 하십니다. 저 멀리부터 손을 흔들며 차를 세우십니다. 그 할머니는 발은 빨리 움직이지 않으니까 손을 흔들었다고 차를 타시면서 말씀하십니다.

그동안 행사와 함께한 사진들을 영상으로 비추어 드렸더니 흥미롭게 보셨습니다. 지난 겨울에 찍은 영정 사진들도 나눠 드렸습니다. 급한 일 때문에 참석하지 못하시는 분들도 영정사진을 꼭 챙겨 달라고 부탁을 하신 분들도 계십니다. 노인 어르신들은 사진에 모두 관심이 높으십니다. 가슴 아픈 사실은 작년에 함께 노인대학을 참석하셨던 할머니 한 분이 가족의 학대에 견디다 못해 그만 아파트에서 뛰어내려 자살을 하셨다는 이야기를 들었습니다. 노인대학에 오시는 분들 중엔 몸이 아프다며 목사님께 안수기도를 부탁하시는 어르신들이 계십니다. 작년에 그 할머니는 가슴이 아프다며 기도를 해 달라고 하셔서 목사실에서 다른 할머니와 함께 안수기도를 해 드렸던 기억이 납니다. 겨울 방학을 마치고 또 한 분을 보내 드리니 너무 가슴이 아픕니다.

인천에 노인학대 신고건수가 늘고 있다고 합니다. 2005년부터 2008년까지 상담사례로 4,289건이라고 합니다. 학대상담이 86.5%(3,708

건), 일반상담이 13.5%(581건)를 차지합니다. 조사통계에 따르면 여성 노인이 72.4%, 남성노인이 27.6%이며 피해노인의 연령은 70~80대에 가장 많다고 합니다. 그런데 학대행위자와 피해자의 관계는 친족이 높은 편을 차지하여 아들 54.2%, 딸, 사위 13.4%, 며느리 12.6%, 배우자 8.4% 순이었다고 합니다(인천기독교신문, 2009년 2월 22일 1면). 우리 큰사랑교회는 만수동 지역의 어른들의 학대를 예방하여 노인인권향상을 위해 최선을 다해야 할 것입니다.

10시에 강재현 목사의 사회로 개강예배를 드렸습니다. '닉 부이치치'의 동영상을 보여 드렸더니 어르신들 모두가 깊게 감명을 받았습니다. 담임목사가 인생수업이라는 말씀 제목으로 인생을 어떻게 하면 보람 있게 살 수 있을까 하는 내용으로 설교를 하였습니다. 모세 할아버지는 80세에 하프타임을 맞이하여 처음 80년보다 마지막이 더 아름다운 삶을 살았다는 이야기를 통해서 어르신들도 현재에 편안함에 안주하지 말고, 또한 과거의 실패에도 기억을 지우고, 실패 속에서도 전진하는 어르신들이 되시라고 권면을 하였습니다. 지금은 평균수명이 80세가 넘는 시대이므로 어르신들이 지금까지 배우신 인생수업에서의 열매들을 펼쳐 가시길 전했습니다. 그리고 신앙적으로 하나님을 만날 준비를 잘하시라고 설교했습니다.

인생은 세월이 흐르면서 변화함에 두려움과 슬픔을 느낍니다. 마치 속도가 빠르면 어지럼증을 호소하는 것과 같다고 할까요? 오랜만에 만난 분들이 하늘나라에 가시거나 모습이 많이 변화된 것을 보면서 세월의 유수함을 느끼는 바로 그런 체험입니다. 그렇지만 하나님께서는 하루가 천년 같고, 천년이 하루 같다고 하십니다. 인생이 깨닫기는 정말로 어려운 부분입니다. 하나님께서는 세월이 흐름에 어지럼증을 느끼거나 회한을 갖지 않으십니다. 과거로 한순간에 계시고, 현재와 미래로도 한순간에 함께 계시는 분이 하나님이십니다. 노인대학 어르신들이 시간에 슬픔을 느끼기보다는 하나님과 같은 시간개념으로 과거와 현재, 그리고 미래를 행복하게 즐기시며 신앙생활을 하시는 것이 제 소원입니다. 오늘은 남자 분들도 3분이 오셨습니다. 한 분 할아버지는 기분이 좋으신지 할머니들 앞에서 참으로 용기가 많이 필요하셨을 텐데 앞으로 나오셔서 마이크를 잡으시고 한 곡 뽑으시는 객기도 보이셨습니다. 우리 큰사랑실버라이프에 등록한 어르신들 모두 노년의 삶이 행복하기를 소원합니다.

3월 봄의 빛을 만나세요

제 아내가 어느 강사가 좋은 말을 했다고 전해 줍니다. 그 이야기는 "茶(차)를 마시지 말고 茶(차)를 만나라."는 것입니다. 마시는 것보다는 만나는 느낌이 더 좋습니다. 정감이 있고 정서적입니다. 계절도 마찬가지입니다. 세월의 흐름을 계산하는 것보다는 겨울이 지나고 봄이 오는 것을 만남으로 느낀다면 참 행복해질 것 같습니다. 옛날 어릴 적 느꼈던 봄내음이 아련히 느껴지며 그 장소로 봄은 우리를 데려갈 것입니다. 봄은 장수동의 시냇물과 산나물의 싱그러운 냄새, 그리고 햇살에 녹는 흙냄새가 있는 곳으로 우리를 데려갑니다. 그때는 그저 작은 아이로만 자연을 만나며 즐기는 것으로, 아니 누나들을 따라다닌 기억밖에 없는 것 같았는데, 지금 노년의 길을 바라보는 나이에 그 냄새가 다시 찾아오는 것은 봄을 만났기 때문입니다. 음악, 미술, 바둑, 수학, 과학 등은 천재가 존재합니다. 그러나 천재를 배출할 수 없는 분야가 있습니다. 그 분야가 문학입니다. 문학은 인간의 삶을 다루는 영역이기 때문에 삶의 경험과 연륜이 없이는 문학 자체가 불가능합니다. '폴 틸리히'는 철학은 대상을 객관화하는 것이므로 철학자는 가능한 한 대상과 거리를 두어야 하지만, 신학과 목회는 자신을 대상과 일치를 시킬 때에야 가능하다고 말했습니다.

친구끼리는 매일 만나도 할 이야기가 무궁합니다. 제가 30여 년을 친구처럼 함께 동행했던 서 사장님이 계셨습니다. 지금은 고인이 되셨지만 그분과는 매일 2시간씩은 이야기를 함께 했습니다. 아마 30년에서 5년을 빼고도 매일 2시간이라고 한다면 1년을 600시간으로 삼아도 $600 \times 25 = 15,000$시간을 이야기한 셈입니다. 주변 사람이 그때 이렇게 말했습니다. "매일 만나면서도 무엇을 그렇게 할 이야기가 많나요?" 그때는 그렇게 이야기하는 사람을 의아하게 생각했었습니다. 지금 생각하니 친구 사이는 이야기의 샘이 있는 모양입니다.

봄은 따스한 계절입니다. 봄을 친구로 만나시길 바랍니다. 봄은 너무도 많은 이야기의 샘이 있는 좋은 친구입니다. 지난주에 도원교회 원로목사이신 임형재 목사님께서 설교를 해 주셨습니다. 임목사님은 우리 교회에 교회 개척을 할 때에 사회를 봐 주셨고, 두 번째 설교도 해 주셨습니다. 또 딸아이 주례도 서 주셨으니까 각별한 사이입니다. 많은 이야기를 할 수 있는 사이이지만 그렇게 많은 이야기는 나누지 못했습니다. 그런데 지난주에는 임 목사님께서 설교를 초청해 주었다고 먼저 감사를 표하십니다. 좋은 장소에 교회를 하며, 목사실도 산이 바라보이는 방이어서 좋다고 하셨습니다. 봄에 따스한 이야기를 하게 되어서 기분이 좋았습니다.

수요일 독서모임에서 성도들이 발표하는 이야기를 듣고 봄을 또 만났습니다. '리차드 라이징'이 쓴 교회마케팅을 읽고 독서 나눔을 하였는데, 박승희 권사는 교회 마케팅이라는 주제를 보며 자신이 믿음의 문으로 접했을 때, 마음에 부딪쳤던 모든 상황들과 환경, 사람들 속에서 자신이 주인공이었던 것을 기억했다고 말했습니다. 지금은 믿음의 경륜에 나이테가 더하여 다른 사람들을 섬겨야 하는 자리에 있다는 것을 깨달았다고 고백을 했습니다.

김영순 권사님은 아직 우리 교회가 겉으로 멋지고 훌륭한 교회도 아니고 영향력 있는 성도도 많지 않지만, 큰사랑실버라이프와 큰사랑행복한 홈스쿨 같은 좋은 사역이 있기 때문에 좋은 교회, 훌륭한 교회가 될 수 있을 것이라고 하면서, 새 신자 환영과 식사당번, 교회청소, 교회를 건축할 때 같이 동참하여 인천에서뿐만 아니라, 전국에서 가장 실속 있고 알차고 행복하며 웃음이 절로 나는 그런 교회를 그린다고 말했습니다.

정유선 집사님은 큰사랑교회의 모습은 하나님의 말씀이 전해 나오는 강단, 성가대, 현악 5중주의 아름다운 찬송, 맛있는 음식이 나오는 식당의 전경 등을 아들 성준이와 함께 그려 보았다고 말했습니다.

금요일에 담임목사의 안수기도가 있었습니다. 특히 초, 중, 고등학생들이 많이 나와 기도를 받았습니다. 노란, 유상진, 김경선, 유수진, 홍예림, 고효경, 이준희, 고효송, 상성수, 김새봄, 명수연, 김하영, 이경화, 문성준 등 14명의 아이들이 안수기도를 받으며 큰 은혜를 받았습니다. 아이들은 눈물을 흘리며 기도받을 때 '아멘'

하고 소리쳤습니다. 그리고는 기도회가 끝났을 때, 목사님께서 기도해 주셨다고 고맙다고 감사도 잊지 않았습니다. 이 아이들은 큰 사랑교회에 봄 같은 귀한 존재들입니다. 봄의 빛처럼 아이들이 아름다운 향기가 나는 삶이 되길 그려 봅니다. 그러므로 아름다운 봄의 꽃을 피워서 온 대지를 물드는 많은 이들에게 봄의 친구를 영원히 기억하게 할 수 있기를 기대합니다.

봄비와 꽃샘추위

금요일에 봄비가 전국적으로 내렸습니다. 강원도는 가뭄으로 고통이 크다고 하였는데 봄비 때문에 가뭄이 해소되기를 바란다고 뉴스에서도 기대를 하였습니다. 노인대학을 하는 금요일에는 날씨가 좋기를 기대하는 마음이지만 가뭄이 해소된다고 하니까, 제주도부터 북쪽으로 올라오는 전국적인 비 소식에도 투정하지 않았습니다. 봄비이니까요. 할머니들도 이 비는 고마운 비라고 말씀하셨습니다. 오늘은 특별히 서울 상계동에서 실버기자로 수고하시는 장명자 씨가 특별 강사로 초빙되었습니다.

강사의 첫인상은 이랬습니다. 작고 여린 체구에 빨간 코트를 입고, 빨간 립스틱을 진하게 바르고, 목에는 연한 하늘색 머플러를 목에 두른 모습에, 힐이 높은 구두를 신고 교회에 들어서는 모습이 영락없는 소녀의 예쁜 모습을 연상합니다. 상상의 나래를 펼치는 젊은 세대의 디자인이 그 모습에 나타났습니다. 실례를 무릅쓰고 나이를 여쭈었더니 장명자 씨는 연세가 70세라고 합니다. 문득 성경 이야기를 상상했습니다. 아브라함의 부인 사래가 나이가 65세이지만 바로 왕이 그 아름다움에 반했다는 기록에 의문을 제기

했었는데, 목사는 강사에게 그 말씀을 현실로 체험하게 된 것 같다고 이야기를 해 드렸습니다. 강사소개를 하면, 강사님은 인천에서 크리스천 라이프 기자직도 하였다고 합니다. 몇 년 전에 부군을 여의고 혼자가 되셨는데, 상실의 아픔을 이기기 위해서 실버기자로, 또한 연극단원으로, 배울 수 있는 곳은 찾아다니며 늘 학구열을 식히지 않았고, 또한 지역의 자원봉사자로 식사를 거르는 아이들에게 음식점들과 네트워킹을 하여 식사를 공급하고, 자원봉사자들의 상담가로도 활약을 하고 계시다고 하십니다.

강사께서 상실의 아픔도 잘 이겨냈을 뿐 아니라 바람직하게 노후의 삶을 은빛처럼 빛나게 살고 계셔서, 노인 어르신들은 감동하며 반응도 참 좋았습니다. 우리 큰사랑실버라이프의 교육 목표가 "1) 긍정적인 생활태도로 적극적으로 생활한다. 2) 건강과 질병에 대한 기본 지식을 갖도록 한다. 3) 사회봉사활동의 필요성을 인식하고 적극적으로 참여한다."인데 꼭 모델링을 보는 것 같다고 말씀을 드렸습니다. 점심 메뉴는 조기를 굽고 된장국과 밑반찬으로 제공해 드렸는데 오신 어르신들이 조기가 맛있었고 잘 잡수셨다고 고마워해 주셨습니다. 노인대학을 강의가 끝나고 식사 후에 어르신들을 차량으로 바래다 드렸는데, 비가 멈추어서 '저녁 기도회 때는 날씨가 좋아지겠구나' 기대를 했습니다. 그렇지만 오후부터는 사정이 달라졌습니다. 강풍이 불어 닥칩니다. 의자가 바람에 날리며 길 위로 나뒹굽니다. 봄의 대지는 다시 꽁꽁 얼어서 피부가 동상이 든 것처럼 딱딱해졌습니다.

오늘 저녁에는 영종 벧엘교회에서 큰사랑교회에 오는 날입니다. 하필 오늘 같은 날에 기온이 급강하해서 걱정이 앞섭니다. 날씨가 추워서인지 우리 성도들도 8시가 넘었는데도 아직까지 도착한 성도들이 없습니다. 강 목사와 담임목사는 난로에 불을 피우고 교회 소개 동영상을 점검하며 늦어지는 성도들을 걱정했습니다. 제일 먼저 김복동 권사님, 박정자 집사님이 오셨습니다. 조금 지나니까 상진이 성준이 수진이가 들어섭니다. 그리고 정유선 집사, 이혜순 집사, 양홍우 안수집사, 박승희b 권사, 이수정 간사 등 24명의 중보기도자가 들어섭니다. 영하 6도가 넘는 쌀쌀한 날씨 때문에 교인들이 교회 도착이 지체되었지만 8시 30분이 지나면서 영종 벧엘교회 성도들도 도착을 했습니다. 영종 벧엘교회는 처음 교회에 등록한 새 신자들도 함께 14명이 참여를 했습니다. 특별히 오늘은 벧엘교회 사모님이신 백인지 목사님께서 설교를 해 주셨습니다. 백인지 목사는 그동안 벧엘교회와 큰사랑교회가 먼 길을 한 달 간격으로 오가며 힘들게 기도한 이유에 대해, 하나님의 뜻이 계셨고 도전도 많이 받았다고 간증 겸 설교를 해 주셨습니다.

봄의 꽃샘추위를 바라보면서 목사는 신앙의 방해자에 대하여 묵상을 해 보았습니다. 우리가 신앙생활을 열심히 하려고 하면 신앙의 방해자들이 생깁니다. 하나님의 뜻대로 순종하고 예배를 드리려 하면, 우리 눈에 선하게 형통함이 있을 것을 기대함에도 방해자들이 생기는 것입니다. 이스라엘 백성들도 하나님께 희생을 드리려고 바로 왕에게 찾아가 청원을 할 때, 바로 왕은 예배의 무익함과 이스라엘 백성들이 게으르기 때문에 비생산적이며, 무익하고, 소득이 없는 것을 추구한다고 평가를 해 버립니다. 시간이 많아 그릇된 생각을 하게 되었다는 것입니다. 사람들은 신앙에 방해자가 생기면 정당한 핑계로 생각하기 쉽습니다. 그러나 하나님께서는 이것이야말로 어려운 사명을 맡을 수 있는 이유라고 말씀을 하십니다. 하나님께서는 우리 약함 때문에 부족함에도 불구하고 우리를 사용하시는 것이 아니라, 바로 그것 때문에 우리를 사용하십니다. 꽃샘추위는 하나님의 능력을 드러내는 좋은 조건입니다.

딸 아이 결혼식 이야기

초여름 날씨입니다. 봄소식이 오는 춘분인데 갑자기 낮 기온이 20도를 육박하는 초여름 기온이 되었습니다. 길을 걷는 사람들이 반소매를 하고 다닙니다. 벌써 동해안엔 바닷가에 나서는 사람들도 눈에 뜨입니다. 오늘은 목사의 둘째 딸 유준이의 결혼식 날 이야기를 해 보고 싶습니다. 양해해 주시길 바랍니다. 20일 춘분이 지난 21일 토요일에 딸아이가 결혼식을 하게 되어 날씨가 쾌청하기를 기도했습니다. 그 전에 비소식이 있다고 해서 걱정을 했거든요. 토요일 새벽하늘을 살펴보니까 초승달이 하얗게 떠 있습니다. 먼 동엔 환한 햇살이 비추고요. 오늘 날씨는 참 좋은 것 같습니다. 초승달의 이미지는 보니까 천사가 걸터앉을 것 같고, 또 옷이라도 걸어 둘 수 있는 쉼표처럼 생각이 되었습니다. 초승달을 보면서 오늘 좋은 복된 날이기를 기도해 봅니다. 그리고 옷걸이에 옷을 걸쳐 올리는 심정처럼 모든 것을 다 하나님께 맡기는 심정이 되어 봅니다.

새벽 6시에 전진욱 집사는 집에 일찍 와서 갈비탕으로 식사를 하고, 신부 신랑화장을 위해서 준비를 하러 갔습니다. 목사는 강 목사와 함께 떡집에서 신랑 집에 보낼 떡을 찾고, 신부 엄마 화장을 위해 메이크업 집으로 갔습니다. 그리고 일찍 도원교회에 도착을 했습니다. 오늘 잔치를 준비하는 도원교회 여 전도회원들이 식당에서 20여 명이 넘게 음식을 준비하고 있었습니다. 수고하신다고 인사를 드리니까 축하를 한다며 신부 아버지가 젊다고 칭찬을 해 주십니다.

신랑 전진욱 집사는 고향이 대구입니다. 축하객들이 대구에서 아침 일찍 차량을 대절해서 인천으로 왔습니다. 대구 분들이 교회 안에 들어서니까 경상도 대구사투리가 크게 들립니다. 교회 안에는 다양한 사람들이 축하를 하는 모습이 목사의 눈에는 그저 신기해 보였습니다. 먼 길을 오시느라 고생이 많았다고 인사를 하니까 그렇지 않았다고 사투리로 말씀하시는데 정감도 들었습니다. 축하객들이 다양해서 많은 감회가 생겼습니다. 도원교회 성도들과 옛 직장 동료들, 큰사랑교회를 위해서 중보기도해 주시는 동역자들, 기아대책 동역자들, 노인대학 회원들, 홈스쿨 가족들 등 다양한 분들이 오셔서 참 반가웠습니다.

신부 입장을 할 때에 목사는 딸아이의 손을 잡고 단상으로 걸어가면서 다짐을 했습니다. 신부 아버지가 결혼식 때에 많이 운다고 하는데 나는 울지 말아야지라고 생각을 했습니다. 그런데 갑자기 한걸음을 떼는 순간, '이 아이가 이제 가정을 세우려고 부모 품을 떠나는구나.'라고 생각이 되니까 이 한 걸음이 새롭게 느껴지면서 울컥해졌습니다. 겉으로 내색을 하지 않으려고 하니까 고개를 들 수 없었고, 딸아이가 잘 걸을 수 있도록 아래를 보고 걸었습니다.

도원교회 원로목사이신 임형재 목사님께서 주례를 해 주시고, 기도는 도원교회 안상렬 장로님께서 은혜롭게 축복기도를 해 주셨습니다. 축가는 유준이를 어렸을 때부터 가르쳤던 김태은 사모와 이광재 목사가 해 주시고, 홈스쿨, 주일학교와 중등부 학생들이 축가를 했습니다. 아이들이 축가를 하는데 목사는 또 울음이 터집니다. 이 아이들은 새싹처럼 아름답습니다. 큰사랑교회의 귀한 생명들입니다. 홈스쿨을 통해서 아이들에게 꿈을 심어 주었고, 이 아이들은 하나님께서 우리에게 보내 주신 천사들입니다. '홈스쿨 사역을 하지 않았다면 이 감동은 있지 않았을 것 같구나.'라고 생각을 했습니다. 홈스쿨 아이들이 노래를 하면서 무슨 감동을 받았는지 하나 둘 아이들의 눈가에도 눈물이 고입니다. 그 아이들을 보면서 목사는 또 마음이 짠해집니다. 결혼식이지만 마치 음악 콘서트를 하는 것처럼 작고 귀한 콘서트를 연출한 것 같습니다.

오랜만에 보는 친지들이 반갑게 느껴지는 감동을 오늘 경험했습니다. 개척 교회 목사의 딸을 시집 보내면서 마음고생이 많았는데, 많은 축하객들이 오셨습니다. 노인대학 어르신들이 모두들 진심으로 축하를 해 주셨습니다. 결혼식장으로 머리가 하얗게 세신 어르신들이 걸음걸이도 불편하신데 환한 웃음으로 축하한다고 말씀해 주실 때 목사의 주변에 따뜻한 분들이 많이 계시다는 것에 새롭게 용기를 얻습니다.

오늘 새벽에 걸린 하얀 초승달을 다시 생각해 봅니다. 초승달과 같은 아주 작은 빛만 빛나도 그 빈 공간에는 많은 것을 걸어 둘 수 있다는 것을 확인해 보았습니다. '우리 딸 유준 집사, 그리고 성실한 진욱 집사, 예수향내 나는 행복하고 건강한 가정을 이루길 축복해. 그리고 쌍둥이라도 좋으니 건강한 아기를 낳기 바란다.' 목사의 축복기도입니다.

꽃샘추위가 와도 봄의 색을 내보세요

초록색의 보리 싹이 들판에 솟아오릅니다. 보리밭을 밟는 사람들의 모습에 환한 웃음이 번집니다. 이 봄날에 땅 속에서 생명이 움트는 공간을 발로 밟으면서 자연의 숨 쉬는 호흡을 듣습니다. 봄날에 소풍이라도 가고 싶은 마음이 저절로 납니다. 꽃샘추위 때문에 강원도에서는 눈이 내렸다는 소식이 들립니다. 비닐하우스가 눈 때문에 무너져 내려 피해도 있었지만, 아나운서가 눈이 내린 모습에 아름답다는 표현을 해도 거부감이 들지는 않았습니다.

하필 꽃샘추위가 있는 그날에, 목사 사택에는 작은 공사가 있었답니다. 교회개척을 하고 8년이 지났습니다. 그동안 집도 수리를 못했지만 인테리어는 꿈도 꾸지 못했습니다. 딸아이를 시집 보내고 딸이 기거하던 방을 비우자 사모는 허전한 마음이 들었나 봅니다. 도배를 하자고 아내는 제안을 합니다. 저도 딸아이가 있던 방을 자꾸 기웃거리다 보니 빈 공간에 아이가 나간 자리가 너무 크게 느껴지고, 또 딸아이가 있던 방에서는 꽃샘추위보다 더 쌀쌀한 냉기가 돕니다. 그래서 우리 부부는 주공 장식집을 방문해서 도배지를 골랐습니다. 거실에는 엷은 분홍색 꽃무늬로, 작은 방은 연두색 꽃무늬로, 안방은 커다랗고 붉은 꽃무늬로 포인트를 넣고, 주색은 엷은 핑크빛으로 골랐습니다. 이틀 동안을 찬바람을 쐬며 도배와 가구정리를 하느라고 고생 좀 했습니다. 다 정리를 하고 나니 새 집같이 집안 분위가 달라져 보입니다. 아내는 8년 만에 집을 꾸며 봤다고 하면서 우리도 집을 꾸밀 수 있는 것이 감사하다고 말합니다. 도배를 하고 나니 천장에 있는 등과 바닥 장판이 눈에 띕니다. 그것까지 바꾸려면 비용이 많이 들고 해서 그대로 쓰자고 의견 일치를 보았습니다.

아내와 저는 교회 개척기간인 8년간 교회 구석구석을 꾸미고, 어떻게 하면 교회가 따뜻한 모습을 보일까 늘 생각이 떠나질 않았습니다. 그래서 집 안 분위기를 바꾼다는 것은 꿈도 꾸지 못했습니다. 아직도 교회에 음향시설과 동영상 시스템에 대하여는 목사의 마음에 늘 생각이 떠나지 않기는 합니다. 그래서 집에 도배를 한다는 것도 사치스러운 일이라고 생각되었습니다. 그렇지만 딸아이 결혼식을 하면서 이렇게 도배를 하게 되었습니다. 아내는 꽃을 몇 송이 가지고 병에 꽂아 탁자 위에 올려놓습니다. 목사 사택은 아름다운 봄의 색이 납니다. 봄날에 작은 변화가 집 안에 향기를 느끼게 합니다.

딸아이가 금요일에 신혼여행을 마치고 귀국을 했습니다. 딸아이는 태국 푸켓을 경유해서 라차섬 휴양지를 다녀왔다고 합니다. 집에 들어서자마자 집 분위기가 달라진 것을 보고 "이게 우리 집 맞아?"라며 집 분위기가 바뀐 것을 보고 잘했다며 감탄을 합니다. 이제 집에 놀러 올 때 더 편안히 쉴 공간을 만들었으니 자주 놀러오라고 이야기하면서도 실감이 나질 않습니다. 작은 방은 너희들이 와서 함께 쓰자고 이야기를 하니까 딸아이는 웃습니다. 주변에서는 "시원섭섭하시죠?"라고 이야기하지만 딸아이는 아직도 제 품에 있습니다. 그나마 만수동 주변에 딸아이가 사는 것에 위안을 얻고 있습니다.

새벽 기도를 끝내고 전화를 두 통을 받았습니다. 캐나다에서 안을순 권사님께서 전화를 합니다. "따님 결혼식은 잘 끝났나요? 날씨는 좋았나요? 하객들은 많이 오셨나요?" 친절한 안부전화였습니다. 안 권사님 따님을 제 아내 강 목사가 중매를 했는데 아주 복되게 잘 살고 있습니다. 안 권사님은 늘 그것에 감사하며 고맙게 생각하고 있답니다. 사위와 딸아이도 축하를 했다고 하니까, "당연히 그래야죠."라며 웃습니다.

조금 있으니까 박 권사가 전화를 했습니다. 조금 전에 새벽기도를 끝내고 돌아간 줄 아는데 전화를 준 것입니다. 양 집사가 어제밤 12시 넘어 교통사고를 당했다는 전갈입니다. 양 집사는 작년에 뇌경색으로 쓰러져 고생을 많이 했는데, 또 교통사고로 병원에 입원을 했습니다. 노인대학을 마치고 이창수 집사님과 이혜순 집사님, 강 목사와 함께 오후에 길병원 9층 85호실에 병문안을 가서 기도를 해 주었습니다. 사고 상황을 들어 보니까 아주 큰 사고였습니다. 마을버스가 80km 정도로 달리다가 뒤에서 충돌한 사고입니다. 자칫 사망할 뻔한 사고였답니다. 에어백이 터져 이마를 10바늘 꿰매고 목에도 충격을 받고 타박상을 입었지만 조금씩 좋아지는 것 같다고 하면서 쑥스러운 웃음을 짓습니다. 목사는 양 집사를 위해 기도했습니다. 하나님이 사랑하는 사람에게는 불 가운데서 불이 사르지 못하게 하시고, 물 가운데 지날지라도 물이 엄몰하지 못하게 하신 것처럼 양 집사의 생명을 살려 주신 것은 양 집사를 더욱 확실히 세우시기 위함인 줄 믿습니다. 봄날에 우리 주변에는 꽃샘추위처럼 추위가 닥칩니다. 하지만 봄의 색은 이미 우리 주변에 빛처럼 밝게 비추고 있습니다. 꽃샘추위가 와도 봄의 색을 내시며 힘차게 싹을 피시는 성도들 되시길 바랍니다.

고립의 열매

목사 사택의 아파트 앞에는 자목련나무가 있습니다. 보라색의 꽃잎이 가지 사이에서 피어오르는 모습을 며칠째 관심을 갖고 보고 있습니다. 교회 사무실 앞에 피어 있는 하얀 목련은 벌써 하얀 봉우리를 하늘을 향해 오롯하게 세우고 있어 청순함을 나타냅니다. 목련을 해마다 보고 있지만 올 한 해 느낌은 다릅니다. 해마다 새롭게 만나는 꽃의 방문이었는데, 올해는 작년에 피어 있던 그 꽃도 함께 생각이 나기 때문입니다. 물론 계절마다 목련 나무는 항상 그곳에 서 있었습니다. 변함없이 자리를 지키며 서 있던 나무가 봄철에만 하얀 꽃, 자색 꽃으로 관심을 끄는 이유는 무엇일까요?

조창인 시인이 쓴 '가시고기'라는 시에는 해답과 같은 노래가 있어 소개합니다.

세상 모진 풍파를 등에 지고/살아가면서도/누군가의 쉼터가 되어주고/천년을 하루같이 보내면서도/변함없이 자기 자리를 지키며/살아갈 줄 아는/나무처럼 살고 싶습니다./나무처럼 살고 싶습니다./저 홀로 뿌리내리고/저 홀로 가지를 뻗고/저 홀로 잎새를 떨구는 나무처럼/돌보는 이 없어도 앙앙 대지 않고/알아줄

자 없다고 악쓰거나/나타나지 않은 채/안으로 속살을 키워내는/
에로지 나무처럼 살고 싶습니다./나무처럼만 살고 싶습니다.

봄은 실내도 냉기가 들고 밖의 기온이 오히려 더 따뜻한 달입니다. 산에서, 야외에서 꽃들이 나를 보러 오라고 손짓하기 때문에 실내가 추운 것이라고 어르신들은 말을 하기도 합니다. 하나님께서는 아담에게 자연을 다스리라는 사명을 주셨는데, 아담은 그 사명을 실패했다고 성경은 증언합니다. 봄은 자연을 다스리는 사역의 출발이라고 생각합니다. 우리 성도들이 자연의 부르는 소리, 꽃 소식을 함께 나누었으면 합니다. 해마다 4월이면 바람도 많이 불고 해서 머리칼도 날리고 그렇습니다. 개인적으로 목사는 해마다 목이 아파서 고생을 한 잔인한 달이기도 했습니다. 그런데 금년에는 강 목사가 고생을 하고 있습니다. 허리가 아파서 정형외과에 가서 디클로페낙 주사를 맞았는데 주사쇼크가 생긴 것입니다. 며칠을 어지럽다고 하여 여간 염려가 되지 않습니다. 병원에서도 아주 드문 경우에 약 쇼크가 올 수 있다고 하며 약해독제를 집에까지 와서 놓아 주었습니다. 의사도 며칠간은 요양을 하라는 처방을 내렸습니다.

무릎관절 수술을 하신 신팔선 집사님이 병원에서 퇴원을 하시고 집에 오셨다고 전갈이 왔습니다. 강 목사는 심방을 함께 할 수가 없어 심방할 사람을 생각하다 박정자 집사님과 함께 심방을 가기로 했습니다. 슈퍼에서 음료수를 한 박스 사서 함께 가지고 갔습니다. 신팔선 집사님 댁에는 친구가 집에 함께 계셨습니다. 목사는 함께 예배를 드리고 안수기도를 해 드렸습니다. 신 집사님은 당분간 다리가 아파서 교회에 올 수가 없다면서, 심방감사헌금과 함께 부활절 헌금까지 미리 내놓았습니다. 다리가 불편하심에도 목사님을 접대한다며 참외, 딸기, 바나나를 내놓으셔서 목사는 집사님을 위해서 마음껏 축복기도를 해 드렸습니다. 박 집사님은 병원이 멀어서 문병을 가지 못했다며 신 집사님에게 봉투를 전했습니다. 모두들 70대가 넘으신 분이시지만, 꽃처럼 따스한 봄 향내가 나는 심방이었다고 생각이 들었습니다.

저녁에는 양 집사님이 교회에 들렀습니다. 양 집사님은 지난주에 교통사고를 대형으로 당했습니다. 타고 있던 차량이 그랜저이었는데 차량수리비 견적이 2천만 원이 넘게 나왔다고 합니다. 양 집사님이 특별한 고백을 해서 소개를 하려고 합니다. 작년에는 뇌경색으로 병원에 입원을 하였는데 중환자실에 있다가 한 달가량이 지나서 정상인처럼 다닐 수 있었던 것은 보통 일로서는 있을 수 없는 특별한 사례였다고 말합니다. 이번에도 그런 대형 사고를 당했는데도 일주일 내에 이렇게 걸어 다닐 수 있는 것도 너무 특별한 사례라고 말했습니다. 차량충돌 당시에도 아주 순간에 정신을 잃었지, 뇌를 손상당하지 않은 것은 천사가 자신을 안고 보호했었다고 믿음의 고백을 합니다.

4월에 고립의 경험에 대하여 묵상을 했으면 합니다. 고립은 광야이고 사막입니다. 사람이 있다고 해도 몇 명 안 되는 그런 장소가 광야입니다. 이 기간에 있는 사람들은 일상이나 혹은 가정에서 떠나게 되어 고립되게 됩니다. 이 기간에 있는 사람들은 익숙한 것에 의존할 수 없습니다. 자신이 깨어질 때까지 성품이 변화될 때까지 '깨어짐'이 아닌 '발가벗김'의 과정을 통과하게 됩니다. 고립은 고통과 아픔을 수반합니다. 그렇지만 우리가 고립의 기간 동

안에도 하나님께서 역사하신다는 사실만 알면 가장 확실하게 유익
을 얻을 것입니다.

소문난 교회

고난절 둘째 날인 월요일 새벽에는 10명의 큰사랑교회
교인들이 새벽을 깨우며 기도를 하였습니다. 김복동 권
사 박승희b 권사 김영순 권사 정유선, 이혜순, 전진욱, 박유준, 박
영애 집사와 목사 부부입니다. 그리고 타 교인이지만 새벽에 함께
기도하는 큰사랑 새벽기도 교인들입니다. 예배당이 새벽부터 꽉 차
서 목사의 새벽설교에도 힘이 들어갔습니다.

오늘은 큰사랑교회에서 인천남지방회 교역자 회의가 있는 날입니
다. 인천남지방회에 소속한 지도 7년차가 되었는데 우리 교회에서
교역자 회의를 개최하게 된 것은 이번이 처음입니다. 매월 드리는
교역자 회의에서는 늘 큰 교회에서 교역자들과 사모님들을 대접하
고 했었는데... 금년에는 우리 교회도 함께 참여하게 된 것입니다.
작은 교회에서는 교역자들을 대접하는 데 비용부담이 되기 때문에
선뜻 응할 수가 없었던 겁니다. 그동안 우리 교회에서 외부행사도
치렀기 때문에 목사님들이 우리 교회를 방문한 적도 있었지만, 이
번에는 교회의 사역을 소개하기 위하여 한 달 전부터 교회소개서를
준비하였습니다. 그래서 동영상 아카데미에도 출석하여 영상을 만
드는 방법도 공부를 하고, 그동안의 사역 현장을 찍었던 사진들과
영상자료들을 취합하였습니다. 교회의 대외적인 이미지도 있기 때
문에 플래카드도 만들어 벽에 걸고, 주일 오후에는 교회를 오르는
계단과 벽의 먼지를 닦아 내며 대청소를 하였습니다.

월요일 새벽기도를 그치고 동영상이 보일 수 있도록 대형 텔레비전 모니터에 연결하여 작업을 해 놓았습니다. 그리고 다시 켜면 작동이 안 될까 봐 그대로 전원을 켜 놓은 채 두었습니다. 동영상 장치가 새것이 아니라서 어떤 때는 작동이 안 되고 어떤 때는 작동이 되기도 하여 신경이 여간 쓰이질 않지만, 그래도 필요할 때에 영상물을 소개할 수 있어서 잘 사용하고는 있습니다. 언젠가는 동영상과 앰프 시설이 완벽하게 설치되어서 설교할 때나 영상물 시청할 때에 잘 사용할 수 있기를 기도 중에 있습니다.

9시부터 목사는 교회에 올라와서 다시 동영상 설치를 점검하고, 마이크도 점검하였습니다. 9시 30분이 되니까 윤순자 권사님과 강현숙 집사님, 박승희 권사님, 김영순 권사님과 친구 분 되시는 인자 씨, 이혜순 집사님, 정명숙 집사님, 이수정 간사 등이 오셔서 어깨띠를 두르고 우리 교회에 오실 분들을 안내할 준비를 하였습니다. 반주자 때문에 걱정을 많이 했는데 다행히도 위층의 음악학원 원장님이 봉사를 해 주신다고 하며 내려오셨습니다. 이번 교역자 준비에는 많은 기도를 통하여 예비된 분이 동원되어 준비를 할 수 있었습니다. 11시가 되니까 교역자들이 예배당 안에 꽉 찼습니다. 지금까지 인천 남지방회 교역자 회의에 50명이 넘은 것은 이번이 처음이라고 했습니다. 목사님들도 서로 깜짝 놀라 했습니다. 특히 젊은 목회자들은 교회 안을 구석구석 둘러보며 관심을 가졌습니다. 왜 이렇게 많이 오셨는지 서로가 이야기들을 하십니다. 큰사랑교회가 작은 교회이지만 노인대학과 아동센터를 운영하는 것에 소문을 듣고 오셨다는 말과 부부목사님이기 때문에 더욱 관심을 갖고 오셨다고 말씀들을 해 주십니다.

교역자 회장이신 이광우 목사님의 사회로 예배가 시작되고, 한종석 목사님의 기도에 이어 '그럼에도 예루살렘입니까?'(행20:22-25) 제목으로 황사라 전도사님께서 간증 겸 설교를 해 주셨습니다. 설교가 끝나고 큰사랑교회를 소개하는 시간을 가졌는데, 6분 정도의 준비된 큰사랑교회의 사역현황을 소개하는 동영상을 보여 드리고, 큰사랑교회를 위해서 중보기도를 부탁드렸습니다. 동영상을 보신 목사님들은 큰사랑교회가 부흥하는 것을 보니 부럽기도 하고, 너무 기분이 좋다고들 말씀해 주셨습니다. 이어서 지방회와 교역자회의를 위해서 최복자 목사님이, 교단과 교단신학을 위해서는 김신관 목사님이, 나라와 민족, 위정자를 위해서는 조재수 목사님이, 세계선교와 인천성시화를 위해서는 임승훈 목사님이 중보기도를 해 주시고, 이어서 큰사랑교회와 담임목사님의 사역을 위해서 참석하신 교역자들 모두가 함께 통성으로 중보기도를 해 주셨습니다. 50여 명이 넘는 목회자들이 예배당에서 부르짖는 기도는 정말로 은혜로운 광경이었습니다. 담임목사는 큰사랑교회가 개척된 이래로 이렇게 많은 목회자들이 함께 모여 예배하고 기도해 주신 것은 처음이라고 말씀드리며 행복했다고 고백을 하며 감사하였습니다.

　　교역자 회의가 끝나고 식사는 문학궁에서 대접을 했습니다. 문학궁에서 찬모장으로 수고하시는 김영순 권사님께서 특별히 서빙을 잘해 주셔서 목회자들이 모두들 흡족하게 점심식사를 잘 대접받았다며 감사를 잊지 않았습니다. 교역자들은 이번에 큰사랑교회부흥현장을 체험하고, 또 품위 있고 웰빙스런 점심대접을 받았다고 말씀을 해 주셨습니다. 바야흐로 큰사랑교회는 소문난 교회가 되었습니다.

소망이 대지의 씨앗입니다

노인 어르신들이 봄꽃들을 보며 말씀들을 하십니다. "목사님, 만수동 벚꽃이 참 아름다워요." 얼굴에 주름살이 자르르하신 분들의 입에서 하시는 말씀에 봄 햇살이 비춥니다. 목사는 "네, 대공원보다도 더 잘 피어 있어요."라고 대답을 해 드렸습니다. 따스한 봄 햇살이 아파트 주변에 흐드러지게 핀 꽃잎 사이를 지나갑니다. 개나리, 진달래, 벚꽃, 산수유, 목련…… 만수동 아파트단지엔 봄철 나무들의 모습이 참 경쾌하고 시원한 모습입니다. 겨우 내내 저 모습을 소망하며 나무들은 기다린 것입니다.

리더스 다이제스트에서는 심각한 우울증을 앓고 있는 사람은 심장병으로 죽을 확률이 그렇지 않은 사람보다 3배나 높다는 기사를 실은 적이 있습니다. 아주 큰 절망을 경험한 사람은 동백경화증에 걸릴 확률이 낙관적인 사람보다 20%나 높다고 합니다. 소망이 이루어지지 않으면 삶에서 수많은 병들이 생깁니다. 삶에서 이루지 못한 소망은 무수히 많습니다. 소망이 왜 이루어지지 않을까요? 그것은 꿈이 죽었기 때문입니다. 하나님께서는 우리를 승리자로 만드시기 위해 소망이 이루어지지 않는 인생의 끔찍한 상태를 효과적으로 사용하십니다. 하나님은 우리의 치료자 되십니다. 우리 인생에서도 소망이란 대지의 씨앗과 같습니다. 하나님께서도 인생의 출발점을 소망으로 보시기 때문입니다.

부활주일, 정말로 기쁘고 행복한 주일로 지켰습니다. 달걀을 만들어 노인 어르신들에게 부활의 기쁜 소식을 알렸습니다. 봄철 환절기로, 그 밖의 질병으로 아파서 노인대학에 오지 못하시는 할머니들이 꽤 계십니다. 강 목사는 그 친구 분들에게도 전달하시라며 일일이 부활절 달걀을 챙겨 드렸습니다. 노인대학에 오시는 백윤실 권사님은 강 목사님이 어르신들의 마음을 잘 살펴서 잘 해 주셔서 감사하다는 말씀을 하셨습니다. 부활 주일에는 박승희b 권사의 큐티 발표를 통해서 고립경험을 통해서 겸손함과 믿음, 사역의 변화의 열매를 얻기를 소망한다는 결단을 듣고, 이준희 · 김새봄 · 김하영 · 명수연 4명의 중등부 학생들에게 세례집례가 있었습니다. 이어서 주일학교 아이들의 플루트와 바이올린 합주에 이어, 주일학교 아이들의 율동과 찬양을 했습니다. 그리고 문성준이가 한 달여 연습한 드럼 연주 공연이 있었습니다. 수진이는 피아노를 연주하고, 성준이는 드럼을 치는데 그 박자가 리듬에 맞는 것이 여간 신기하지 않았습니다. 내년에는 아이들의 연주회가 다양해져서 작은 콘서트를 열어도 되겠다 하는 소망을 가져 봅니다.

월요일에 김복동 권사님과 함께 장금지 집사님께 심방을 하였습니다. 장금지 집사님은 지난주일 교회에 나오시지 못하셨는데 병원에 다녀오시고 집에 몸져 누워 계시다고 하십니다. 병원에서는 감기몸살이고 노환이라고 했다고 합니다. 목사는 집에 심방을 하기 위해 전화를 드렸더니 집에 큰 딸이 전화를 받으십니다. 심방을 한다고 하니까 괜찮다고 대답을 합니다. 그래서 목사는 기도만 해 드리겠다고 말씀을 드렸더니 "그러면 오세요."라고 해서 김 권사님과 함께 심방을 했습니다. 5단지 같은 동에 사시는 황옥영 권사님께도 전화를 했더니 창대시장 근처 병원에서 물리치료를 방금 받고 왔다며 곧 올라오시겠다고 응해 주셨습니다.

장금지 집사님 댁에 들어갔더니 큰딸 친구 3분이 함께 계셨습니다. 장금지 할머니를 위해 함께 예배를 드리자고 하니까 친구 분들은 교회를 다니시지 않으신다고 하며 거실에 계셨습니다. 그래도 큰 따님은 함께 예배드린다며 참여를 해 주십니다. 목사는 두 분 권사님, 그리고 큰 따님과 함께 예배를 드렸습니다. 먼저 사도신경으로 신앙고백을 하고, 김복동 권사님께서는 대표기도를 통해서, '장 집사님께서 지금 병중에 계시지만 치료자 되시는 하나님께서 고쳐 주시고, 다음 주일에는 교회에 오셔서 예배도 드릴 수 있게 해 달라'하고 기도를 하셨습니다. 장 집사님은 황옥영 권사님께 서랍에 지갑을 꺼내라고 하시며 만 원을 꺼내서 심방 감사헌금이라고 하며 상 위에 올려놓습니다. 목사는 마9장 12절 말씀으로 '의사 되시는 예수님'을 증거하고, 이어서 모두들 함께 장 집사님 손을 잡고 중보기도를 해 드렸습니다. 장금지 집사님은 "다음 주일에는 꼭 나아서 예배드리러 갈게요."라고 말씀하십니다.

만수동 벚꽃이 아름답다고 하신 할머니, 몸져 누워 있으면서 다음 주일에는 꼭 나아서 예배드리겠다고 하시는 장금지 할머니들의 소망의 언어, 내년에 부활절엔 아이들의 작은 콘서트로 부활을 축하하는 예배를 드리고 싶은 목사의 소망이 봄꽃처럼 활짝 피었으면 합니다. 성경은 소망을 영혼의 닻이라고 부릅니다. 하나님 안에서 소망을 품게 되면 그분께 단단히 묶이게 되어 모든 역경을 헤치고 지치지 않고 힘을 얻어 삶의 경주를 달려 갈 수 있게 됩니다. 피곤함이나 지치는 것도 모르고 말입니다. 부활의 아침에 모든 성도들에게 소망의 봄꽃이 활짝 피어나길 축복합니다.

예수님의 식단

요즘 봄철 환절기 때문에 어르신들은 밥맛도 없으시고, 몸도 나른하십니다. 이때에 좀 맛있는 음식은 무엇이 있을까요? 우리 몸에 좋은 식품들을 고르자면 어떤 것이 있을까요? 제철식품이 좋다고 하지요? 봄동들이 시장에 나왔습니다. 봄내음이 나는 자연식품은 우리 몸에 참 좋습니다. 오늘은 먹는 것에 대하여 이야기를 나눌까 합니다. 윤 집사님이 지난주일 저녁에 원미동산에 가자고 전화가 왔습니다. 신문에 진달래가 활짝 피어 있는 모습이 유혹을 하는가 봅니다. 목사부부는 윤 집사님 내외와 함께 주일 오후에 원미동산에 올랐습니다. 많은 상춘객들이 원미산이 비좁을 정도로 올라왔습니다. 산등성이엔 진달래가 흐드러지게 피고, 벚꽃도 활짝 피었습니다. 여기저기서 진달래꽃밭에서 사진촬영을 하며 즐기고 있었습니다. 원미산 정상은 나지막하지만 꽃구경하는 맛이 있습니다. 정상에서 부천 시내를 한눈에 바라보고 봄철 나들이를 잘 다녀왔습니다. 저녁이 되자 식사를 무엇을 할까 의논을 했는데 강 목사가 밴댕이회를 먹자고 합니다.

　제 아내는 고기 체질이랍니다. 고기를 한동안 먹지 못할 때는 고기 먹고 싶어 하면서 목사님이 고기도 사 주지 않는다고 말을 하곤 했었습니다. 그런데 요즘은 고기 먹고 싶다는 이야기를 하지 않습니다. 고기가 몸에 좋지 않다고 귀가 따갑게 주위에서 말을 들었기 때문인지 모릅니다. 오랫동안 제 아내는 홀몬약을 먹는 이후로 몸이 많이 불었습니다. 몸무게가 늘어나니까 허리도 아프다고 하고, 여기저기 건강에 대한 이상 징조를 표현합니다. 강 목사는 홈스쿨과 노인대학의 귀중한 사역을 하는 우리 교회 중요한 사역의 일꾼입니다. 목사는 강 목사가 아프다고 하면 걱정이 앞섭니다. 그래서 고기식단보다는 웰빙 음식을 먹는 것을 권하고 있습니다.

독실한 기독교인 돈 콜버트는 재미있는 책을 한 권 썼습니다. 그 책 이름은 "예수님은 무엇을 드셨나?"입니다. 그는 성경 등에 나와 있는 예수님의 식습관 관련 자료를 분석해 예수 다이어트 사례로 제안했습니다. 가장 많이 알려진 예수의 음식은 최후의 만찬입니다. 최후의 만찬에 예수님과 제자들이 먹은 음식은 밀떡과 포도주입니다. 그리고 또 다른 음식은 오병이어입니다. 예수님이 자신을 따르는 5천 명을 먹인 음식은 두 마리의 물고기와 5개의 떡이었습니다. 누가복음 24장 42절에서는 예수님은 부활하여 제자들 앞에 나타나서 구운 생선도 잡수셨습니다. 그러니까 우리가 성경에서 예수님의 식사를 살펴보면, 예수님은 밀떡, 포도주, 물고기, 구운 생선 등을 드셨다는 것을 알 수 있습니다. 그러므로 예수님의 식반찬을 유추해 보면 생선, 통밀떡, 붉은 포도주였고 고기는 거의 잡수시지 않으신 것을 알 수 있습니다. 콜버트는 "예수님은 소박한 자연식을 즐기셨고, 특히 콩과 야채를 많이 드셨다고 말했습니다. 그리고 고기는 한 달에 한 번이나 맛보았을 것이다."라고 설명을 했습니다. 그리고 콜버트는 음식은 하나님이 주신 귀한 축복으로 여겨 감사하는 마음으로 아껴 먹어야 한다고 말했습니다. 또한 음식을 먹는 태도는 여유를 갖고 몇 시간씩 대화를 하며 즐기며 먹어야 한다고 강조했습니다. 예수님의 식습관은 물질적 차원을 넘어 정신적 차원도 강조되었습니다.

어르신들은 자주 접하다 보니까 음식을 먹는 방식에 대하여 이야기한 기억이 있습니다. 제가 친하게 지내던 어르신 한 분은 치아가 성치 않았습니다. 그분과는 자주 식사를 했는데 처음에는 제가 식사 속도가 빨라 늘 식사가 먼저 끝나고 상대방이 식사가 끝나기를 한참 동안 기다려야 했습니다. 그런데 그분이 식사를 하는 방식에 대하여 이야기를 하시는 것입니다. 음식을 먹을 때 이빨로 먹는 것보다 처음에는 혀로 잡수신다는 것입니다. 혀로 음식을 한 번 감싸 주면 소화도 잘 되고 더욱 맛도 난다는 것입니다. 그 후로 저는 음식을 혀로 한 번 감싸며 먹는 습관을 들여 보았습니다. 그랬더니 음식이 더욱 맛있고, 그분과 식사를 할 때도 속도를 어느 정도 맞출 수가 있었습니다.

초대교회의 특징 가운데 중요한 요소는 함께 식사를 나누면서 교제하는 것이었습니다. 식사가 얼마나 중요했는지 예수님이 떡을 떼면서 먹은 음식인 떡을 자신의 몸이라고까지 말씀을 해 주셨습니다. 식사 자체를 성찬식으로 바꾸어 주신 것입니다. 봄철 입맛이 없습니까? 예수님의 식사를 묵상하시면 어떨까요? 성도 간에 서로 만나서 함께 식사를 하는 여유를 갖기를 바랍니다. 라디오 방송 중에 "점심 살게요."라는 재미있는 프로가 있는 것을 들었습니다. 우리가 서로 식사를 대접하는 마음으로 나눈다면 그것도 아름다운 교회의 모습이 될 것입니다.

떡과 복음을 전하는 동역자가 되자

생각을 꺼 보신 적이 있으십니까? 마음속에서 남을 끝없이 판단하고 떠들어 대던 육신의 목소리가 멈추는 것, 분주했던 생각들이 멈추고, 고요히 안식하는 순간을 경험해 보았습니까? 생각을 꺼 버리는 단추를 사용하여 육신의 생각을 꺼 버리는 법을 체득한 사람은 육신의 생각이나 감정에 끌려 다니지 않습니다. 이것이 성령의 단추인데 성령의 단추를 선물로 받으시길 바랍니다. 생각이 끝날 때에 평화가 오고, 우리 자신의 생각을 멈출 때에 하나님의 생각이 우리 것이 됩니다.

우리가 거룩하신 분의 완전하심을 늘 명상할 때, 그분의 임재 속에서 살 때, 우리 생각은 멈추어지고 그분의 생각으로만 전체가 채워질 것입니다. 한 주간 일상을 멈추고 하나님을 명상할 수 있는 기회가 목사에게 주어졌었습니다. 한국기아대책 인천본부에서 4월 27일부터 5월 2일(5박 6일간) 캄보디아에 선교여행을 다녀왔습니다. 방문지역은 캄보디아의 수도인 프놈펜을 비롯하여 깜뽓주와 시엠립 등 6개 교회와 민족 복음화 운동본부, 해피 홈스쿨을 방문하였습니다. 이번 여행은 목사에게 하나님의 완전하심과 임재하심을 경험하는 의미 있는 선교여행이었습니다. 그러므로 시간이 지나면 그 느낌도 사라질 것 같고 해서 그분의 생각으로만 동행했던 모습들을 간직하려고 합니다. 캄보디아는 인구가 13백만 정도이며 면적은 남한의 1.8배이고 한반도 전체의 80% 정도로서 18만 ㎢로 베트남과 라오스, 태국과 접경지역입니다. 종교는 95%가 불교입니다. 캄보디아는 상처가 많은 나라입니다. 프랑스 식민지 지배에 이어 30년 가까운 근대사의 전쟁사를 치렀습니다. 크메르 루즈(공산당)가 집권을 위해 반대세력을 축출한다는 병목으로 글을 아는 양민 200만 명이라는 대학살 만행을 경험한 나라입니다. 그들의 상처를 어루만지며 함께했던 시간은 목사에게 많은 기쁨과 비전을 주었습니다.

공항까지 마중 나온 이성민 선교사와 윤옥 선교사 일행은 우리 선교 팀을 반갑게 맞아 주었습니다. 밤늦게 도착하였으므로 월요일 밤에는 호텔에서 투숙을 하고, 다음날 화요일 아침부터 캄보디아의 남쪽 시골지역으로 차량이동을 하면서 깜뽓주 줌끼리 교회와 축교회, 당뚱교회, 깜뽓교회를 방문했습니다. 첫째 날에 각 교회에서는 많은 어린 아이들을 만날 수 있었습니다. 캄보디아는 국민의 50% 이상이 20세 이하라고 합니다. 줌끼리와 축교회의 수백 명이 되는 아이들의 순진한 얼굴을 만나면서 그들을 통한 하나님 나라의 비전을 볼 수 있었습니다. 기아대책에서 하는 CDP운동의 현장을 보앉는데 아이들은 CDP 신분증을 소중하게 목에 걸고 선택받았음에 자랑스럽게 생각을 하고 있었습니다. 기아대책이 전한 것은 단지 빵과 복음이지만, 그 아이들은 그것을 얻으려고 3시간 이상을 더운 곳에서 기다리고 있었습니다. 우리가 현지 교회에 도착했을 때에는 아이들의 얼굴에서는 무언가를 기다리며 기대와 갈망하는 얼굴을 만나면서 하나님, 그분의 임재하심을 묵상하게 되었습니다.

둘째 날, 셋째 날에는 깜뽓주, 깜뽕 뜨락교회, 반띠미 교회로 하면서 셀 그룹 형식으로 복음을 증거하는 놀라운 사역을 보았습니다. 중고등학생들과 대학생들을 교회의 자원봉사자로 세우고, 그들을 통해서 교회에서는 기숙사를 마련하여 공부를 가르치고, 또한 동네마다 셀 그룹 모임을 통하여 많은 어린아이들에게 떡과 복음을 증거하는 현장을 보았습니다. 셀 그룹 모임에서는 아이들에게 영어를 30분 정도 가르치고, 그 다음에는 성경공부를 하며 복음을 전하고 있었습니다. 아이들의 부모들은 자식들이 공부를 하는 것에 대하여 만족을 느끼며 셀 사역에 적극적으로 동참해 주고 있었습니다. 셀 그룹의 모임의 총 아이들의 숫자는 1,100명이 넘는다고 보고를 합니다.

앞으로 이런 사역으로 캄보디아 전 지역에 교회를 세우고 아이들에게 복음을 전하여 2016년까지 1,400만 명의 10%가 크리스천이 되는 것이 선교사의 꿈이라고 합니다. 우리는 교회마다 하나님께서 놀랍게 역사하시어서 허락하신 교회부지 땅 밟기를 통해서 하나님의 위대하신 뜻을 이루어 달라고 합심기도를 하였습니다.

넷째 날에는 캄민족 복음화운동본부에서 새벽에 청년들과 함께 합심하여 캄보디아의 민족복음화를 위하여 중보기도하고, 건축 중인 운동본부에서 중보기도를 하였습니다. 그리고 다섯째 날에는 도시 빈민 아동들을 섬기고 있는 해피 홈스쿨을 방문하여 그들을 섬기고 있는 교사들에게 안수 기도하여 주고, 아이들에게 머리를 감겨 주고, 손톱도 깎아 주고, 또 빵을 나누어 주는 사역을 동참했습니다. 그리고 작은 부흥회를 개최하였는데 그렇게 조용했던 하늘이 비가 오고 천둥이 치는 소리가 났습니다. 그러나 천둥소리와 비 소리보다 더 큰 복음을 증거하는 나팔소리로 영적 전쟁을 치루는 신기한 경험을 했습니다. 해피 홈스쿨의 교사들과 섬기는 이들은 하나님을 만남으로 기쁘고 행복하다고 모두가 간증을 하며 행복해했습니다. 이번 선교여행에서 목사는 캄보디아의 청년들과 아이들에게 하나님 나라의 비전을 보았습니다. 그들에게 우리 교회가 떡과 복음을 증거 하는 동역자가 되기를 하나님을 묵상하며 기대합니다.

캄보디아 어린이들 복음 선포현장　　　　캄보디아 어린이의 기도

자연과 우리 삶은 말씀기적들입니다

자연과 인간의 삶에는 하나님의 말씀이 살아 움직이고 있는 것을 매일매일 느낍니다. 요한 기자는 예수님께서 하신 일(말씀)은 이 세상이라도 기록된 책을 두기에 부족할 줄 안다고 기록했습니다.

인간의 과학도 하나님의 말씀에 가르침을 받습니다. 새를 보고 비행기를 만들고, 물고기를 보고 배를 만들었습니다. 자연의 움직임은 인간에게 또 다른 하나님의 계시를 만나게 합니다. 완벽하게 조화로운 모습에 인간은 감탄을 하고, 그 조화로움을 예술에 비교합니다. 예수께서는 제자들에게 눈을 들어 공중의 새를 보라, 들의 백합화를 보라고 말씀하시면서, 심지도 않고 수고하지도 않지만, 천부께서 입히시고 기르신다고 말씀하십니다. 인간의 삶도 하나님의 말씀이 이미 기록된 말씀입니다. 우리 성도들의 삶은 모두가 하나님의 말씀인 것을 묵상하시길 바랍니다. 이번 주 하나님의 말씀기적을 체험한 것을 소개합니다.

수요일에 송현교회를 방문하였습니다. 담임목사 조 목사님과는 건강한 교회세우기 프로그램에 함께 참여했던 적도 있고, 우리 교회를 후원하였었고, 노인대학의 청와대 관람을 위해 차량지원도 요청할 겸 인사차 방문을 했습니다. 조 목사님에게는 이미 메일을 통하여 큰사랑교회 동영상을 보내며 우리 교회 사역을 홍보하였기 때문에, 큰사랑교회 사역에 대하여 관심을 갖고 반갑게 맞아 주었습니다. 그리고 동구청에 신우회 조직을 했다며 목사님께서 함께 동행해 주시면 신우회원들도 힘을 얻고 좋겠다고 함께 가자고 했습니다.

조 목사님은 동구청에 신우회를 조직한 지가 3개월이 되었다며 '동구러브레터 3'이라는 소식지를 직접 만들어 신우회원명단과 그들의 기도제목을 기록하여 보여 주었습니다. 그리고는 하나님의 역사하시는 사역의 현장을 보여 주고 싶다고 말했습니다. 그래서 목사는 함께 동행하여 동구청 신우회 회원들과 식사를 나누며, 동구청장과 동구청이 복음화하게 해 달라고 함께 기도를 해 주었습니다. 식사를 끝낸 후에는 신우회원들 모두는 동구청 옥상에 올라가 복음송가를 부르며 친교를 나누었습니다. 동구청이 복음화되는 꿈을 가진 조 목사님의 모습에서 하나님의 말씀이 기록된 것을 볼 수 있었습니다.

목요일에는 강장원 집사님께서 이사를 하여 심방을 하여 이사 감사예배를 드렸습니다. 강 집사님은 직장에 가깝게 원룸을 얻었다고 하면서 교회도 송내역 앞에서 타면 교회가 가깝다고 말을 했습니다. 교회 옆에 살 때에는 늦더라도 매주 금요일에는 교회에 오셔서 청소를 했는데, 이제는 그렇게 하지 못해서 늘 마음에 걸린다고 말을 합니다. 그리고 목사님께서 제일 먼저 집에 오셨다고 말을 합니다. 가족들, 친구들 누구도 아직 오지 않았다며 제일 먼저 목사님께서 방문하셔서서 축복기도를 받기를 원해서 그렇게 했다고 고백을 합니다. 목사는 강 집사님의 그 마음이야말로 하나님께서 기뻐하시는 예배자의 기본 태도라고 말해 주었습니다. 목사는 강 집사님의 축복을 원하는 그 마음에 하나님의 말씀이 기록된 것을 보았습니다.

캄보디아를 다녀와서 감기가 떠나질 않아 일주일 내내 새벽기도 시간과 수요기도회 시간에 말을 할 때마다 기침이 그치질 않았습니다. 병원에서는 말을 많이 하지 말고 푹 쉬시는 것이 방법이라고 말을 해 줍니다. 낮에는 여름 날씨로 무척 덥고, 새벽에는 찬 공기 때문에, 아직 여독이 남아 있는지, 몸이 온도조절력을 따라 주지 않는가 봅니다. 그런데 어버이 주일이고 해서 인사차 한우리교회에 방문하였더니 금요철야 기도회에 한우리교회에서 설교를 해 달라고 하셨습니다. 감기 기운으로 말을 하기 가장 어려울 때에 설교요청을 받아서 목사는 걱정이 많이 되었습니다. 그래도 모든 것을 하나님께 맡기기로 정했습니다. 그리고 일주일 내내 겸손한 마음으로 하나님을 묵상했습니다.

금요일 저녁 7시 30분에 딸 유준 집사와 함께 인천을 출발하여 한우리교회에 갔습니다. 당회장실에서 준비를 하는 동안에도 목이 칼칼하고 기침이 그치질 않았습니다. 그러나 9시 30분에 예배가 시작되었는데 강대상에 오르니 몸이 뜨거워지는 것을 체험했습니다. 목이 편안해지고, 가슴 아래가 뜨거워지며 누군가 온몸을 붙드시는 평안을 체험했습니다. 한우리교회 성도들은 말씀이 선포될 때마다 아멘으로 화답하시고, 말씀기적을 체험하게 되었습니다.

딸 박유준 집사는 예배가 끝난 후에 이렇게 말합니다. "아빠 설교를 하실 때에 기침하실까 봐 걱정을 많이 하고 기도를 했는데 신기하게도 설교 전에 기침하신 것과는 전혀 달랐어요. 큰사랑교회 성도들이 많이 기도해 주셨나 봐요." 장로님들과 집사님들, 그리고 백 목사님도 은혜를 많이 받았다고 말씀해 주십니다. 자연뿐만 아니라 우리의 삶에는 하나님의 말씀이 기록되어 있습니다. 기록된 말씀이 선포되는 강대상에는 말씀이 불같이 임하는 축복의 자리인 것을 다시 한 번 체험을 하였습니다. 또한 우리 기도의 동역자들의 삶 자체가 말씀기적인 것을 보았습니다.

하나님의 돌보심에 감사합시다

만수동 아파트 길을 걸어서 교회로 오르다 보니, 점점 녹음에 심취하게 되었습니다. 푸르게 녹음 진 아파트 주변의 나무들은 하늘을 가리며 그늘을 만들고 있습니다. 아주머니 한 분이 모자를 쓰고, 얼굴을 마스크로 가린 채 운동을 하러 집에서 나옵니다. 봄 햇살도 좋지만 자외선을 차단하는 것이 여성들의 대처방안입니다. '나도 모자를 쓰고 나왔으면 좋았겠다.' 싶습니다.

발걸음은 어느새 주말농장을 지납니다. 아주머니, 아저씨들이 작은 평수의 밭에 앉아 배추와 무 잎을 솎아 주고 있습니다. 지나면서 무심결에 그들의 대화를 들으니 작은 싹을 솎아 주는 것이 아니라 크게 자란 잎을 솎아야 한다고 하는 말을 듣습니다. 수확을 기대하기보다는 잎이 자라는 재미가 더 낫다는 이야기입니다. 그런데 한 사람은 담배를 입에 물고 있습니다. 그 냄새 때문에 짜증이 납니다. 자연 속에 앉아 자연을 만끽하는 것도 좋지만 자연 그대로여야지 이 맑은 공기 속에서 담배를 피다니요. 발걸음을 재촉하여 산으로 올랐습니다. 소나무들은 피톤치드 향기를 뿜으며 산을 오르는 사람의 마음을 유쾌하게 합니다. 금세 공기가 정화되는 느낌이 듭니다.

아카시아 꽃이 만발했습니다. 그 향취가 어릴 적 꿈을 먹던 시절로 데려다 줍니다. 자연과 성경은 하나님의 사랑을 증거한다고 했습니다. '하나님은 사랑이시다'라는 말이 나뭇잎마다, 지나는 맑은 산바람마다 기록되어 있습니다. 산 정상에 오르니 5, 6명의 사람들이 벌써 땀을 식히고 있었습니다. '우리 산 바로 알기 거머리산 항공 촬영 125.4m, 2007년' 기록된 표지석을 보며 교회 주변 가까이에 작은 산이 있는 것을 감사하게 되었습니다. 잠시 저 멀리 소래산 산마루를 바라보며 숨 호흡을 합니다. 숨이 가빠지며 혈액이 힘차게 흐르는 기분이 좋습니다. 경제가 어렵다고 아우성치지만 천연계 · 자연계는 우리에게 희망과 위안을 줍니다. 나뭇잎들, 꽃들, 낮게 자라는 풀잎조차도 '하나님은 사랑이시다'라는 말을 전합니다. 산을 내려오는 길에 이름 모를 새가 나무 사이에서 노래 부릅니다. 시선을 빼앗기며 그 노래 소리를 들으니 '하나님이 우리 아버지'라고 노래합니다. 하나님의 돌보심을 증거하는 것입니다. 숲 속의 키 큰 나무들은 하나님께서 자녀들을 행복하게 해 주기를 원하신다는 사실을 우리에게 깨닫게 합니다. 잠깐이었지만 산을 오른 마음이 성경을 읽고 묵상한 것 같은 귀중한 깨달음을 주었습니다.

어버이 주일 핑계로 명 권사님과 한 권사님에게 전화를 하였습니다. 모두들 건강하다고 안부를 전했습니다. 그래도 80세에 가까우시고, 또 한 분은 80세 중반이시니까 이미 연약한 육체의 소리를 듣고 계시겠지요. "밥 먹고 교회 가는 것 외에는 하는 일이 없어요."라고 하십니다. "그것만이라도 계속하다가 천국 갔으면 좋겠다."라고 하시는 말씀엔 숙연한 마음이 들었습니다. 목사님의 기도에 새 힘을 얻으시는 두 분 권사님의 감사 인사가 아직도 귀에 남습니다.

조동초등학교에서 인천지역 5개 행복한 홈스쿨이 연합하여 체육대회를 했습니다. 100여 명의 아이들이 운동장에서 큰소리로 응원하며 힘차게 뛰노는 모습을 바라보며 오후 시간을 보냈습니다. 줄넘기 경주에서 계속 발이 걸려 뒤돌아 손을 잡고 해 보지만 그래도 박자를 못 맞추어 발이 걸리는 아이를 탓하는 또 다른 아이들의 모습, 피구를 하면서 연속으로 얼굴을 공에 맞고 울음을 터뜨리는 아이들의 모습을 보며, 안타깝게 생각도 했지만 웃음이 나는 이유는 무엇일까요? '그렇게 넘어지고 아파하며 아이들처럼 사는 것이 우리 모습이구나'라고 생각이 들었기 때문입니다. 아이들에겐 성장 호르몬이 있습니다. 천국은 이런 어린아이들의 것이라는 예수님의 말씀이 생각났습니다.

15일 스승의 날 아침엔 핸드폰에 이런 메시지가 올라왔습니다. '스승의 날인 오늘 제일 먼저 목사님이 생각나네요. 훈련을 통해 많은 은혜받고 있어요. 감사합니다.', '샬롬, 늘 주님의 축복 속에서 기쁨의 웃음이 넘치시길 기도합니다.' 목사 방에 작은 꽃바구니가 감사의 꽃을 피우고 있었습니다. 강 목사님은 홈스쿨 아이가 강아지 저금통과 카드를 주었다고 행복해합니다. '목사님께 목사님 안녕하세요? 저 지연이에요. 매일 이뻐해 주셔서 감사해요. 그리고 매일 맛있는 밥 해 주셔서 감사해요. 건강하시고 아프시지 마세요. 사랑해요. 2009.5.15. 금요일 지연이 올림' 아이들의 감사의 노래는 우리에게 희망을 주고 새 힘이 나게 합니다.

금요일 연합기도회 때에 벧엘교회 김영기 목사님께서 축복의 땅, 저주의 땅이라는 설교를 해 주셨습니다. 200만 명에 이르는 이스라엘 백성들은 출애굽은 했지만 저주의 땅에서 죽고, 단 두 사람 여호수아와 갈렙만이 축복의 땅을 밟았다는 말씀이었습니다. 두 사람은 하나님의 신실한 약속의 말씀을 믿고 감사의 삶을 살았기 때문에 감사의 결실을 맺게 된 것입니다. 한 주간도 자연과 성도들의 삶엔 감사의 기적들이 일어나고 있습니다. 하나님께서 그렇게 계획하시고 인도하시기 때문에 우리는 웃음이 가득한 삶을 살 수 있습니다.

마칠칠 정신

노인 어르신들이 이구동성으로 고맙다고 이야기하십니다. "점심 잘 먹었어요. 삼계탕도 맛있고 김치도 맛있었어요. 감사해요." 오랜만에 오신 할머니 한 분은 그동안 병원에서 수술을 받았기 때문에 노인대학에 나오지 못했다고 말씀하십니다. 그리고 오늘 삼계탕을 너무 잘 먹었다고 하시면서 진심으로 감사의 말씀을 전하십니다.

아내는 이번 주 노인대학에서 삼계탕을 끓이겠다고 했습니다. 에덴마트에서 삼계탕 재료를 사서 손을 보는데 장난이 아닙니다. 목요일에 미리 주문을 해서 닭을 반으로 잘라 배달을 받아서 냉장고에 넣고, 금요일에 대추와 마늘을 넣고 끓이기만 하면 되는 줄 알았는데, 닭살에 붙어 있는 기름기를 떼는 작업이 만만치 않습니다. 아내는 80명 분의 닭을 손질하다 말고 허리가 끊어지는 것 같다고 하소연합니다. 가슴이 답답해서 목사에게 이러다 내가 잘못되면 어떻게 하느냐고 말하는데 목사는 할 말이 없어집니다. 오늘따라 수고해 주시던 집사님들도 바쁜 일 때문에 교회에 오시질 않았습니다.

마침 양 집사가 교회에 왔습니다. 양 집사는 "파출부를 쓰시지요."라고 말합니다. 일당 4만 원이면 파출부를 쓸 수 있다면서 그런 방법을 강구할 것을 제안합니다. 그러나 강 목사는 파출부를 쓸 수 있는 일이 아니라고 대답을 합니다. 장을 보는 문제와 일이 하루에 끝나지 않고 계속 연결되어 있는 금전 문제가 해답을 찾기 어렵습니다. 예산이 확보되어 있으면 그 범위 안에서 그 일을 맡기면 되지만, 예산이 확보되지 않은 상태에서 미리 지출하고 나중에 처리하는 지금 방식으로는 장보는 것과 또 일하는 것을 함께 할 수 없는 것이 현재 상황입니다.

그래서 목사는 마칠칠 정신으로 기도하고 있습니다. 마칠칠 정신은 마태복음 7장 7절의 믿음의 사람들에게 주신 예수님의 말씀을 따르고 경험하는 것입니다. '구하라 그러면 너희에게 주실 것이요 찾으라 그러면 찾을 것이요 문을 두드리라 그러면 너희에게 열릴 것이니' 하나님께서 큰사랑교회에 주신 비전은 놀랍고 매우 가치 있는 것입니다. 어른을 섬기고 아이들을 사랑하는 비전인 큰사랑실버라이프와 큰사랑행복한 홈스쿨은 그래서 아주 중요한 공동체입니다. 귀한 비전을 이루기 위해 동역자들을 구하고 있습니다.

바울은 스데바나와 아킵보를 나의 군사된 동역자라고 불렀습니다. 스데바나는 아가야 전도에서 첫 열매(고전 16:15)로 기록되어 있으며, 고린도 교회가 바울에게 쓴 편지를 전하기 위해 에베소를 방문하고 그 회답인 고린도 전서를 고린도교회에 전한 인물입니다. 바울은 또한 아킵보에게 주 안에서 받은 직분을 삼가 이루라고 권하였으며 에바브라가 라오디게아 교회에서 수행했던 목회임무를 잘 수행했다고 성경은 증언합니다.

목사는 마칠칠 정신을 실천하기 위해서 매일 교회 4층 건물을 오르고 내릴 때마다 1층의 문고리를 잡고 '주여, 이 4층 건물을 큰사랑교회에 주셔서 복지센터와 선교센터가 되게 하여 주시옵소서.'라고 기도하고 있습니다. 아내인 강 목사는 그 모습을 보고 미소를 짓습니다. 큰사랑교회 모든 성도들이 마칠칠 정신으로 살아 계신 하나님을 경험하길 바랍니다. 강 목사는 노인대학을 마치고 사무실에서 쉬지도 못하고, 또 그동안 보이지 않으신 노인 어르신들, 성도들에게 전화를 하고 있습니다. 밀물처럼 들이닥쳤던 사역의 일이 잠시 멈춘 사이에도 주님께서 하실 일을 꿈꾸며 새로운 비전을 향해 전진하는 모습이 아름다운 모습입니다. 하나님께서 강 목사에게 영육 간에 강건함을 주시기를 기도합니다.

보라 아빠가 사무실을 찾아왔습니다. "목사님, 저를 위해서 기도해 주세요." 그동안 보라 엄마의 장애 때문에 심적 고생도 많았고 집에 오면 쉬지 못하는 자신의 사연을 전합니다. 쉼과 위로가 필요한 보라 아빠를 위해 목사는 예수님을 전하면서 진심으로 기도를 해 주었습니다. 보라 아빠의 눈물을 보면서, 이제 보라 아빠도 신앙생활을 잘하라고 권면을 했습니다. "네, 이젠 교회에 자주 올게요. 교회 성도들이 제 사정을 다 아시는 걸요. 이제는 서먹할 일도 없지요." 보라 아빠에게 큰사랑교회가 가족같이 느껴진다는 고백을 들으면서 목사는 보라 아빠의 믿음이 잘 자라 주기를 소망해 봅니다.

주위를 둘러보면 많은 성도들이 "왜, 나는 하나님께서 도와주시지 않는 걸까?"하며 낙심합니다. 꿈과 비전을 다시 한 번 점검해야 할 필요를 느낍니다. 현실적인 이해득실보다 하나님의 세미한 부르심을 경청하고 영혼을 살리는 일에 눈을 뜨는 것이 필요합니다. 주님께 인생을 건다는 것은 우리의 믿음을 주님께 보이는 것입니다. 마칠칠 정신으로 무장이 필요한 시점입니다. 우리에겐 지금 하늘 문이 앞에 있습니다. 하늘 문을 두드리는 사람들이 필요합니다.

상록수 이해

전직 대통령의 서거라는 큰 사건이 한 주간 국민들의 마음을 슬픔에 빠지게 했습니다. 고 노무현 전 대통령은 김해 봉하마을의 부엉이 바위에서 자신의 몸을 던져 자살했습니다. 이것은 백성들에게 큰 충격을 준 초유의 사건이 되어, 지난 한 주간 백성들의 마음을 슬픔과 비탄에 빠지게 했습니다.

다음에는 노 전 대통령의 서거가 확인된 지 한 시간여 만에 6천여 개의 댓글이 달리는 등 누리꾼들이 몰렸습니다. 다음의 아이디 '씰온라인'은 "가슴을 후벼 파는 고통과 슬픔으로 가득하다."면서 "님을 보내는 게 서러워 목 놓아 울어 본다."고 애도를 표시했습니다. '사람만이 희망이다'는 "정말 사실이 아니길, 기사가 오보이길 얼마나 기도했는데 너무 가슴이 아프고 앞이 아득해진다."면서 "왜 꼭 이렇게 끝까지 내몰아야 했었는지 다시 한 번 생각하게 만든다. 많이 그리울 것 같다."고 슬퍼했습니다. 네이버의 아이디 'chooksee'는 "얼마나 힘들었으면, 눈물이 난다."면서 "누군들 견딜 수 있었겠는가. 좋은 데 가서 나라를 굽어살펴 달라."고 말했고 네이트의 송

영균 씨는 "누가 노 전 대통령에게 손가락질하겠는가. 좌파고 우파고 전부 다 미쳐 돌아가는 세상에서 혼자 외로이 사신 분"이라며 "애꾸눈의 원숭이만이 가득한 세상에서 홀로 양 눈으로 살아가려니 힘들었을 것"이라고 한탄했습니다.

반면 노 전 대통령이 혐의를 덮어 두기 위해 극단적인 선택을 했다는 부정적인 반응도 적지 않았습니다. 네이버의 아이디 'ahn974'는 "한 나라에 대통령이셨던 분이 자신의 죄를 덮으려고 자살한 것으로 밖에 보이지 않는다."면서 "자신의 죄를 밝히고 죗값을 치러야지 자기 자신을 희생해서 나머지 사람들을 살리려고 애쓰는 모습으로 밖에 보이지 않는다."고 말했습니다. 'shrnflthsus'는 "진실을 알려야지 왜 사망하느냐."며 "그냥 사망하는 것은 좀 아니지 않는가."라고 말했습니다. 이 밖에 누리꾼들은 노 전 대통령의 서거에 따른 후폭풍을 우려하기도 했습니다. 네이트의 유소영 씨는 "국민의 마음이 감정적으로 나뉘어 서로 미워하게 만들고 화해와 타협의 길을 걷지 못하게 되는 끔찍한 결과를 낳게 되는 게 아닌지 너무 마음이 답답하다."고 말했습니다.(서울=연합뉴스)

우리가 사랑했던 이들이 죽으면 죽음은 언제나 우리 삶의 일부인 것처럼 느껴집니다. 우리가 언제 어디서 죽느냐가 중요한 것이 아니라 우리가 죽음을 맞이하는 방법과 어떻게 맞아야 하느냐가 중요합니다. 죽음은 뒤틀린 떠남, 마치 꽝 닫힌 문처럼 만들 수도 있고, 조화로운 정점, 절정으로 만들 수도 있습니다. 우리가 어떤 태도, 어떤 행동으로 죽음을 맞이하는가 하는 열쇠는 우리 손에 달려 있습니다. 우리가 잘 준비를 하면 우리는 분별 있고 평온한 마음으로 뜰을 걸어 내려가 문을 열고, 그 길의 모든 과정을 눈여겨보며 갈 수 있습니다. 죽음을 통해서 아까운 사람을 잃어버리는 것은 다만 개인적인 관심사만이 아닙니다. 이것은 죽음이 발생한 공동체에 영향을 미치고 따라서 상을 당한 사람은 공동체의 이해와 지원을 필요로 합니다.

오스트레일리아에서는 NARAG이라는 상실과 비탄협회가 있습니다. 이 협회의 시작은 그란빌 역에서 83명이 죽고, 다수의 부상자가 생김으로 유족들의 비탄의 심각성은 상상을 초월한 것이었는데 비극을 만난 사람들을 케어할 목적으로 전문가들을 초청하여 결성한 것이 NARAG입니다. 사별체험자 동지끼리 나눔의 대화를 확대하여 상실체험에 대응하는 단체가 되었습니다. 스웨덴에서도 1988년 8월 15일 대형 버스사고가 일어나서 죽음의 대참사가 발생했었습니다. 이 교통사고로 인해서 아이 12명, 어른 3명, 총 15명이 사망했고, 동승했던 승객들은 중상을 입었습니다. 그러나 사고 장소가 이웃나라 노르웨이 산속이어서 사고정보가 없으므로 유족들과 학교 측에서도 무엇을 어떻게 해야 할지 막연했고, 오직 비탄에 빠져 있었습니다.

이런 참사의 사후처리 반성 때문에 위기 상태가 발생되었을 때 대응하는 위기 대응 팀을 조직하였습니다. 슬픔을 위로하는 시스템이 필요한 시점입니다. 천국에도 위기가 있었습니다. 사단이 예수로 하여금 자살하도록 꾀한 것입니다. '이에 마귀가 예수를 거룩한 성으로 데려다가 성전 꼭대기에 세우고 가로되 네가 만일 하나님의 아들이어든 뛰어내리라 기록하였으되 저가 너를 위하여 그 사자들을 명하시리니 저희가 손으로 너를 받들어 발이 돌에 부딪히지 않게 하리로다 하였느니라…… 가로되 만일 내게 엎드려 경배

하면 이 모든 것을 네게 주리라.' 그러나 예수님은 주 너희 하나님께 경배하고 다만 그를 섬기라함으로 마귀를 물리치셨습니다.

노무현, 그는 우리의 숙제입니다. 저 들에 푸르른 솔잎을 보라 돌보는 사람도 하나 없는데 비바람 맞고 눈보라 쳐도 온 누리 끝까지 맘껏 푸르다 서럽고 쓰리던 지난날들도 다시는 다시는 오지 말라고 땀 흘리리라 깨우치리라 거칠은 들판에 솔잎되리라 우리들 가진 것 비록 적어도 손에 손 잡고 눈물 흘리니 우리 나갈 길 멀고 험해도 깨치고 나아가 끝내 이기리라.

상록수 노래는 고 노무현 전 대통령이 즐겨 불렀다고 해서 대중들의 가슴에 다시 회상하게 하는 노래입니다. 지금은 내우외환의 위기입니다. 갈 길이 험해도 깨치고 나가 끝내 이기리라는 상록수 가사처럼 자살에 대한 마귀유혹을 깨뜨리는 것이 이 땅에서 천국을 지키는 일입니다.

2. 베풀고 싶어요

큰사랑행복한 홈스쿨 개소식

하나님께 영광을 돌립니다. 우리 큰사랑교회가 행복한 홈스쿨 개소식을 하였습니다. 많은 분들이 오셔서 축하와 격려를 해 주셨습니다. 조동초등학교장께서 어린이들에 대한 따뜻한 손길이 꼭 필요한데 큰사랑교회가 시작을 했다면서, 만수동 일대에 도움이 필요한 아이들에게 큰사랑의 손길이 되어 달라고 축하를 하셨습니다. 학교장으로서 협조를 아끼지 않겠다고 약속해 주셨구요. 만수 4동장께서도 귀한 행사였고 많은 것을 배웠다며 동장으로서 지역사회에 홍보하며 도울 수 있는 것을 찾아서 적극적으로 돕겠다고 하셨습니다. 정정섭 기아대책회장께서는 60년대에는 100만 정도의 크리스천들이 그들의 삶 자체가 세상에 소금과 같은 존재였는데, 지금 1,200만 명의 기독교인들이 있음에도 세상에 보여 줄 수 있는 모범이 부족하다고 하면서, 지금이 교회가 세상에 섬김의 손길이 필요한데 큰사랑교회가 이 일에 동참해 주셔서 감사하다고 하셨습니다. 최세걸 목사님께서 우시는 예수님이란 제목으로 세상을 향해 우셨던 예수님이 지금 불우한 어린이들을 향해서도 동일한 마음일 것이라면서 그들에게 예수님의 사랑을 전하는 큰사랑교회가 되기를 바란다는 말씀을 해 주셨습니다. 권영우 지방회 부회장 장로님은 링컨은 불우한 환경 가운데서도 믿음을 갖고 자라서 미국의 대통령이 되어 세계의 지도자가 된 것처럼 행복한 홈스쿨 어린아이들이 꿈을 갖고 하나님의 말씀을 배우며 자랄 수 있게 해 달라고 기도해 주셨습니다.

기아대책 세상을 섬기는 교회운동 사무국장 조재영 간사는 기아대책 기구를 동영상으로 자세하게 소개를 하여, 교회가 세상을 향해 열린 섬김을 하는 홈스쿨 개소에 대한 더욱 뜻깊은 홍보를 하였습니다.

우리 행복한 홈스쿨 아이들이 핸드벨 연주를 통해서 이 모든 축하와 격려에 대해 보답했습니다. 그동안 마음을 맞추고 단합하면서 준비한 핸드벨 종소리는 아름다운 소리로 화음을 내었습니다. 연습할 때는 박자가 맞질 않고 민용이가 잘 참석하지 않아서 걱정이 되어 동길이가 오카리나 연주를 하나 더 하라고 주문을 했는데, 실제로 할 때는 영화의 한 장면처럼 더 아름다웠습니다. 아이들은 흰 티셔츠에 청색바지를 입고 예쁘게 연주를 해 주었고, 민용이 종소리 차례 때는 옆에 있는 재훈이가 옆구리를 꾹 찔러 주어 민용이가 종소리를 흔들어 내는 모습에 청중들은 더 자연스럽다며 큰 웃음소리를 내었습니다. 김 간사도 "아이들이 무대체질인가 봐요." 하면서 자랑스러워했습니다. 강재현 시설장은 내빈 및 인사소개를 일일이 자연스럽게 해 주어서 가족처럼 따뜻한 분위기를 만들어, 오신 내빈과 교사들도 즐겁고 행복해했습니다. 중국에 선교사로 사역하시는 김○○ 선교사가 개소식이 다 끝난 후에 고백을 합니다. 목사님께서 인사말씀을 하시는데 자신의 마음속에 성령의 뜨거움 같은 하나님의 은혜를 체험했다며 하나님을 찬양하였습니다. 행복한 홈스쿨은 하나님께서 여신 것입니다. 우리는 순종하고 하나님의 음성을 들으면 세상은 더욱 밝아질 것입니다.

착한 사마리아 법

이번 주는 착한 사마리아 법에 대해서 말을 하려고 합니다. 착한 사마리아 법이란 위험에 처해 있는 사람을 구조해 주어도 자기가 위험에 빠지지 않는데도 그냥 지나쳤을 때 처벌을 주는 법입니다. 이미 프랑스, 러시아, 폴란드, 일본, 중국 등은 이 법에 의한 처벌을 1년부터 3년까지 구속할 수 있도록 법으로 정해 있습니다. 우리나라도 이런 법이 생겨서 어려운 이들에 대한 도움의 손길을 주는 장치가 마련되어야 할 것입니다.

목요일에 우리 성도들이 모금한 저금통을 기아대책에 입금을 하려고 운행하던 중이었습니다. 정지신호가 있어서 차량이 정지하고 있는데, 90세 정도가 되는 할아버지가 보드 블럭 위에서 앞으로 갔다가 뒤로 갔다가 하고 계시는 것입니다. 술에 취하셨나 하면서 그냥 지나치려는데 갑자기 비틀거리며 뒷걸음을 계속하시더니 뒤로 심하게 넘어지는 것입니다. 아마 머리를 다쳤을지도 모릅니다.

제 앞뒤에는 차량들이 줄을 서 있고, 주변에 사람들이 없나 살펴보니 모두들 그냥 지나치는 것입니다. 그냥 두어서는 안 되겠다 싶어서 비상등을 켜고 횡단보도 담을 넘어서 보도로 갔습니다. 할아버지는 술에 취하시지는 않았는데 얼굴은 하얗게 질리시고 힘이 없어 보였습니다. "할아버지, 괜찮으세요?" "예." 대답을 하십니다. "일어나실 수 있겠어요?"하니 그렇다고 하십니다. 일으켜 세우려고 하니 발에 힘이 없으신지 서지를 못하십니다. 간신히 일으켜 세우며 걸어 보시라고 하니 또 다시 뒤로 주춤거리며 넘어지십니다. 다치지 않게 하려고 급하게 잡다가 보니 목사도 손등을 찢겼습니다. 이대로 그냥 두어서는 안 되겠다 싶어 상가에 있는 의자에 앉혀 드리고, "좀 쉬셨다가 힘이 생기시면 움직이세요."하였더니 또 다시 일어서시며 뒤뚱거리며 걸어가십니다.

그대로 나두고 갔다가는 머리를 다쳐 사망할 것 같은 불안감이 생깁니다. 집에까지 모셔다 드려야겠다는 생각이 들었습니다. 주소를 알려 달라고 하였더니 만수2동 80번지라고 합니다. 노인 어르신을 차에 모시고 만수2동을 찾았습니다. 노인 어르신이 말씀을 하신 대로 차량을 움직였는데 만수시장 뒤의 재개발하는 곳 한가운데 집을 다 부셔 댄 곳에까지 갔습니다. 그리고는 그곳 폐허된 건물자재가 쌓여 있는 그곳에 내려 달라는 것입니다. 지나가던 우체부 아저씨에게 80번지를 물으니 재개발로 폐허된 곳이라고 합니다. 그때서야 이 노인 어르신이 치매이실지도 모르겠다는 생각이 들었습니다. 동사무소에 모셔다 드릴까 하니까 우체부 아저씨가 파출소에 모셔다 드리는 것이 좋다고 의견을 냅니다. 파출소에 모셔다 드려야 도움을 얻을 수 있겠다 싶었습니다. 112에 신고를 하고 경찰에게 인계를 하였습니다. 그리고는 노인 어르신에게 말씀을 드렸습니다. "그냥 길거리에 내려 드리면 또 다시 다치실 것 같아요. 제가 마음이 놓이지 않아서 그러니 경찰에게 인계를 해 드릴게요.

경찰에게 도움을 받으세요." 노인 어르신은 고개를 끄덕이십니다. 목사는 지금 그 노인 생각에 마음이 그렇습니다. '경찰이 국민의 심부름이니까 잘 모셨겠지?' 한편으론 민중의 지팡이인 경찰에 대한 믿음을 보이지만 또 한편으론 그렇게 치매상태에 있는 분은 어떻게 집을 찾을 수 있을까 하는 걱정이 마음 한편을 누릅니다.

풀내음

아직 여름 뜨거운 녹음의 계절은 좀 이르지만 나무들이 초록색으로 자라는 것을 보니 마음이 상쾌하게 됩니다. 잔디를 벌써부터 깎아 내어서 풀내음이 옛 추억을 살려 냅니다. 참 향긋합니다. 나무들처럼 풀처럼 자연색과 향내를 내는 삶이 되었으면 좋겠습니다. 아이들을 보면 예수님이 왜 아이들을 사랑하셨는지를 깨달을 수 있습니다.

홈스쿨 예린이 이야기를 해 보겠습니다. 예린이는 초등학교 2학년입니다. 말은 잘 못하지만 아주 감성이 풍부한 건강한 아이입니다. 하루에도 목사 방을 수십 번도 더 드나듭니다. 앞문으로 뒷문으로 "응."하면서 불러 댑니다. 엄지손가락을 치켜세우면서 목사에게 보여 줍니다. 요즘은 기분이 좋은지 얼굴을 비벼 대는데 양쪽을 비벼 댑니다. 마치 할아버지에게 재롱을 떠는 것같이 합니다. 목사가 의자에 앉아 있는데 그 위에 걸터앉습니다. 목사는 모차르트 피아노 소나타를 틀어 주었더니 머리를 흔들어 대며 엉덩이춤을 다 춥니다. 예린이는 목사님이 좋은가 봅니다. 목사도 그렇게 따르는 예린이가 사랑스럽습니다. 예린이와 같은 아이들에게 목사는 꿈이 있습니다.

민용이를 우리 성도들은 아시지요? 말할 때마다 "어어."하면서 자기표현을 아주 강하게 하는 아이입니다. 지난 겨울에 해군부대에 갔을 때도 다른 아이들은 기관총 사격대에 앉아 보질 못했는데 민용이만 사격대에서 조준연습을 하며 신이 났었지요. 해군 아저씨를 독차지하며 사진도 제일 많이 찍었습니다. 오늘 민용기가 목사 방을 기웃거립니다. 예린이가 목사 방에 있는 것을 보고 자기도 들어오고 싶었는가 봅니다.

"목사님, 어어, 안녕하세요?" "그래 민용이가 인사를 아주 잘하네?" 민용이는 칭찬해 주니 신이 났습니다. "목사님, 이거요." 요구르트를 목사님 드시라고 민용이가 가져왔습니다. "그래 고맙다. 잘 먹을게." 민용이는 "어어, 아니지, 목사님, 안녕히 계세요." 민용이는 어어 대신 "안녕히"라는 인사를 하려고 노력하고 있습니다.

홈스쿨 아이들이 앞으로 자랑스러워질 것입니다. 홈스쿨이 날로 부흥되는 것 같습니다. 기아대책에서도 큰사랑행복한 홈스쿨을 관심을 갖고 있습니다. 이번 주엔 형제어패럴(주)에서 큰사랑 행복한 홈스쿨과 자매결연식을 갖습니다. 어려운 일을 돕는 것은 아름다운 일입니다. 이런 일은 경쟁의식도 필요합니다. 우리 성도들이 사랑을 표현하는 일에 건강해졌으면 좋겠습니다. 아직은 다 자라지 않았지만 어린이와 같은 마음으로 우리 성도들이 섬기는 일에 향내를 낸다면 풀내음과 같이 예수님 향내가 만수동을 덮을 것이고 땅끝까지 소문날 것입니다.

데 꼴로레스(de colores)

이 노래는 스페인의 교인들을 태운 버스가 시골길을 지나고 있었는데, 버스에서 사람들은 서로 노래를 부르며 즐겁게 가고 있었습니다. 그러다가 갑자기 천둥 번개를 동반한 폭풍우가 무섭게 몰아치고, 사람들은 무서워 노래도 중단하고 차를 농장 앞에 세워 놓았습니다. 곧 폭풍우가 지나가고 구름 사이로 햇볕이 비추자 사람들 중 한 사람이 농장에 있는 수탉을 보고 그의 아름다움과 농장주변의 모든 모습들이 새롭게 느껴지면서 하느님께 감사를 드리는 노래를 만들게 되었습니다.

이후 이 노래는 많은 사람들의 사랑을 받고 있기도 합니다. 60년대 이후 라티노 인권운동의 한 부분을 차지하였기도 하였으며 데 꼴로레스란 말은 본래 "The colors."라는 뜻이지만 이 노래로 인하여 Rejoice 또는 Greeting의 대명사로 자리를 잡았습니다. 또한 데 꼴로레스는 아름다운 무지개를 상징하고 또한 교회 안의 각양의 은사를 받은 사람들이 아름다운 그리스도의 한 몸을 이루는 것을 의미합니다.

저는 이번 주 대전 TD(스페인말로 Tres Dias의 이니셜인데 영어로는 Three Days, 즉 3일간이라는 뜻임) 훈련을 마치고 데 꼴로레스의 상징인 무지개 뱃지를 선물로 받았습니다. 대구·부산·인천·서울 등 전국에서 36명의 남자 지원자들이 TD 훈련에 참가하였는데, 지원자들은 모두는 38명의 팀 봉사자들의 섬김의 향내를 보여 주는 작은 천국을 체험하였습니다. 그리곤 마지막 날 지원자들은 몸 안에 있는 예수님의 살아 계심을 간증을 하였는데 남자들의 눈물은 성령님의 손길을 그대로 보여 주었습니다.

봉사자들은 데 꼴로레스가 되어 기도하고, 팔란카(Palanca-영어의 뜻은 영향이라는 뜻이고 TD에서는 자신을 포기하거나 희생하는 사랑의 표시임. 편지, 선물 등을 말함) 편지를 통하여 감동을 전해 주었습니다. 또한 식사제공, 침실정리, 안내, 촛불 길 밝히기, 차량 이동, 찬양과 율동 등 3일간의 생활에 필요한 것들을 지원하며 그들의 물질, 시간, 재능을 사용하여 섬겨 주었답니다.

어떤 봉사자는 시골 사모님이셨는데 지난 일 년간 교회 주변의 들판을 다니며 행운을 상징하는 네잎 클로버를 찾아 그것을 말리고, 종이에 붙여 오려서 책갈피에 끼워 사용할 수 있도록 예쁘게 디자인을 해서 선물로 만드셨습니다. 그리고 한 사람 한 사람을 향한 행운을 빌어 주면서 팔란카 편지를 낭독하셨는데, 네잎 클로버의 행운도 필요하지만 세잎 클로버는 행복을 상징하니까, 행운을 찾으려고 행복을 밟지 마시라는 뜻깊은 메시지도 전하였습니다.

36개의 사랑의 하트모양에 지원자들의 이름을 수놓아 38명이 한 몸이 되어 줄지어 들어오면서 환영할 때에는 가슴속이 너무 좁아 터질 것 같은 감격을 체험하였답니다. 그들을 통하여 36명의 지원자들은 하나님, 예수님, 성령님을 보고 만지고, 체험하는 귀중한 경험을 하였는데 마지막 날 펑펑 울고 몸속의 자아가 녹아내리고 이제부터는 봉사자들처럼 예수님의 길로 인도하는 지도자의 길을 결단하였습니다. 3일간의 천국체험은 지났지만 오늘 제4일을 시작하면서 목사는 데 꼴로레스 무지갯빛처럼 아름다운 크리스천 지도자가 되길 결단합니다.

나눔의 가치

차마고도라는 기획시리즈를 아십니까? KBS에서 하는 프로그램인데 우연히 시청하게 되었습니다. 티베트 지역에서 소금을 싣고 고산지역의 좁은 길을 따라 식량을 구하러 길을 떠나는 목자들의 이야기입니다. 야크를 이끌고 험한 산길을 오르는 목자는 야크의 생명을 자신의 생명으로 알고 지켜 냅니다. 양 집사가 목사에게 말합니다. "그 모습이 참목자의 모습이 아니겠습니까?" 목사는 그 이야기를 듣고 야크의 생명을 지켜 내는 목자의 모습이 목회정책에 묻어 있어야 한다고 생각했습니다. 야크를 인도하는 목자는 겨울 한철 소금을 싣고 식량을 구합니다. 그리고는 겨울이 지나면 다시 고향으로 돌아가는 것입니다. 아주 단순한 삶이지만 생명이 있는 한은 그 일이 계속할 것입니다. 아주 위험한 일임에도 나이가 들어 보이는 목자는 그 일을 30년, 40년 했었다고 말합니다. 목자의 이야기는 시처럼 들립니다. 목회자의 길도 마찬가지라고 생각이 듭니다.

금요일에 장로님 한 분이 전화를 거십니다. "목사님, 커피 한 잔 주실 수 있습니까?" 장로님은 우리 교회 홈스쿨과 노인대학 사역을 도우시는 천사 같은 분이십니다. 제가 전화 통화될 때에 "장로님 한번 뵙시다."라고 말씀을 드렸는데 늘 바쁘다는 핑계로 만나지 못했다고 하면서, 자신의 모습이 마치 교만한 것 같아 오늘은 시간을 냈다고 말씀하십니다. "장로님 얼굴이 참 좋아 보십니다." 했더니 "네, 저는 행복합니다."라고 대답하십니다. 군에서 퇴역을 하시고 바로 장례사 일을 하시는데 사람들의 죽음을 자주 접하면서 돈을 많이 버는 것이나 명예 같은 것이 큰 의미가 없다는 것을 많이 깨닫게 되었다는 것입니다. "작은 돈을 갖고도 하나님의 사역에 도움을 드릴 수 있다는 것에 너무 행복합니다."라고 말씀을 하시는 것입니다. 그리고 큰돈으로 섬기다 보면 자신의 과욕이 나올 수 있어 잘못될 수도 있다는 염려를 말씀하십니다.

토요일에는 인하대 병원 힐링 핸즈 신우회 10명이 우리 큰사랑 교회에 오셨습니다. 홈스쿨 아이들을 위해서 건강검진도 하여 주시고, 아이들과 단짝이 되어서 게임도 하면서 즐겁게 놀아 주었습니다. 아이들은 물론 행복해 보였고요. 아이들은 낯선 분들인데도 존경하는 모습을 보이며 성의를 다해 대하는 모습도 보였습니다. 목사는 아이들이 사람들을 대하는 모습에 진지해지는 모습을 보니 아주 흐뭇한 생각이 들었습니다. 인하대병원 신우회 팀은 행사를 마치고 피드백을 했습니다. 한 아이가 "선생님은 어디에 있으면 제일 편안해요?"라고 물었답니다. 그래서 "집이 제일 편하지."라고 말했더니 그 아이는 "저는요, 교회 홈스쿨에 오면 제일 편해져요." 했다는 것입니다. 그래서 아이의 그 말에 정말 감동받고 은혜를 받았다고 이야기를 합니다. 교회가 정말 아이들에게 행복을 주는 모습을 보는 것 같아 감동이 있었고, 앞으로 분기별로 아이들과 교제할 수 있도록 하겠다고 했습니다.

12월 16일에 우리 교회는 2008년도 비전축제를 계획하고 있습니다. 2007년도는 어른을 섬기고 아이들을 사랑하는 교회의 이미지를 세우고 한 해를 보냈습니다. 큰사랑실버라이프와 큰사랑 행복한 홈스쿨은 그런 비전을 이루기 위한 귀한 사역입니다. 목자가 야크를 생명같이 여기고 한 해, 한 해를 지속적으로 하는 것처럼 내년에도 이 귀한 사역은 계속 이어질 것입니다.

귀한 사역에 함께 동참할 사역자를 세우기 위해 2008년도에는 3가지 비전을 세웠습니다. 첫째는 새 신자 정착 시스템을 세우려고 합니다. 새 신자 관리사는 새 가족이 우리 교회 가족이 되면 그들을 양육하고 섬길 수 있는 사역자들입니다. 둘째는 중보기도사를 세우는 것입니다. 중보기도사는 현재의 권사님들과 내년에 권사로 임직할 3분이 될 것입니다. 권사님들은 우리 교회의 기도제목과 당면 기도제목들을 받아서 기도로 섬기는 귀한 사역자들입니다. 셋째는 복음적 나눔입니다. 큰사랑행복한 홈스쿨과 큰사랑실버라이프를 통하여 섬김과 나눔의 자원봉사자를 지속적으로 세워 나가는 것이 복음적 나눔의 가치입니다.

황혼의 문턱

금요일 10시에 큰사랑실버라이프 종강예배를 했습니다. 어르신들이 성전에 꽉 찼습니다. 목사는 '할렐루야' 하고 반겼습니다. 그랬더니 '아멘'이라고 화답을 하십니다. 제가 "아멘을 다시 크게 해 보십시오."라고 했더니 큰 소리로 "아멘."하고 화답합니다. 목사는 가슴이 찡합니다. 하나님을 알지 못하던 노인 어르신들이 하나님을 찬양한다고 고백하니 말입니다. 긴 시간도 아닙니다. 일 년 기간밖에 지나지 않았는데 노인들이 교회 성전에서 큰 소리로 "하나님을 찬양합니다."라고 고백을 하고 있습니다. 많은 세월을 지나온 노인 어르신들은 하나님을 알지 못한 인생을 걸어오셨습니다. 그렇지만 황혼에 교회 성전에서 하나님 앞에 아멘을 고백하는 노인들이 된 것입니다.

나에 대한 가치는 행위나 평판에 있지 않습니다. 대부분 우리는 사단에게 철저하게 속임을 당합니다. 우리 머릿속에 거짓된 믿음이 그것입니다. 실패를 두려워하는 것, 거절에 대한 두려움, 처벌에 대한 두려움, 수치심 등이 거짓된 믿음으로 내 안에 위대한 나를 잃게 만듭니다. 폴 트루니에 박사는 인생을 공중그네에 매달린 사람에 비유했습니다. 공중그네의 손잡이는 그 사람의 생활공간과 생활 패턴, 라이프스타일입니다. 하나님이 보내신 또 다른 공중그네가 시야에 들어오면서 그 사람은 심각한 딜레마에 빠집니다. 투르니에 박사의 설명에 따르면 그 새로운 손잡이를 잡기 위해서는 기존의 손잡이를 놓아야 한다는 사실을 그 사람이 깨닫는 때가 바로 진리의 순간입니다.

노인 어르신들 가운데는 절에 나가시는 분들도 계시고, 불신자들도 많으십니다. 나는 절에 나간다고 교회에 나오라는 말을 하지 말라고 하시는 분도 계십니다. 그렇지만 큰사랑실버라이프가 좋다는 고백은 하십니다. 이 분들이 하나님 앞에서 공중그네의 새로운 손잡이를 잡아 진리를 소유하는 모습을 본 것 같아 목사는 감동을 하게 된 것입니다. 오늘 기도는 해군인천교회 김현섭 장로님께서 해 주셨습니다. 직장 출근을 하는 시간인데도 시간을 조정하여 10시에 교회에 오셔서 큰사랑교회의 부흥과 노인대학에서 수고하시는 자원봉사자들을 위한 중보기도를 해 주셨습니다. 인사말씀에서 노인대학이 방학을 하니까 새해에는 뵙지 못한다고 미리 세배를 드린다고 하며 넙죽 바닥에 엎드립니다. 그리고는 어머니 생각이 나신다고 눈시울을 붉힙니다. 어머니들의 위대한 힘을 격려하시면서 노인 어르신들을 마음껏 축복하시는 장로님을 목사는 귀한 동역자로서 생각을 했습니다.

노인들에게 개근상을 무엇을 드려야 할까 생각했는데, 노인대학에서 식사봉사를 하시는 이혜순 성도님, 정명숙 집사님이 달걀을 후원해 주셔서 노인들이 아주 흐뭇해하셨습니다. 노인대학생 중 가장 연세가 많으신 최정연 여사님은 크리스마스 때에 노인 어르신들을 교회에 오게 하시겠다고 귀띔을 하십니다. 그러면서 이 학생들이 다 하나님을 믿어서 예배 때에 와야 한다고 말씀을 하십니다. 하나님께서는 노인 중에 전도자를 세우셔서 협력하게 하십니다. 지난 일 년 동안의 노인대학 이모저모를 동영상으로 제작을 하여 필름으로 보여 드렸습니다. 배경음악은 황혼의 문턱입니다. 노래 가사 말이 참으로 의미 있습니다.

축복받으면서 세상에 태어나 사랑을 받으며 나 자라왔어. 교복을 입던 날, 친구를 알게 되었고 우연이 사랑을 알게 되었어…… 산다는 게 정말 쉬운데 아니더라. 평범한 사람과 사랑하게 되었고 눈물겨운 청혼을 받고…… 어느새 세월은 날 붙잡고 황혼의 문턱에 내려와 옛 추억에 깊은 한숨만 쉬게 하네. 거울에 비친 내모습보니 많이도 변했구나…… 할 수 있다면 다시 그때로 돌아가고 싶어. 나 후회는 없어 지금도 행복해 아직도 나에겐 꿈이 있으니까……

노인대학의 어르신들이 모두 공감하며 지난 일 년을 추억을 했답니다.

입술을 닫지 않는 찬양

나는 구석이 좋다. 햇살이 때때로 들지 않아 자주 그늘
지는 곳/
그래서 겨울에 내린 눈이 쉽게 녹지 않는 곳/
가을에는 떨어진 나뭇잎들이 구르다가 휴지들이 찾아드는 곳/
어쩌면 그 자리는 하나님이 만든 것인지도 모르지/

그 곳이 없으면 나뭇잎들의 굴러다님이 언제 멈출 수 있을까/
휴지들의 구겨진 꿈을 누가 거두어 주나/
우리들 사랑도 마음 한 구석에서 싹트는 것이니까……

이창진 시인의 「구석」이라는 시입니다. 사람들은 구석을 좋아하면 소심하고 활동적이지 않은 사람으로 평합니다. 그러나 오늘 「구석」이라는 시를 대하니까 구석에도 귀한 새로운 의미가 있음을 생각하게 됩니다. 시란 짧은 글 안에서 압축되고 절제된 말로 강한 의미를 전달하는 에너지가 있습니다. 우리 교회에서는 예배 시간 중에 성시 낭독을 하며 은혜를 나누는 시간이 있습니다. 성시에는 하나님을 향한 신앙고백 사연들이 넘쳐 납니다.

한 주간 겨울다운 추위가 기승을 부렸습니다. 새벽기도를 하러 나오다가 찬바람이 너무 거세어서 오늘 새벽은 노인 어르신들은 교회에 나오시지 않으셨으면 하는 마음까지 들었습니다. 그런데도 몸을 감싸시고 교회에 나와서 기도를 하시는 정성에 목사는 감동을 했습니다. 목사는 코감기가 들어서 목소리가 변성되었음에도 말씀과 기도로 성도들을 섬겼습니다. 병원을 다녀오면서 겨울나무를 눈여겨보았습니다. 가지만 앙상하게 겨울추위에 떨고 있는 모습이 안타깝습니다. 그리고 뿌리는 꽁꽁 언 땅속에 들어가 있는 것이 애처롭게 보입니다. 동심으로 돌아가 생각해 보니 발이 시리다고 소리치는 것 같았습니다.

일본의 한 학자가 물을 실험했는데 물에게 '사랑해'라고 말을 한 후에 현미경으로 보았더니 아름다운 결정체 모습이 보였고, 물에게 미움을 표현했더니 물의 결정체가 흉한 모습이 되었다고 합니다. 숲 속에 들어가 전기톱으로 나무를 자르려고 하면서 나무의 파장을 체크하였더니 나무가 심하게 떨고 있었다는 보고도 있습니다. 아이들이 자연을 바라보며 생명체로서의 대화를 하는 것은 과학적이라고 생각해 봅니다. 겨울나무가 심하게 떨며 감기에 걸린 것 같아 보였습니다. 그래도 흰 눈을 이고 서 있는 나무의 모습에 사람들은 아름답다고 격려를 해 줄 때, 나무는 더욱 튼튼하게 겨울을 지날 수 있습니다.

'고난은 삶을 물들인다. 하지만 우리는 그 색깔을 선택할 수 있다.'는 속담이 있습니다. 우리는 고통은 한 번만 있기를 바랍니다. 고통을 당할 때에 '그래 이번 한 번뿐이야'라고 말하지만, 다시는 그런 고통이 오지 않으리라고 생각하지만, 오랜 세월을 사신 어르신들은 고통은 인생에 주기적으로 오는 것을 경험하셨을 것입니다. 그래서 젊은 사람들이 어려운 일에 부딪쳐 힘들어할 때 '그건 아무것도 아니야'라고 격려를 해 줍니다. 그렇습니다. 인생에 고통은 셀 수 없이 많이 있습니다. 그 고통의 양을 미리 알아 버린다면 인생의 장밋빛을 그리기가 힘들 것입니다. 사람들은 고통이 그저 빨리 지나가기를 바랄 뿐입니다. 그러나 고통은 우리를 성숙하게 합니다. 고난의 인생 밭에도 하나님의 사랑으로 쉼과 희망의 나무가 자라납니다.

어느 교수님이 강의를 할 때마다 노래를 가끔 부르십니다. 그러면서 자신의 특기는 노래라고 말했습니다. 노래실력은 좋지 않다는 고백까지 하면서 말입니다. 그러나 잘한다는 기준이 반드시 전문가 수준이라는 의미는 아니라고 말합니다. 즐기면 그것이 잘하는 것이라고 말을 했습니다. 저는 그 말에 동감을 했습니다. 우리 사역자들이 전문가들은 아닙니다. 그러나 우리가 맡겨진 사역에 기쁨으로 동참을 한다면 우리는 하나님 앞에서 칭찬을 받을 것입니다. 즐거움으로 사역에 충성하면 하나님은 기뻐하실 줄 믿습니다. 하나님은 우리가 그분 앞에서 입술을 닫지 않고 찬양하며 춤추기를 원하십니다.

배려타인(配慮他人) 데이

똑똑, 누가 목사 방을 노크합니다. "누구세요?" 홈스쿨 이 간사가 "목사님, 이거요."하며 들어옵니다. "무엇이 죠?" 하니까 "초콜릿이요." 합니다. "오늘 밸런타인데이여서요."하며 웃습니다. 목사님은 "고마워요."라고 대답을 하며 스스럼없이 다가서는 이 간사의 붙임성에 격려를 해 주었습니다. 이수정 간사는 우리 교회 큰사랑 홈스쿨에 파견된 사회복지사입니다. 오늘은 밸런타인데이이기 때문에 이 간사는 초콜릿을 준비해서 목사님과 홈스쿨 아이들에게 초콜릿을 선물했답니다.

초콜릿을 한 입 깨물고 있는데 또, 누가 "똑똑." 합니다. "네."하고 대답을 했더니 승렬이가 들어옵니다. 승렬이는 이제 초등학교 2학년에 올라가는 아이입니다. "목사님."하며 승렬이는 먹던 초콜릿을 목사에게 주며, "목사님 드세요." 합니다. 초콜릿 포장지를 뜯은 채 벌써 승렬이는 한 입을 베어 먹었습니다. 승렬이는 초콜릿의 베어 먹은 자국을 목사님에게 들이댑니다. 나도 마침 초콜릿을 먹던 차라 "승렬아, 고마워, 내 것도 있어."라고 하며 얼굴을 쓰다듬어 주었습니다. 얼마나 귀여운지요, 대견스럽기도 합니다. 자기 것을 목사님과 나누어 먹으려는 그 마음씨가 고마웠습니다.

승렬이는 홈스쿨에 온 지도 벌써 2년째 됩니다. 처음에는 사람들을 툭툭 치고, 교회물건도 함부로 다루어서 산만하고 남의 말도 잘 듣지 않는 아이였습니다. 엄마만 제일 무서워해서 야단을 칠 때에는 "엄마한테 이른다." 해야 조금 진정되곤 했습니다. 그런데 지금은 홈스쿨도 제일 먼저 오고, 목사님을 보면 품에 안기기도 하며, 인사도 잘하는 귀여운 아이가 되었습니다. 조금 있으니까 새봄이가 노크를 하며 들어옵니다. 우유를 가지고 와서 "목사님, 이것 드시고 빨리 나으세요." 합니다. 목사님은 요즘 감기 때문에 입술이 부르터서 약을 발랐었는데 새봄이는 그게 마음에 걸렸던 모양입니다.

목사님은 밸런타인데이에 홈스쿨에서 사랑을 많이 받았습니다. 아이들에게 사랑을 주는 양보다는 오히려 사랑을 받는 양이 더 크다고 생각을 했습니다. 밸런타인데이는 사랑고백과 초콜릿을 상징하는 날이라고 합니다. 이날은 기업의 상혼에 의해 만들어지기는 했으나 교계에서는 일회적인 사랑보다는 가족, 친구, 이웃들을 돌보는 기회로 삼자고 합니다. 그래서 밸런타인데이를 배려타인(配慮他人)데이로 하자는 의견이 있습니다. 배려타인데이, 즉 남을 배려하는 날로 삼자는 뜻에 공감하여 어느 교회에서는 초콜릿보다는 떡을 사 들고 주위의 외로운 사람들에게 사랑의 마음을 전한다고 합니다. 또 60세 이상의 교인들은 화이트데이(3월 14일)에 청소년들에게 장학금을 주고 축복기도로 답례를 하려 한다고 전합니다.

우리 성도들도 배려타인데이에 가족과 친구들, 소외이웃을 위하여 기도해 주며, 사랑을 표현해 보시길 바랍니다. 특히 상처 입은 영혼을 위하여 문자, 메일을 보내며 위로와 격려를 하여 주신다면 좋겠다고 생각합니다. 특히 가족, 이웃에 용서와 화해의 손을 내민다면 더욱 뜻깊은 날이 되겠다고 생각합니다.

우리 교회는 기아대책과 함께 행복한 홈스쿨과 큰사랑실버라이프를 운영하고 있습니다. 행복한 홈스쿨은 나눔과 베풂으로 아이들과 행복한 삶을 사는 뜻깊은 공동체입니다. 행복한 홈스쿨은 떡과 복음이라는 귀한 것을 나누는 사랑의 현장입니다. 우리는 행복한 홈스쿨을 통해서 예수님의 가르침을 실천하고 있습니다. 지금도 지구촌에서는 일 분에 34명이, 하루에 5만 명이, 굶주림과 질병으로 죽어 가고 있습니다. 기아가 극심한 지역에서는 우리 돈으로 50원이면 한 끼 식사를 제공할 수 있습니다. 하루에 100원이 없어서 굶습니다.

우리 교회는 기아대책의 111운동에 동참하고 있습니다. 111운동은 한 사람이 한 달에 천 원을 후원하는 운동입니다. 아직 참여하지 못하신 분은 이 운동에 동참하시어 어려운 이웃을 보살피는 사랑을 시작해 주시기 바랍니다. 또한 어른을 섬기는 귀한 가치를 실천하고자 작년에 큰사랑실버라이프를 개강을 하였습니다. 함께 동참한 어르신들이 매주 전화를 하시며 안부를 전하십니다. 이제 3월부터는 노인대학도 개강을 합니다. 봄소식과 함께 어르신들이 우리 교회를 많이 방문을 하실 것입니다. 그 어르신들을 통하여 다른 사람들을 배려하는 기쁨을 얻기를 바랍니다.

디자인을 합시다

한 주간 교회 소식을 알려 드립니다. 계절이 바뀌면 주부들은 가구들을 재배치하는 습관이 있습니다. 조금만 옮겨 놓아도 새로운 느낌을 받으며 상쾌하기 때문입니다. 교회에 후원이 들어와서 벽걸이 에어컨을 설치하게 되었습니다. 작은 목사방에 에어컨을 설치하는 것을 실용성을 생각해서, 사무실에도 함께 쓰고자 벽을 트는 공사를 했습니다. 사무실 사이의 빈 공간을 없애고 문 하나로 목사 방과 사무실을 연결했습니다. 그러고 보니까 훨씬 넓은 공간도 생기고 목사와 사무실과의 사이도 가까워진 것 같아 좋아 보입니다.

새로 생긴 사무실에 한쪽 편에 기둥이 떡 버티고 있습니다. 그 기둥에 꽃무늬를 한 도배지를 바르니 가로 막혀 있는 기둥이 오히려 화초를 갖다 놓은 것처럼 화사해집니다. 도배를 하고 가구를 다시 배치를 하니 정말로 새로운 곳으로 이전한 것 같고 이전에 없던 공간이 생겨 규모가 있어 보였습니다. 이혜순 집사님이 풀칠을 하고 이수정 간사가 함께 거들었습니다. 이혜순 집사님이 말합니다. "작은 것 하나를 바꾸었는데 정말 달라졌네요." 바꾸어지는 과정을 살피는 지혜가 엿보여서 일하는 것도 재미가 있었습니다.

존 헤스킷은 "디자인이란 본질적으로 우리의 필요에 걸맞고, 우리 생활에 의미를 부여하기 위해 주변 환경을 만들고 꾸미려는 인간의 본성으로 규정될 수 있다."라고 말했습니다. 삼성도 전자제품마다 디자인으로 승부를 건다고 합니다. 앙드레 김에게 디자인을 의뢰하여 신제품에는 디자인을 그려 넣었습니다. 이번에 목사님 방에 설치한 에어컨에도 조가비가 그려져 있습니다. 우리 주변의 모든 것은 이미 디자인된 것입니다. 그리고 그것들은 누군가가 그것을 이미 머릿속에 그려 넣고 상상을 한 뒤에 나타난 현상입니다.

아내가 제 방에 동양란을 갖다 놓았습니다. 난이 방 안에 있으니 상쾌함을 줍니다. 아내의 디자인은 삶의 질을 높이고 사람들을 행복하게 만듭니다. 아내는 정리정돈하고 배치하는 데 탁월합니다. 누군가 디자이너가 되는 것은 변화의 중개자가 되는 것이라고 말했습니다. 디자인은 미래의 인재들이 갖추어야 할 기본 소양이라고 합니다. 우리가 쓰고 있는 활자체도 다릅니다. 교회의 표어도 글씨체가 광수체로 사용하니까 더욱 친근감이 든다고 합니다. 우리가 입는 옷, 가구, 심지어 아파트도 디자인이 숨어 있습니다. 디자인은 모든 사람이 매일같이 하는 활동입니다.

토요일에 교우들과 함께 등산을 했습니다. 봄 산은 기지개를 펴며 그림을 아름답게 그리고 있었습니다. 산에서는 넓은 바다도 보이고, 저 아래 사람들이 사는 모습을 내려다 볼 수 있습니다. 시원하고 맑은 바람도 가까이 만날 수 있습니다. 산처럼 우리도 높은 곳을 오르며 전체를 조명하는 자세가 되었으면 생각을 했습니다. 멀리 보는 사람이 그림에 구도를 넣을 수 있겠지요.

우수절기도 지나고 만수동엔 봄이 오고 있습니다. 목사 방의 창문 앞에 서 있는 목련도 숨죽이며 봄을 기다리는 소리가 들립니다. 햇살이 따사합니다. 바람도 이제는 차갑지 않고 시원하게 붑니다. 올해는 사순절도 일찍 찾아왔습니다. 사순절은 춘분 3월 20일부터 첫 만월이 지난 후 첫 번째 주일인데, 올해는 춘분 지난 후 보름이 3월 22일이고 그다음 날이 주일이기 때문에 부활절은 3월 23일이 됩니다. 그러므로 올해는 역대 3월 22일 이후로 가장 빠른 부활절을 맞이하게 됩니다. 겨울이 채 가시기도 전에 사순절이 시작된 것이죠. 이미 세상을 하나님이 디자인하고 계신 것을 봄을 통해서 발견합니다. 우리 성도들이 새로 오는 봄날에 디자인을 생각하며 매혹적인 삶을 그려 넣었으면 좋겠습니다.

새벽에 주님의 성전에 나와서 성령님을 통해서 위로부터 주시는 수많은 디자인을 만나시길 바랍니다. 요즘 새벽 기도회에 많은 성도님들이 참여하여 기도를 하고 있습니다. 자기 자신을 돌아보며 성찰을 하는 모습은 아름답습니다. 또한 중보기도를 하며 하나님의 사랑을 실천하는 모습은 거룩하기까지 합니다.

성숙한 인간관계

봄의 녹색을 신록이라고 합니다. 신록은 우리 눈에는 낯이 익지만 그 새로움이 천지 사방에 '이제 시작이다.' 라고 나타내 줍니다. 나무들을 자세히 보면 균형의 아름다움이 돋보입니다. 아파트 앞에 형제처럼 느티나무가 9그루 심어져 있습니다. 새순이 파랗게 가지마다 움튼 모습으로 실가지마다 하늘을 향해 뻗은 모습이 곱습니다. 한 나무처럼 하늘에 펼쳐 그려져 있는 나무 전체 모양은 둥그런 타원형 곡선입니다. 나무는 서로를 한 몸 지체로 인식하고 있는 것 같습니다. 나뭇가지가 퍼지는 것은 바람을 막고 햇볕을 골고루 받기 위함이라고 합니다. 나무들도 관계를 짓고 사는 모습이 보입니다. 그 모습이 참 아름답습니다.

인생도 아름답게 사는 사람들은 관계에서 성공적으로 살고 있습니다. 인생은 모든 일에서 관계적입니다. 자신뿐 아니라, 상대방도 행복하고, 감사하고, 존경하고, 사랑할 때 아름답습니다. 우리의 관계들은 가족 간의 관계, 이웃과의 관계, 직장생활에서 관계, 교인들과의 관계, 친구들과 관계, 이성 간의 관계, 부부간의 관계, 그리고 하나님과의 관계…… 등입니다.

현대사회는 이 관계를 무시하는 경향이 있습니다. 그래서 다른 사람의 권리를 무시하거나 침해하는 성격장애자들이 많습니다. 요즘 아동들에게 성폭력과 잔혹한 살인을 통해 드러나는 범죄자들의 이야기가 뉴스에서 보도되고 있습니다. 10살, 8살 예슬이와 혜진이의 이야기는 너무도 끔직한 현실을 우리에게 보여 주어 가슴이 찢어집니다. 심리전문가들은 범인에 대해 사이코 패스라는 진단을 내렸다고 합니다. 사이코 패스는 반사회적 성격 장애자를 가리킵니다. 양심이 거의 작동하지 않고 다른 사람들의 아픔에 대해서는 거의 느끼지 못하는 증상입니다.

요즘 점점 자기밖에 모르는 사람들이 늘고 있습니다. 사회적인 사이코 패스 현상입니다. 자기 사랑에 대한 집착 때문에 다른 사람의 아픔이 보이지 않으면 사이코 패스인 것입니다. 하나님께서는 그것에 대한 치유로 십자가를 제시합니다. 십자가는 하나님과의 관계를 보여 줍니다. 십자가는 가로보다 세로가 깁니다. 세로는 하나님과의 관계이고, 가로는 인간, 이웃들과의 관계를 나타냅니다. 하나님과의 관계, 성령이 충만하면 이웃과의 관계가 보이기 시작합니다. 다른 사람의 아픔이 보이기 시작하는 것입니다.

인간관계는 우리 인생의 여정 가운데 피할 수 없는 절대적인 실체이고 전부입니다. 매슬로우는 성숙한 인간을 자기실현적 인간으로 보여 줍니다. 그는 성숙한 인간을 대상으로 다음과 같이 성숙한 인간의 특성을 제시했습니다.

1. 사물이나 인간을 전체로 본다. 인간을 인간 그대로 체험한다.
2. 인간의 본성과 타인, 자신을, 즉 자신의 강점과 약점을 그대로 수용한다. 다른 사람에게도 관대하다.
3. 가식이 없고, 진실하며 정서를 숨기지 않고 나타낸다.
4. 자기 위주가 아니라 사명의식을 지닌다.

5. 자기만족을 위하여 타인을 필요로 하지 않는다.

6. 가장 어려운 위기 상황에서도 마음의 평안을 누린다.

7. 늘 감사하는 마음을 지닌다.

8. 신비체험을 한다.

9. 인간에 대해 형이 아우를 사랑하듯 사랑을 드러낸다.

10. 대인관계에서 큰사랑, 깊은 우정, 타인을 동일시하는 능력이 뛰어나다.

봄철 신록의 색을 띠기 시작하는 나무들을 보며 참 아름답구나 생각이 들었습니다. 하나님이 충만하게 소유하고 계시는 하늘공간에 마음껏 실가지를 뻗어 새순을 피고 있는 나무처럼 되었으면 소원해 봅니다. 나무들이 공동체 의식으로 그려 낼 신록의 아름다움처럼 우리 큰사랑 공동체도 성숙한 인간관계를 만들어 가는 신록을 나누시길 바랍니다.

봄꽃 향기와 새 생명에 대한 소망

만수동에 벚꽃, 목련, 산수유, 개나리가 활짝 피었습니다. 벚나무, 목련 등 20년생 이상 나무들이 아파트 샛길로 우거져 있어 만수동의 봄은 볼만합니다. 사방에 아름다운 꽃을 볼 때마다 가슴이 벅차오릅니다. 나무들은 새싹을 움트며, 가지마다 새싹들은 파랗게 잔털이 자란 것 같습니다. 나뭇가지 위에 연록의 신록이 우거진 모습은 가슴을 활짝 펴게 하며 소망을 줍니다. 요한계시록 22장에 보면 생명나무를 설명하는 장면이 있는데, '가지마다 실과를 맺히고 그 나무 잎사귀들은 만국을 소성하기 위하여 있더라'라고 기록되어 있습니다. 나무들은 해마다 저렇게 새싹을 내며 만국을 소성케 하며 치료를 하는 것입니다.

우리나라는 출산율이 1.08%라고 합니다. 이대로 가면 이론상으로 2954년에는 대한민국에는 인구가 단 한 명도 남지 않게 된다고 합니다(EBS 미래리포트). 과거에는 인구 폭발로 식량걱정을 하였는데, 이제는 자녀들이 많은 집은 정부의 보상을 받는 그런 세상이 되었습니다. 저출산은 인류가 지금까지 겪어 보지 못한 최악의 재앙이라고 합니다. 인구도 줄어들면 국가가 위기를 갖게 되는 것입니다. 새봄에 나뭇가지에 피어 있는 새싹을 보며 새 생명에 대한 소망을 품게 됩니다. 봄꽃과 신록을 마음껏 사랑하시길 바랍니다.

한 주간에 자연을 보며 마음을 치료받았습니다. 이번 주가 지난 주와 확연히 다름은 나무에 새싹이 눈에 띄게 돋고 꽃이 만발하며 향기를 뿜는 것입니다. 그래서 자연을 더욱 가까이하며 체험하는 시간을 가졌습니다. 월요일부터 화요일까지 기아대책 이사회에서 지리산을 다녀왔습니다. 지리산 주변의 산야는 벚꽃과 홍매화가 섬진강을 따라 흰 옷을 입고, 붉게 물들어 있어 상춘의 기쁨과 봄바람을 마음껏 쐬었습니다. 목사님들은 모처럼 피정(避靜)을 하며 치료받고 자신을 돌아보는 기회를 가졌습니다.

수요일에는 성도들과 함께 김포 문수산에 등산을 갔습니다. 윤욱태, 양홍우 안수집사님, 강현숙 집사님, 박승희 권사님, 이혜순, 이미나 집사님, 강장원 집사님, 목사 부부, 그리고 상진이, 수진이, 유진이, 수인이 이렇게 13명이 등산을 했습니다. 문수산 삼림욕장은 새로 단장을 하여 상춘객(spring - time merrymakers)을 맞이할 준비를 잘해 놓았습니다. 많은 사람들이 산을 오르내리며 등산을 즐기고 있었습니다. 문수성산 성곽도 다시 수축을 해 놓아 역사적인 유적지로도 자랑스러운 장소입니다. 등산길 주변에는 진달래가 아름답게 피어 있습니다.

진달래는 참으로 추억이 있는 꽃이어서 목사가 진달래꽃을 바라보는 눈길은 남다르답니다. 문수산을 오르며 진달래꽃이 목사의 중학 시절을 회상하게 합니다. 중학교에 다닐 때에 목사의 어머니는 아들의 담임선생님에게 진달래꽃을 선물하였습니다. 어머님께서는 선생님에게 사례를 하고 싶어도 그 당시에 살림이 가난하여 여의치가 못했습니다. 그러던 차에 마침 아버님이 산에서 진달래꽃을 따서 집에다 놓은 것을 아들의 담임선생님에게 선물로 갖다 드린 것입니다. 아들은 담임선생님 책상에 놓인 진달래꽃을 보면서 글짓기를 했었답니다. 그 글은 당시에 학교 교지에 올라가 전교 학생들에게 읽혔었습니다. 선생님 책상에 놓인 활짝 핀 분홍색 진달래꽃은 목사의 마음에 추억으로 기억됩니다. 문수산 등산로에 흐드러지게 피어 있는 진달래꽃이 이야기를 전해 줍니다. 산 정상에 오르니 북녘이 눈앞에 가까이 보입니다. 임진강과 한강이 만나는 강 사이로 남과 북이 갈라져 있습니다. 이 봄의 신록이 남과 북을 하나로 치료하기를 소망해 봅니다. 산 정상에서 등정을 성공한 7명은 기념촬영을 했습니다.

금요일 노인대학 어르신들이 만수동에 피어 있는 꽃과 나무들을 예찬하십니다. 자연은 참으로 아름답다고 말씀들을 하십니다. 목사는 자연도 아름답지만 사람은 더 아름답게 지어졌다고 말씀을 드렸습니다. 어르신들은 "아이들은 아름답고 예쁘죠. 우리는 아니에요."라고 말씀하십니다. 목사는 다시 말씀을 드립니다. "어르신들은 품위를 지키며 아름다움을 유지할 수 있습니다. 그래서 죽을 때까지 배우는 것입니다. 큰사랑실버라이프에서 아름다움을 지켜 드리겠습니다."

　만수동은 참으로 아름다운 나무들과 꽃이 있는 살기 좋은 곳입니다. 사택 앞에는 자목련, 산수유가 활짝 피어 꽃향기가 정신을 맑게 해 줍니다. 목사 방에서 바라보는 은행나무에 어린 은행잎이 파릇게 돋아 있는 것이 보입니다. 창가에 하얀 목련이 소망을 가지라고 하는 것 같습니다. 우리 삶에서 봄꽃향기, 나무의 새싹에서 주는 희망의 치료가 뿜어지길 소망해 봅니다.

큰사랑실버라이프와 도도새 이야기

　우리 교회 큰사랑실버라이프(노인대학)에서 18일(금)에 인천대공원에 춘계야유회를 다녀왔습니다. 오늘 야유회 는 교회에서 11시 30분에 점심을 미리 먹고, 출발을 했습니다. 노인 한 분마다 지퍼락에 담은 간식과 식혜 캔도 하나씩 받았습니다. 봄날의 산에는 신록이 우거지고 벚꽃은 장관을 이룹니다. 인천대공 원에는 벚꽃축제를 준비하느라 색색의 꽃밭에는 아름답게 꽃들이 피어 있습니다. 모처럼 봄바람이 콧등을 스치며 햇살도 따갑고, 바람도 시원합니다. 노인 어르신 70여 명이 오셔서, 도원교회 대형 차량으로 2번씩 인천대공원을 운행했습니다. 자원봉사자들은 스타렉스 11인승으로 움직였습니다. 오늘 자원봉사를 하신 분들은 강장원, 강현숙, 이혜순, 정명숙, 정임숙, 박정자, 김숙희 집사님, 김복동, 박승희 권사님이 수고를 해 주셨습니다.

오래 걷지 못하는 노인 어르신들을 위해서 휠체어를 4개 대여를 했습니다. 많은 노인 어르신들이 함께 이동을 하다 보니 정문에 기다리고 계신 3분 할머니를 오래 기다리게 해 드렸습니다. 할머니 한 분이 말씀하십니다. "연락이 안 되어 걱정했어요." 그분들은 잘 걷지를 못하셔서 지팡이를 짚고 다니시는 분들입니다. 전달하시는 분이 착오를 해서 나중에야 알게 되었습니다. 휠체어를 다시 빌려서 그분들을 극진히 모셨습니다. 목사는 휠체어를 힘차게 밀며, 봄바람에 마음을 씻으시라고 위로를 해 드렸습니다.

식물원에 소나무 그늘에 모두들 모여 앉아 노래자랑을 했습니다. 옆에는 유치원에서 야유회를 와서 아이들이 옹기종기 모여 있습니다. 한 아이가 신기한 듯이 할머니들이 노래하는 것을 보고는 "할머니들이 천국에 있는 것 같아요."라고 말합니다. 노인 어르신들께 자원봉사자들이 준비한 떡과 치약을 선물로 나누어 드렸습니다. 대부분 즐겁게 노셨지만 몇 분 노인들이 말씀을 하십니다. 우리 같은 노인들이 무슨 쓸모가 있다고 이렇게 대접을 받습니까? 그러나 목사는 그분들께 말씀을 드렸습니다. "그렇지 않습니다. 어르신들이야말로 대접을 받으실 분들이십니다. 주님의 영을 담은 그릇이시니까요." 노인 어르신들이 자리를 지켜 주시고 함께 참여해 주는 것만 해도 큰사랑 공동체는 모두가 행복하고 하나님의 사랑을 체험하고 있습니다.

아프리카에 위치한 모리셔스 섬에는 도도라는 아주 온순하고 커다란 새가 평화롭게 살고 있었습니다. 도도새는 모양이 우스꽝스러웠습니다. 몸집이 크고 날 수 없었습니다. 때는 16세기 포르투갈과 네덜란드 선원들이 섬에 도착하자 도도새의 개체수가 급격히 줄어들었습니다. 도도새는 처음 보는 사람을 무서워 피하지도 않았습니다. 이 때문에 도도새라는 이름은 포르투갈어로 '어리석다'라는 의미입니다. 오랜 항해에 지친 선원들에겐 그야말로 횡재였죠. 선원들은 큰 어려움 없이 도도를 사냥했고 마구 잡아 먹어 치우기 시작했습니다. 그런데 도도새는 끓이면 끓일수록 질겨지고 맛이 없었습니다. 네덜란드 사람들은 '구역질 나는 새'라고 불리기도 했답니다. 그래서 사람들은 도도새를 아무 쓸모없다고 여겼습니다. 도도새가 알려지게 된 것은 소설을 통해서였는데 "이상한 나라의 앨리스"를 통해서입니다. 도도새는 1m까지 자라며 23kg까지 무게가 나가며 칠면조같이 생겼습니다. 도도새가 처음 발견된 후 200년도 지나지 않아 멸종하고 말았습니다.

그런데 1977년 위스콘신 대학의 야생학자 스탠리 A 템블이 신기한 이야기를 보고했습니다. 도도는 견고한 먹이를 깨뜨릴 수 있을 만큼 자갈이 많이 들어 있는 튼튼한 모래주머니를 가지고 있었습니다. 도도는 약 300년 전에 종적을 감추었고, 그 후에 발아한 칼바리야 나무의 씨앗은 하나도 없었다는 것입니다. 오늘날에도 여러 종류의 작은 동물이 칼바리야의 열매를 먹지만 그들은 단지 수분이 많은 육질부를 갉아먹을 뿐 중심부에 있는 핵은 건드리지 않습니다. 반면 도도는 이 열매를 통째로 삼킬 수 있을 정도로 컸습니다.

도도새는 과육을 소화시킨 후 핵을 뱉거나 모래주머니에서 핵을 벗겨 낸 다음 똥과 함께 배설했을 것입니다. 칼바리야 나무의 열매는 도도새가 먹어서 배설물로 나올 때에야 비로소 싹을 틀 수 있었던 것입니다. 이렇듯 도도새는 멸종된 동물 중에서 가장 유명한 예가 되었으며, '도도새처럼 죽다'라는 관용적인 표현까지 남겼답니다.

이렇듯 세상의 모든 것은 그 나름대로 존재가치가 있습니다. 사람들도 마찬가지입니다. 쓸모없는 사람은 이 세상에 한 사람도 없습니다. 한 사람, 한 사람 모두가 하나님 앞에서 똑같이 귀한 존재입니다. 토요일에는 노인대학의 황옥영, 장금지 할머니 댁을 심방해 예배를 드렸습니다. 정성스레 고구마, 과일들을 미리 준비하여 목사를 섬기는 예의바르신 노인 어르신들을 보면서 큰사랑공동체는 주님의 영을 담는 금 그릇들을 만난답니다.

목사님, 바쁘세요?

홈스쿨의 오민선라는 아이가 문을 똑똑 두드립니다.

목사님, 바쁘세요?/아니, 왜 그러니?/

면담을 하고 싶어서요./그래? 들어오너라./

목사님, 민용이는 어디가 아픈가요?/응, 머리가 좀 아픈단다.

장애아인가요?/아니? 지난번에 민용이 때문에 친구들이 함께 이야기하지 않았니? 왜. 그러니?/네, 이야기해서 잘 놀기로 했는데 민용이 때문에 신경이 꽤 쓰여요./자세하게 말해 보거라./

민용이가 아이들과 잘 어울릴 줄 몰라요. 우리 엄마도 너보다 나은 애들과 어울리라고 하셨고 저도 그렇게 마음을 먹고 있어요. 그런데 민용이는 우리보다 많이 부족하잖아요./민선은 아직 배울 것이 많이 있어서 더 나은 애들과 사귀는 것도 좋지만 더 중요한 것이 있단다. 좀 어렵다고 생각이 들겠지만 민용이 입장이 되어서 생각을 다시 한 번 해 보거라. 그리고 민선은 마음속에 있는 양심이라는 소리를 한번 들어 보아라. 민선이 스스로 하는 그 말에는, 민용이를 거부하는 것이 편치는 않을 거야. 그렇지 않니?/

네, 그건 그래요. 목사님, 민용이에 대한 것은 다시 한 번 생각해 볼게요./

좀 당돌하다는 생각도 들고, 솔직하게 목사님을 찾아 이야기를 하는 민선이 고맙기도 하고 그랬습니다. 이 작은 공동체에도 서로가 불편하게 하는 갈등이 존재하며 자라고 있습니다. 작은 아이들 모두를 위해서 우리 교회가 섬긴다고 하지만 그 아이들이 어떻게 생각을 하고 있는지 우리 지체들이 생각하고 있었는지요. 목사는 민선에게 이런 꿈을 심어 주었습니다.

지금은 작은 이야기이지만 이 다음에 어른이 되면 우리 친구들은 어떤 모습이 되어 있을까? 아마 훌륭한 어른들이 될 거야. 지금 함께 있는 이 시간이 아주 고맙고 자랑스러울 거야. 그런 그림을 그리면서 민선이 이 작은 홈스쿨에서 지도력을 발휘하면 매우 뜻이 있겠지?

목사님은 이런 말씀을 하고서도 아이들의 장래에 대해 염려도 생겼답니다.

교회 차에 며칠간 소주병이 실려 있었습니다. 우리 교회 제일 연세가 많으신 이옥순 권사님이 병을 주워 모은 것을 교회 차에 두고 처리하지 못한 것입니다. 토요일 차량운행을 하는데 뒤에서 병소리가 납니다. 수인이가 "무슨 소리야?"라고 묻습니다. 목사님은 "소주병 소리지."라고 대답했습니다. 그러니까 아직 소주병을 치우지 못했네요. 화요일에 이옥순 권사님께 전화를 했습니다. "권사님, 병 처리하셔야죠." 권사님은 집에 병이 더 있다면서 오라고 하십니다. 집 앞에 포대 자루에 맥주병이 두 자루나 담겨 있습니다. 권사님 자가용인 유모차를 차에 함께 싣고, 럭키슈퍼로 함께 갔습니다. 권사님이 유모차에 병을 싣고 슈퍼로 올라가니까 지나가던 어느 분이 묻습니다. "형편이 어려운 분이신가요?" "아닙니다. 재활용한 것을 파시려고 하는 것입니다." 이 권사님은 병을 주워 모아 교회에 헌금을 하시겠다고 하십니다. 오늘 병을 처리하고 나니까 이 권사님은 기분이 아주 좋아라 하셨습니다.

한 영혼을 향한 꿈

한참 힘들었던 성도가 이제는 조금씩 풀리는 것을 보면 그렇게 안심이 되고 기쁨이 듭니다. 정말 함께 즐거워하는 그런 심정이랍니다. 한 영혼을 사랑하는 것(ONE SOUL VISION)이 천하보다 낫다는 하나님의 음성은 우리에게 한 영혼을 향한 귀한 가치를 다시 한 번 생각하게 합니다.

제가 아는 김○○ 집사님을 소개합니다. 이 분은 30여 년 전부터 알고 함께 주일학교도 섬기던 집사님이십니다. 사정에 의해 김 집사님은 교회를 출석하지 못했고, 그동안 어느 누구도 교회에 오라는 초청이 없었습니다. 그렇게 오랜 세월이 지났으나 하나님은 집사님을 끝까지 사랑하신 것을 알게 되었습니다. 우연히 중국에서 사역하시는 김 선교사를 통해 김 집사님의 소식을 전해 듣게 되었습니다. 롯데백화점 식당에 근무하시는 김○○ 집사님의 소식을 듣고 목사와 사모는 함께 그를 찾아가 안부를 묻게 되었고, 반갑게 맞이하는 집사님을 통해서 그 마음이 하나님을 간절히 그리워하는 모습을 보게 되었습니다.

지난 1월 초 부흥회 때에 집사님은 통성으로 울면서 하나님을 다시 영접하였고, 그 마음에 하나님은 평강을 주셨습니다. 이번 주 수요기도회에 참석하여 함께 기도하는 모습에 목사는 너무도 반갑고 감사했습니다. 김○○ 집사님이 고백합니다. 금년 안에 제 남편도 교회에 인도할 거예요. 우리 가정을 위해서 기도해 주세요. 집사님의 마음에 하나님께서 하나님 나라를 세우신 줄 믿습니다. 이미 집사님에게는 하나님의 역사가 이루어졌습니다.

한 영혼은 세상을 변화시킬 수 있습니다. 누구를 통해서 역사가 일어날지 아무도 모릅니다. 행복한 홈스쿨 개소식을 참관한 어느 권사님이 이렇게 말합니다. 어떻게 이런 일을 할 수 있었습니까? 평신도 선교사의 비전을 갖고 있는 자기 남편도 행복한 홈스쿨개소식 순서지를 보고는 정말 놀라워하더라는 것입니다. 이제 홈스쿨에서 보살피는 어린이들 중에서 세상을 변화시키는 하나님의 일군이 등장할 것을 기대합니다.

하나님께서는 우리를 향한 비전이 있습니다. 그것은 사람을 세우는 것입니다. 하나님 나라를 세우기 위해 한 사람의 비전을 위한 계획이 있습니다. 그것은 목장을 인도하는 목자와 평신도 선교사를 세우는 것이든, 다락방을 인도하는 순장이든, 순장과 사역자이든, 평신도 선교사일 수 있습니다. 건강한 교회는 한 사람 한 사람에 대한 비전을 가지고 그들을 위한 구체적인 양육이 필요합니다.

우리 큰사랑교회의 성도들이 변화하여 자신을 가꾸고, 관계를 가꾸고, 열매를 가꾸어 하나님과의 관계를 세우고, 가정을 세우고, 교회를 세워 나가는 평신도 사역자가 되는 것이 목사의 간절한 꿈입니다.

감동 있는 이야기

둘째 딸 유준이가 이틀 전부터 초콜릿을 가지고 작업을 합니다. 월요일 저녁에 예쁘게 포장을 하고 코디를 한 초콜릿을 쟁반 위에 담아 가지고 와서는 아빠 피곤할 때 두 개씩 먹으라고 선물을 합니다.

가게에서 포장된 초콜릿이 아니라 직접 만드는 정성스러움이 작은 감동을 줍니다. 초콜릿의 어원을 따지면 '신의 음식'이라고 합니다. 달고 부드러운 맛이 하늘에서 내려 준 선물 정도로 이해하면 될 듯합니다. 요즘은 밸런타인데이에 초등학생들까지도 서로에게 선물을 나누어 준다고 합니다. 심지어 누가 제일 비싼 초콜릿을 받았느냐 하는 것으로 인기를 점치고 있다는 이야기도 들립니다. 그래서 초콜릿 선물이 100만 원이 넘는 것도 나왔다는 이야기입니다. 전국적으로 초콜릿 시장이 한 해만도 2,000억 원이 넘는다고 하니, 가히 대기업의 경영전략이 어느 정도일지는 상상을 초월합니다. 아직 가치관이 덜 성숙한 아이들이 너무 물질적인 것에 현혹을 하는 것 같아 밸런타인데이에 대한 씁쓸함이 생겼습니다.

밸런타인데이 화요일에 홈스쿨의 민선이와 예은이에게서 초콜릿을 선물받았습니다. 민선이가 목양실 창문을 기웃거려서 목사님 방이 궁금한가 보다고 무심코 지나쳤는데 문을 민선이가 문을 두드리더니 손바닥에 겨우 올려놓을 만한 조그마한 상자로 포장한 초콜릿을 선물하고 황급히 나갑니다. 노란 상자 윗면에 천사의 날개로 코디하고. 그 안엔 '사랑이란, 영원히 당신과 함께'라고 쓰여 있었습니다. "고맙다."라고 말하기도 전에 뒤이어 예은이가 보라색 봉지로 포장된 아몬드 초콜릿에 리본까지 달아 조그마한 손 안에 감추고 살짝 건넵니다. "그래, 고맙다."라고 대답하는 순간, 목사의 코끝에 찐한 감동이 전해져 왔습니다. 이 아이들의 따뜻한 마음이 목사님의 마음에 전해진 것입니다. 뭉클한 감동을 받았답니다. 예은이가 준 초콜릿 뒤에는 '목사님'이라고 예쁜 글씨가 적혀 있습니다. 저는 이 아이들의 마음을 잊지 않을 것입니다.

이번 밸런타인데이에는 5호선 지하철의 감동의 결혼식[1] 때문에

---

[1] 오늘 인터넷 뉴스에서 찐한 감동을 주는 이야기가 있어 전하고 싶습니다. 5호선 지하철에서 있었던 일인데 승객 중 한 명이 동영상으로 올렸는데 폭발적으로 사람들에게 전해지고 있답니다. 이름은 알려지지 않았지만 두 남녀가 돈이 없고 형편이 어려워 자신들이 만난 5호선에서 결혼식을 하기로 했다는 것입니다. 승객 중 주례를 찾았지만 사람들이 별로 많지 않아 신랑 신부가 서로에게 "나 ○○는 ○○를 만나 평생 행복하게 살 것을 맹세합니다."라고 신랑과 신부는 서로에게 선서를 하고 반지를 교환하였다는 이야기입니다. 함께 있었던 승객들은 박수로 축하를 해 주었고, 승객 중 할머니 한 분이 등을 두드리며 행복하게 살라는 격려를 해 주는 모습이 담겨져 있습니다.

인터넷 사상 최고의 접속률을 기록했었습니다. 나중에는 한 대학에서의 설치 연극이었다는 사실에 감동을 받았던 사람들은 실망감으로 젖어들었지만요. 그만큼 감동 있는 이야기를 갈급하는 이 시대의 초상화라고 하겠습니다.

작은 것이 아름답습니다. 우리에게 감동을 주는 생명 같은 이야기는 작은 사람들의 마음속에서 창조됩니다. 성경 안의 이야기들도 대부분 작고 가난한 사람들의 이야기들입니다. 이런 이야기들이 세상을 변화시키고 하나님의 기적으로 증거됩니다. 우리 성도들이 그런 작은 감동들을 나눌 수 있었으면 합니다.

목사님 기도해 주세요

"목사님, 기도해 주세요." 나사렛 병원에 입원하신 손복남 할머니께서 말씀을 하십니다. 손 할머니는 이정묘 집사님 친정 모친이십니다. 이 칼럼에서 6개월 전에 저는 서울 한 방병원 중환자실에서 손복남 할머니에게 세례를 집례했었다고 말씀을 드렸습니다. 그때 "성부와, 성자와, 성령의 이름으로 세례를 주노라."라고 목사님이 선포할 때 손 할머니는 겨우 "아멘."이라고 말씀을 하셔서 가족들도 감동했고, 목사도 은혜를 받았었습니다. 6개월 후에 손복남 자매님은 이렇게 목사에게 부탁을 합니다. "목사님, 저를 위해 기도해 주세요." 간신히 그러나 또렷하고, 분명한 말씀으로 부탁을 하십니다. 남편 되시는 이용준 할아버지를 위해서도 "예수를 믿으라."고 말씀을 하십니다. 목회를 하다 보면 참으로 감격스러운 일들을 만납니다. 병에서 놓임을 받을 때, 사업이 잘될 때, 어려움에서 해방될 때 등입니다. 그렇지만 무엇보다 성도들의 변화된 삶을 만나면 목사는 행복합니다.

이번 주에도 성도들 가정에 심방을 했습니다. 윤순자 권사님, 문옥숙 권사님, 이행로 권사님, 윤욱태 집사님, 강현숙 집사님, 박승희 집사님, 정유선 집사님입니다. 그리고 병원심방과 왕 권사님, 이 권사님 가정을 방문하여 말씀을 증거하고 기도해 드렸습니다. 개척 초기에 심방할 가정을 갖는 것도 은혜다 했는데 이제는 봄철 대심방을 하면서 가정마다 정성스런 준비와 말씀을 받는 모습을 통하여 교회도 변하고 성도들도 변화하는 모습에 감사를 드립니다.

지난 5년의 기간을 교회를 세우고 기초를 쌓는 기간이었다면, 이제는 우리 교회가 변화하는 새로운 기간이 되어야 할 것입니다. 그래서 우리 교회의 이미지를 금년에는 지역을 섬기는 교회로 정했습니다. 그동안 우리 교회는 많은 고통과 있었지만 사람을 세우는 일에 집중을 하였습니다. 그래서 지금의 우리 성도들이 된 것을 믿습니다. 2006년도야말로 우리 큰사랑교회가 변화되는 도약의 해입니다. 그래서 저는 객관적으로 교회의 5대 기능인 예배와 전도, 교육과 훈련, 교제, 지역을 섬기는 일들을 컨설팅하여 건강한 교회로 가는 기초를 만들고자 합니다. 각 부분이 균형을 이루며 건강하게 성장하는 교회야말로 건강하고 좋은 교회입니다.

여러분은 참으로 소중하고 귀한 일꾼들입니다. 하나님께서 정한 하나님의 사람들입니다. 특별히 4월 8일 아버지 어머니 멘토 세우기 세미나는 교회가 지역의 필요를 채우는 섬김 사역입니다. 만수동 주님들은 자녀들의 교육에 관심이 많습니다. 이들에게 아버지로서 어머니로서의 멘토의 역할에 대하여 전문가가 강의를 할 것입니다. 그리고 이런 작은 일들을 통하여 지역에 영향력을 끼칠 수 있다면 하나님 나라의 큰 그림을 그려 나갈 수 있습니다. 2006년도에 건강하고 좋은 교회를 만들기 위해서 함께 협력하여 주시기 바랍니다.

떨켜의 감동

봄비가 내립니다. 봄눈 잎사귀가 채 오르지 않은 나뭇가지마다 수정 구슬을 달며 지난해 나뭇잎을 떨어뜨려 낸 떨켜의 감동을 재현하는 것 같습니다. 4단지 아파트 샛길을 따라 사택으로 가는 길에 봄비를 맞는 나무들의 가지 사이에 수정 구슬 같은 빗방울의 맺힘을 보며 목사는 진한 감동을 느꼈습니다.

이번 주에 조동초등학교 교장과 만수4동장을 만났습니다. 우리 교회가 지역을 섬기는 일로 4월 8일에 하는 아버지 어머니 멘토 세우기 세미나를 함께 하자고 했습니다. 조동초등학교장은 소프라노 가수인 조수미 예를 들면서 조수미도 어렸을 적에 선생님의 따뜻한 격려가 큰 힘이 되었다고 소개하는 것을 들었다며, 아버지 어머니들이 좋은 멘토로 세워진다면 지역이 건강하고 행복한 자녀들이 될 것이라고 말씀하셨습니다. 만수4동장도 좋다 하시면서 교회가 지역을 섬기는 다른 모습을 보여 주어 감사하다고 하십니다. 지역의 주민들에게 알리고, 꼭 참여하시겠다고 하셨습니다. 이렇게 만수동의 기관장들이 지역을 섬기는 일에 적극 동참하시기로 하셨습니다. 우리 만수4동이 교회와 학교와 동사무소가 함께 4월 8일에 아버지 어머니 멘토 세우기 세미나를 통하여서 지역을 섬기는 일을 계획하고 있습니다.

이번 주 심방한 가정은 곽 집사님 댁입니다. 정성스레 예배를 준비하는 모습이 좋았습니다. 구월동에 사는 친구인 박미화 집사님을 함께 부르며 예배를 드렸답니다. 친구 집사님은 곽 집사님의 신앙의 좋은 영적 멘토였습니다. 곽 집사님이 이사를 하고 교회 다니는 것을 잠시 중단했을 적에 박 집사님은 가까운 교회에 나가라고 권면을 했다는 것입니다. 오늘 목사님이 심방을 한다니까 좋아라고 함께 예배에 참여하신 것입니다.

이번 주에 목사는 홈스쿨 아이들에게 기질 테스트와 사명선언문을 작성하게 했습니다. 한 아이마다 단독으로 면담하여 질문하였는데, 아이들이 초등학교 2학년부터 6학년까지라 질문을 이해할 수 있을까 하는 의문이 들었지만 목사의 모험심을 아이들은 기우로 해 주었습니다. 그래서 목사는 아이들에게 진지하게 자신의 삶을 생각하고, 무언가 희미했던 목적을 찾아내는 귀중한 기회를 선물하게 되었습니다.

'나는 믿음과 자유, 그리고 건강을 최고 가치로 알아, 의사로서 목사로서 교회를 통하여 가난한 사람을 위하여 희생하고 존경하며 살겠다.'

'나는 기쁨, 믿음, 건강을 최고 가치로 알아 교육, 청소년, 지역사회개발을 위하여 개선을 하며, 믿음을 주는 공무원이 되겠다.'

초등학생들의 사명선언문입니다. 5년 후엔 고등학생으로서 열심히 공부하고 있을 것이고, 10년 후인 20대엔 의대에 들어가 의사면허를 준비하거나 면허자가 되어 있고, 다른 아이는 이미 공무원이 되어 지역사회를 위하여 꿈을 펼치고 있을 것이라는 야무진 계획서까지 작성하였습니다. 하늘 이슬 같은 봄비의 내림에 나무들은 모두 웃는 것 같습니다. 목사의 귀엔 나무들이 가지들을 한껏 하늘을 향해 내뻗는 소리가 들립니다.

아버지 품속

봄소식이 아름답습니다. 산자락에 피어오르는 노란색을 발견하곤 가슴이 설렙니다. 어느 집사님이 핸드폰 메일로 봄소식을 알려 왔습니다. 목사도 봄소식에 감동하고 있다고 봄을 알렸습니다. 우리 교회 성도들 모두 봄소식으로 행복하기를 바랍니다.

올해는 7월에 윤달이 있어서 예년과 달리 봄이 와도 제법 쌀쌀한 바람이 불었습니다. 정 권사님은 덕적에 '간다간다' 하고 바닷바람이 차갑게 불어 가지 못하고 있습니다. 겨우내 빈집을 살펴도 보고 섬 자락에 앉은 나물도 캐어서 덕적의 봄소식을 싣고 오려고 한다면서 몇 주째 안타까워하십니다.

새벽녘에도 찬바람으로 낮과 밤 기온이 심합니다. 성도들 중 몇 사람은 어르신은 물론 젊은이를 아랑곳하지 않고 감기가 걸려서 고생한다고 합니다. 마스크를 하고 목도리를 하고 바람을 막아 보지만, 새벽녘은 아직도 겨울철 고생했던 찬바람이 칼바람처럼 가끔 붑니다.

하필이면 이때에 김 권사님도 치아 때문에 고생을 하십니다. 잇몸에 급성염증이 생겨서 얼굴이 통통 부으셨답니다. 밤새 잠을 못 이루고 아침 일찍 만수동 치과에 갔더니, 의사가 소견서를 써 주면서 빨리 큰 병원에 가라고 해서 소동이 생겼었습니다. 생전 처음 한쪽 얼굴이 두 배 정도(?)로 부으니 얼마나 놀랐겠습니까? 전문병원에 가서 진료를 하고 얼굴에 붓기가 내리니 이제는 보철을 해야 해서 김 권사님은 돈 걱정을 하십니다. 그런데다가 잇몸에 치근도 녹아내려서 신경세포가 부실하다는 이야기를 들어 마음속도 편치를 않습니다. 김 권사님은 봄바람이 좋게 느껴질 리 만무합니다.

누가 그렇게 말하더군요. 겨우내 추웠던 바람도 이제는 사람의 따뜻한 품이 그리워 찾아드는 것이라고요. 그러니 봄에는 움츠리지 말고 다정히 대해 주라고요. 참 정겨운 말인 것 같습니다. 우리가 하나님을 만나는 것도 이와 같습니다. 아버지의 따뜻한 품처럼 아버지 품속을 그리워하는 사람은 이 봄이 행복합니다.

사람들을 만나 보면 다정해서 편하고 좋은 사람이 있습니다. 그러나 어떤 이는 같이 있기가 불편합니다. 인간관계가 그래서 중요합니다. 신앙생활도 하나님 관계가 중요합니다. 봄에 부는 찬바람은 힘을 쓰질 못합니다. 이미 겨울 시간이 훌쩍 흘렀기 때문입니다. 겨울철 충분히 찬바람을 견디고 힘을 낭비하지 않고 선하게 사용하였다면 봄은 영광입니다. 이제 자족하며 인내할 수 있습니다. 영광의 지혜가 풍성하기 때문입니다. 이 아름다운 봄소식을 '서로서로' 전하시길 바랍니다.

정서적인 교회

이번 주에 목사가 새벽마다 중보기도해 드리는 성도님을 만났습니다. 지난해에 박사 학위를 받으려고 뉴욕에 갔을 때 신세를 많이 졌던 분입니다. 당시에 돈이 부족해서 겨우 비행기 표만 끊어서 뉴욕에 갔었는데 호텔 투숙 비용이 부족하여 이 분 집에서 기거를 함께하며 신세를 많이 졌습니다. 그때 그 일이 너무 고마워서 중보기도를 해 드린다는 것이 벌써 일 년이 다 되었습니다. 한국에 오셨다는 말에 그때 신세를 함께 졌던 박, 한 목사님들과 노량진 수산시장에서 자리를 같이하기로 하였습니다. 지난 일에 대해 답례를 하려는 계획이었지요.

그런데 이 분은 아직도 술을 끊지 못합니다. 목사들과 함께 저녁을 하려는데 한 분은 술을 먹는다? 자리가 너무 어색했지요. 이분도 목사님과 함께 자리를 하려니 재미(?)도 없고 해서 친구를 함께 동행하였습니다. 감사를 하는 마음에 자리를 했으니 합석을 해야 하는데 술자리가 된 것입니다. 그래서 자리를 나누기로 했습니다. 두 상을 차리고 한쪽은 주류, 목사님들은 비주류(?) 이렇게 해서 식사는 따로 하고 대화만 같이 나누기로 했습니다.

저는 이렇게 물었습니다. "교회 다니십니까?" 같이 온 친구 분이 대답을 합니다. "서울 큰 교회에서 행정실장을 맡아봅니다." "일을 하는 것 말고 신앙생활을 하십니까?" "그렇죠." 친구 되시는 다른 목사님이 이렇게 말합니다. "우리 친구 성원이가 교회에 나가서 엄숙히 기도를 하는데 정말 마음이 숙연해졌어." 그러자 친구 되시는 분이 이렇게 말합니다. "나도 하나님을 믿어. 기도도 해." "무슨 기도를 하십니까?" "한국에 있는 어머니와 형제들, 친척들의 건강을 위해서 하나님을 잘 믿게 해 달라고 그렇게 기도를 하지. 기도를 하면 마음이 편해져. 나는 아직 신앙은 잘 모르지만 교회는 참 좋은 곳이라고 생각해. 정서적으로도 참 좋아." 이렇게 대답을 합니다. 그러면서 또 다른 친구에게 말합니다. "야, 임마 너도 교회에 나가." 그분은 이렇게 말합니다. "나도 6년 교회에 다녔어. 그러면 됐지. 뭘 그래." "야, 그게 졸업을 하는 거냐? 계속하는 거지." 술자리를 하고 있지만 그들의 입에는 신앙의 힘에 대해서 긍정을 하고 있었습니다. 이들은 한 목사와 어렸을 적 친구들입니다.

한 친구는 오늘 40년 만에 만났다고 합니다. 어릴 적 신앙촌에서 함께 자라서 신앙도 배웠다고 합니다. 그러나 그때 교회에 대한 반감을 너무도 크게 받아서 젊을 때에 건전한 신앙을 키우질 못했습니다. 지금은 세상일에 고단한 60대 노년의 모습이 되었습니다. 그러나 아직도 저들의 마음엔 고향 같은 하나님의 마음이 남아 있습니다. 한 친구가 말을 합니다. "하나님은 살아 계셔. 나는 그렇게 생각을 해." 친구 중에 한 사람이 목사가 된 것을 고마워하며 감동하며 하는 말입니다.

교회는 택한 자의 삶의 뒤안길의 어두운 그림자들을 제거하기 위해서 정서적으로 건강해야 합니다. 빙산의 수면 아래 숨어 있는 속사람의 고통이 남아 있는 실패와 고통, 의문과 갈등 등을 거침없이 말하는 주류의 이야기를 들으며 우리 교회는 영적으로도 건강하지만, 정서적으로도 건강한 교회가 되어야겠다고 다짐을 해 보았습니다.

학위받고 교수님과 함께

봄은 감동의 계절입니다

아버지, 어머니 멘토학교 준비로 한 주간을 바쁘게 지냈습니다. 부모 멘토학교는 5월 가정의 달을 대비하고, 만수4동장과 교장선생님에게 협조를 구하여 지역이 함께 하는 행사로 준비하는 귀중한 뜻이 있습니다. 멘토학교 행사에 특순을 맡은 홈스쿨 아이들이 수화로 노래를 준비하는 가사가 서정적입니다. "문득 외로울 때면 하늘을 봐요." 목사의 마음을 감동시킵니다.

봄은 감동의 계절인 것 같습니다. 변화하는 삼라만상이 바쁜 것 같습니다. 4단지에는 산수유가 곳곳에 피어났습니다. 겨우내 나무 줄기가 여럿 아파트 베란다 앞에 앙상하게 서 있는 나무들이 아직도 비늘모양으로 벗겨지고 있는데 잎보다 먼저 노란 꽃이 피어납니다. 연한 노란 색이 물드는 것 같아 가까이 보니 20~30개의 작은 꽃들이 마치 왕관 같습니다. 산수유의 아름다움을 발견하고 또다시 감동을 합니다.

산수유는 나무가 볼품이 없습니다. 나무는 줄기가 튼실해야 보기도 좋은데 산수유는 키도 높지도 않고 작은 나무입니다. 껍질도 벗겨지는 모습이 연약해 보입니다. 그래서 "겨우내 저건 무슨 나무지?" 하고 건성으로 보았었습니다. 이제 봄에 산수유나무가 노란 왕관을 쓰고 봄소식을 전해 줍니다.

제 아내는 젊을 때 노란색 옷을 즐겨 입었습니다. 노란색이 참으로 어울렸습니다. 제가 노란색을 좋아하게 된 이유입니다. 제가 처음으로 집을 사서 이사를 할 때에 있었던 일화가 생각됩니다. 봄날이었습니다. 그때는 어려운 시절이어서 도원동 언덕에 있는 집을 보러 다녔습니다. 부동산집에서 어느 집을 소개하였는데 딸부자

집이었습니다. 그 집 앞마당은 인천항이 다 보이는 훤히 트인 언덕이었는데, 개나리가 마당 뜰에 가득 피어 있는 것이었습니다. 어머니와 저는 두 말 않고 그 집을 계약을 했습니다. 어머니도 꽃을 무척 좋아하셨는데 개나리 노란 별들이 감동을 준 것입니다.

그렇지만 집은 낡을 대로 낡아 옛날 구들이 있는 집인데 겨울엔 손발이 쩍쩍 붙고, 봄철에는 추워서 겨우내 녹이지 못한 칼 추위가 방 안을 맴돌았습니다. 그래서 아버지와 함께 구들도 만들고 벽도 세웠답니다. 비전문가가 시공을 했으니 부엌에서 불을 때면 연기가 거꾸로 나서 어머니와 아내는 부엌일이 고단했었던 집이었습니다. 개나리꽃이 있던 도원동 집은 그때 고생했던 시절의 아픈 기억이 있습니다. 그렇지만 이제는 노란 개나리꽃 추억으로 아픔을 달래 봅니다.

산자락 봄에는 노란 개나리들이 지천으로 물듭니다. 개나리도 자세히 보면 별 같습니다. 우리 눈으로 보고 셀 수 있는 별의 수는 3천 정도라고 합니다. 개나리에 떠 있는 별은 3천은 물론 수억까지 얼마든지 셀 수 있는 별들입니다. 만수4동의 노란별은 특히 조동초등학교 담장, 머리산자락, 수영장 뒤 담장에 무리지어 있습니다. "꿈★은 이루어진다."라는 감동을 준 말에는 별★이 있습니다. 봄에 핀 별을 꿈처럼 세시는 성도들 되시길 바랍니다.

부모멘토학교 세미나

작은 교회의 예배당에 50여 명의 인원이 앉아서 지역을 섬기는 홈스쿨의 사랑을 나누었습니다. 참 좋은 말씀이었다고 들은 사람들은 가족이 와서 함께 들었다면 좋았었다고 고백을 합니다. 만수동장님도 인사말씀에서 작은 교회에서 지역주민들을 섬기는 부모 멘토학교를 하는 것이 너무도 의미 있는 행사라고 하시면서 오늘 끝까지 듣고 유익한 시간이 되겠다고 말씀을 하셨습니다. 인천 홈스쿨 대표인 한 간사는 기아대책을 위해 모금을 해 주신 조동초등학교장에게 감사장을 전달했습니다. 지역의 주민들에게 홈스쿨 아이들이 수화를 통하여 사랑을 전했습니다. 외로운 이들이 하늘을 보면서 사랑을 나눈다면, 이 땅에 평화가 내릴 것이라는 아이들의 노랫말이 좋은 멘토로 지역주민들에게 심어졌습니다. 김성진 박사님은 자신의 아버지로부터 칭찬이 없이 자랐던 어린 시절을 회고하면서 그 쓴 뿌리가 얼마나 깊은 상처로 자신의 삶에 영향을 주었는지 자신의 간증을 고백하면서 실감 있게 멘토의 중요성을 잘 전달하였습니다. 모두 끝까지 남아서 강의를 들었습니다. 두 사람은 중간에 나가서 나중에 알고 보니 선거관리위원회에서 오신 분이라는 것입니다. 혹시나 선거철인데 선거운동을 하는 것이 아닌지 조사를 나왔다는 것입니다. 사실 부모 멘토 행사를 진행하시는 윤 집사님이 선관위에 물어서 각 당의 선거후보자들에게 지역주민이 모이는데 인사를 하게 하는 것이 어떠냐고 건의를 했었습니다. 그렇게 하면 함께 오는 사람도 있을 것이고 지역의 발전을 위해 수고하시는 분들이니만큼 나중에도 더 관심을 갖고 협력할 수 있지 않을까 하는 의견이셨습니다. 그렇지만 목사는 순수한 지역행사에 선거색깔을 내는 것이 아무래도 순수치 못한 것 같아 그렇게 하지 않았습니다. 이번 홈스쿨의 부모 멘토학교 세미나는 참으로 중요한 영향을 주었습니다. 많은 사람들이 참석을 하고 교회공간이 비좁을 정도로 행사가 치러지는 것이 효과적이라고 생각을 했지만, 작지만 진실한 계획인 것을 참석자들은 알게 되었습니다. 중국에서 황사로 날씨조차도 방해를 했지만 이런 진실한 행사는 사람을 감동시키는 것입니다. 무슨 일이든 한 사람이 중요한 것입니다. 목사는 만족합니다. 이번 행사에서 우리의 실력을 보여 준 것입니다. 더 욕심을 부린다면 그것은 진실하지 못한 모습이라고 생각됩니다.

이번 주일에 용인에 장다미 집사님에게 심방을 갔습니다. 아주 예쁘고 집 안을 규모 있게 꾸며 놓았습니다. 한쪽 벽면에 꽃 벽지를 발라서 분위기를 따뜻하게 해 놓았습니다. 베란다에 나무로 수납공간을 만들어 공간 활용을 잘하셨습니다. 장막을 주시는 하나님께 감사를 드리면서 성도들의 지경이 넓어진다는 믿음을 전했습니다. 믿음은 지경이 넓어지는 축복의 통로입니다. 용인을 오가며 봄꽃 진달래가 산에 지천으로 피어 있음을 보았습니다. 이애옥 전도사님이 "목사님, 저 꽃 좀 봐요." 소녀처럼 흥분을 합니다. 진달래, 제가 중학교 시절 추억이 생각납니다. 어머니가 한 아름 진달래를 따다 제가 다니는 중학교 담임선생님 자리에 놓았습니다. 저는 그 진달래를 보며 시 한 편을 썼지요. '가녀린 진달래 잎/연분홍색/손길 닿으니/수줍어 고개 숙이네.' 진달래 선홍색이 감동을 주는 계절입니다.

친구들

햇살이 따사한 봄날 새벽입니다. 이런 날은 먼 데서 친구들이 놀러 왔으면 좋겠습니다. 오늘 반가운 친구들이 목사를 찾아 주었습니다. 새벽기도를 마치고 서재에서 설교준비를 하고 있었습니다. 6시 조금 넘어서 전화가 옵니다. "목사님, 지금 찾아가도 됩니까?"

전화를 주신 분은 서울에서 작은 교회를 섬기고 있는 목사님이십니다. 그렇지 않아도 궁금했는데 저는 "좋습니다."라고 대답을 하고는 기다리는 마음이 설렙니다. 김 목사님은 1시간 이상을 지나서 교회에 도착을 했습니다. 초행길이라 중간에 두 번 전화가 옵니다. 송파구에서 만수동까지 거리가 무척 되는데 이렇게 새벽에 만난다는 것이 목사에게는 기적 같은 기쁨입니다. "찾아 주어서 감사합니다."라고 인사를 하고는 제 서재에서 2시간여를 이야기했습니다. 김 목사님은 목회를 하는 목적이 분명하십니다. 큰 교회도 섬기고 작은 교회도 섬기고 많은 경험을 닦으시면서 이제 보배 같은 목양지를 발견한 분이십니다. 큰 교회를 섬길 때 교구별로 경쟁을 통한 목회자들과의 경쟁구도의 아픔을 체험하고, 전도하여 교인 수를 늘리는 목적이 교회운영을 위한 것으로 되는 것을 보고는 이렇게 목회를 해서는 안 되겠다 해서 이상적인 교회를 꿈꾸고 시작한 것이 지금의 교회입니다. 그래서 본 교회에 장로님께서 1,500평의 대지에 교회 건물을 다 지어 놓고 교회로 사용하시라고 하였는데도 그렇게 되면 목회의 목적에도 흠이 되고 장로님의 건강한 믿음에도 성숙함이 자라지 않을 것을 염려하여 온 교회의 결의를 통해서 거절하였다는 일화는 유명합니다. 교회의 일꾼들을 세울 때도 의미 있는 사역을 위해 꼭 필요한 경우에 세운다는 원칙을 가집니다. 직분으로 섬기는 것이 아니라 교회의 의미 있는 일 때문에 직분자로 섬긴다는 뜻입니다. 이야기를 하다 보니 11시가 되었습니다. 아침 4시간을 함께하며 소중한 만남을 하였습니다. 서로가 도움을 받았다고 고백하며 감사해하는 인사가 지금도 흔적처럼 느껴집니다.

오후엔 정말 귀한 친구가 찾아 주었습니다. 이 분의 영혼을 위해서 10년 이상을 매일 새벽마다 기도하고 있습니다. 본인도 그것을 알고 있습니다. 아직 세례를 받지 않았지만 우리 교회 신자인 것은 틀림없습니다. 이제는 고위 공직자로서 정부에서 일하고 있습니다. 함께 인생을 이야기할 만한 나이가 되어서 많은 이야기를 나누었답니다. 뒷산에 오르면서 봄 풍경을 감상했습니다. 짧은 소풍이었지만 자연의 아름다움을 고마워하며 인생의 여정에서 마무리를 잘할 것을 다짐했습니다. 목사는 친구에게 마지막 심판이 있는데 그때는 마치 불 가운데를 통과한 정금처럼 불순물이 다 없어지는 그날이 올 것이라고 말했습니다. 지금은 명예, 물질, 세상의 권세들이 중요하게 생각되지만 나이가 들면 늙어지고, 변화되는 것처럼 우리 삶의 가치도 변화되어 그날엔 정금만 남게 되는 것을 알려 주었습니다.

참으로 반가운 만남들을 오늘 가졌습니다. 좋은 친구는 반갑고 기쁜 하나님의 선물이라는 것을 또다시 깨달으며 목회에 신선한 용기를 충전하였답니다.

6월 장미꽃

6월 장미꽃이 탐스럽게 담장에 피었습니다. 장미의 빨간색이 우리의 믿음직한 열정이면 좋겠습니다. 빨간색이 도발적인 상징을 갖습니다. 그래도 녹색의 잎 속에 빨간색이 있어서 보기 좋습니다. 뜨거운 태양이 작열하고 하늘엔 하얀 구름으로 의복을 짓습니다. 지난주에 한차례 천둥 번개가 치고 소낙비가 내렸었습니다. 한 달 전부터 기아대책에서 한톨 자선달리기 행사를 준비하였는데 행사 막바지에 소낙비가 내리고 천둥번개가 내렸지요. 우리 교회에선 어른, 어린이 26명이 참가하여 끝까지 유종의 미를 거두었습니다. 이 기회에 인천에선 기아대책과 행복한 홈스쿨을 알리는 좋은 기회가 되었습니다. 어찌나 행사를 알차게 치렀는지 식순과 마라톤이 끝나고 뒷풀이로 힙합 댄스와 매직쇼가 끝날 무렵 천둥번개가 쳤습니다.

작곡가 칼 보베르크는 1866년 어느 여름날 스웨덴 시골에 파티에 참석하였다가 청명한 날씨가 먹구름과 천둥이 치고, 다시 비가 그치고 무지개가 뜨는 것을 보고 시를 썼습니다. "주 하나님이 지으신 모든 세계 내 마음속에 그리어 볼 때 하늘의 별 울려 퍼지는 뇌성 주님의 권능 우주에 찼네. 주님의 높고 위대하심을 내 영혼이 찬양하네." 날씨를 통하여서도 전능하신 하나님을 찬양하는 모습이 인간의 참되고 아름다운 모습입니다.

6월 한 달 월드컵 열기로 온 세계가 뜨겁습니다. 13일 오후는 벌써부터 거리가 한산합니다. 아이들도 문학경기장으로 가서 응원을 한다고 미리 가고 없습니다. 우리 집사람도 친구와 함께 응원을 하면서 스트레스도 확 날려 버리겠다고 채비를 하고 있습니다. 유준이도 퇴근을 하였다고 엄마 빨리 오라고 연락이 왔습니다. 무슨 전쟁이 일어난 것 같습니다.

지난주 설교 때에 주몽이야기를 하면서 삼위일체 양자를 설명하였습니다. 2천년 전에 바울이 백성들에게 성령을 받으면 하나님의 자녀가 된다고 설교한 것은 그 당시에 왕의 아들만 신의 아들이라는 명백한 사실을 뒤집는 도전적인 설교였다고 해석을 하면서 요즘 인기 있는 드라마 주몽의 예를 들었습니다. 나약한 주몽이 왕의 양자가 되고, 출생비밀을 안 이후부터는 고구려라는 위대한 나라를 세우게 된다는 줄거리가 마치 성령을 받으면 우리도 위대한 천국을 이루는 권세가 생긴다는 비유였습니다. 월드컵 열기로 주몽 방영시간을 놓친 청취자들이 "월드컵 빨리 끝나라, 주몽 방영해라."며 아우성이라는 이야기도 들립니다.

오늘 토고전에서 태극전사들이 꼭 승리하기를 바랍니다. 어제 뉴스를 들으니까 토고에선 어느 주술사가 의식을 하면서 토고가 이길 것이라는 점을 쳤다는 보도도 나왔습니다. 우리 태극전사들 중엔 크리스천들이 많습니다. 저들이 아말렉을 무찌른 여호수아처럼 용기를 갖고 싸워서 승전보를 보내기를 바랍니다. 골을 넣고 하나님께 감사하는 세리모니를 하는 장면을 보고 싶습니다. 오늘 화요기도회에서 저는 월드컵 승리를 위하여 중보기도를 할 것입니다.

정정섭 장로님의 기도

이번 주에 아주 뜻깊은 행사가 있었답니다. 형지어패럴(주)의 최병오 회장의 사랑 나눔의 정신이 우리 큰사랑 행복한 홈스쿨에 연결된 것입니다. 최병오 사장님은 98년 기업을 창설하고 이제 국내에 500여 매장을 지닌 굴지의 기업이 되었습니다. 정부에서도 탁월한 경영을 평가하여 철탑산업훈장을 수여하는 등 인정받는 기업인입니다. 특히 경영이 어려울 때 정정섭 기아대책 회장님이 기도해 준 덕분에 기업이 이만큼 성장하게 되었다고 머리를 조아리며 감사를 표하는 모습은 마치 어린아이 같은 순전한 믿음을 보는 것 같아 감동적이기까지 했습니다. 최 사장님은 아직 크리스천이 아닙니다. 그렇지만 장로님의 기도를 그대로 믿는 그 믿음이 이미 준비된 하나님의 자녀이었습니다.

최 회장님은 행사가 시작되기 30분 전 교회에 도착하셔서 목양실에서 함께 인사를 나누게 되었는데 아주 활달하시고 겸손한 태도를 가지신 분이셨습니다. 정 회장님, 윤남중 이사장님, 그리고 원치민 사무총장님 등 기아대책 관계자들이 함께하며 지역의 소외된 아이들을 섬기는 사역이 무한한 가능성이 있는 아이들에게 장래의 꿈을 심어 주는 희망이라고 하면서 이 일에 동참하게 됨을 기뻐하였습니다.

3시 30분에 행사가 시작되고 기아대책 기업후원 사업 박종호 부장이 기구소개와 영상자료를 진행하며 사회를 보았습니다. 이어서 형지어패럴(주) 최병오 회장님이 기아대책에 기금을 전달하는 순서가 있었고, 목사님은 참된 리더십의 꽃은 '섬김의 리더십'이라고 말하며 기아대책이라는 섬김의 단체와 큰사랑교회가 서로 섬김의 팀으로 큰사랑의 비전을 이루게 된 것을 감사하며 이제 형지어패럴(주)가 후원을 하는 자매결연을 통하여 하나님의 더 큰사랑을 넓힐 수 있게 되었다고 답사를 하였습니다. "형지어패럴(주)은 금년에도 상반기 매출액이 이미 3,000억 원을 넘긴 무한 성장기업입니다. 형지 어패럴(주)은 기업순이익의 1%를 사회에 환원하여 1% 사랑 나눔을 실천하는 기업입니다. 이제 하나님은 한 사람을 세워서 세상을 변화시키는 에너지를 일으키십니다." 최 회장님은 답례로 이렇게 인사를 하였습니다. 오늘 아내가 새 구두를 사 주어 새 구두를 신은 기쁨이 있었는데 또 이렇게 평소 존경하는 분들과 함께 만나게 되고, 아이들을 섬길 수 있는 뜻 깊은 일을 할 수 있게 되어서 당사자인 자신이 행복하다고 하였습니다. 그리고 담임목사님이 더욱 푸근하게 느껴져 감사하다는 말씀을 잊지 않았습니다.

동길이와 재명이가 오카리나 연주와 노래를 하고, 아이들은 꼭짓점 댄스를 하며 월드컵 응원가를 힘차게 부르며 화답송을 하여 참여하신 모든 분들이 기뻐하였습니다. 정정섭 회장님은 버려진 아이들은 사회의 폭발물처럼 되기 쉬운데 우리가 품어 주면 아이들은 세상의 희망이 될 것이라고 축사를 해 주셨습니다. 목사는 천사들과 같은 이 분들에게 교회의 비전을 소개하였습니다. 큰사랑교회는 두 개의 비전이 있답니다. 홈스쿨과 큰사랑실버라이프입니다. 정정섭 회장님은 행사가 끝난 후 차에 오르시다가 목사의 손을 잡고 함께 기도를 해 주셨습니다. 하나님, 박 목사님의 꿈을 하나님께서 기뻐하시는 줄 믿습니다. 이 상가 전체를 허락하셔서 복지센터가 되게 하시고 이곳에 실버라이프를 운영하고 하나님의 큰사랑을 마음껏 증거하게 하여 주시옵소서. 큰사랑교회를 부흥시키셔서 인천이 복음화되게 하시고 세계에 선교사를 파송하는 교회가 되게 하시옵소서. 기도를 믿는 것은 하나님 자녀의 특권입니다. 형지어패럴에 기도가 이루어진 것처럼 큰사랑교회도 기도가 이루어질 것입니다. 아멘.

행복하게 사는 법

지난주 신협에서 있었던 일입니다. 창구에서 일을 보고 있는 데 '퍽' 하는 소리가 납니다. 문가에 아주머니가 놓아 둔 가방이 쓰러지면서 그 안에 있는 달걀이 터지는 소리입니다. 창구에 있던 직원이 문을 밀치고 나가면서 가방을 미처 보지 못한 것입니다. 아주머니는 얼른 가방을 확인합니다. 그러면서 가방을 쓰러뜨린 직원에게 "괜찮아요." 하면서 미소를 지어 보였습니다. 옆에 있던 저는, "달걀이 터졌지요?"라고 물었습니다. 그 아주머니는 "네."라고 대답을 합니다. 저는 "속상하시겠네요."라고 말했더니 "제 잘못인 걸요."라고 대답을 합니다. 그래도 아주머니는 미소를 잊지 않았습니다. 창구직원은 미안한 표정을 지으며 밖으로 나갔습니다.

저는 아주머니에게 칭찬을 해 주어야겠다고 생각하고, "아주머니 대단하십니다. 다른 사람 같으면 속상해 할 텐데요. 어떻게 그런 상황에서 밝게 웃을 수 있습니까?" 그랬더니 아주머니에게서 놀라운 대답이 나왔습니다. "언제든지 다른 사람 중심으로 생각하면 돼요."하면서 다시 웃으십니다. "그렇게 생각하고 사니까 건강도 주시고, 어려움도 없답니다." 목사는 삶을 행복하게 사는 법을 그 아주머니에게 다시 한 번 배울 수 있었습니다. "아주머니 오늘도 행복하세요."라고 인사를 하면서 목사의 얼굴에도 밝은 미소가 전이되었습니다. 태도는 사람을 변하게 합니다. 다른 사람 중심으로 사는 법은 그냥 쉽게 일어나지 않습니다. 머리에서는 그렇게 하는 것이 좋다고 생각되지만 마음이 말을 듣지 않을 수 있습니다.

그래서 오늘은 사전의사결정이라는 처방을 생각해 보았습니다. 목사는 새벽 4시간을 하루의 집무시간으로 정했습니다. 바쁜 목회 상황을 피하기 위해서 새벽시간을 활용하고자 한 것입니다. 6시에 새벽기도를 마치면, 두 시간 동안 운동, 책읽기, 설교준비, 그날의 하루 일과를 정리합니다. 운동은 푸시업을 50번 하고 앉았다 일어서기를 40번 합니다. 어느 날은 몸이 피곤하여 푸시업을 하기가 싫어집니다. 그럴 때에는 마음이 운동하고 싶지 않은 생각이 듭니다. 속으로 말싸움이 시작됩니다. '오늘은 그냥 건너뛰자. 하루 그 간단한 운동을 하지 않았다고 해서 별일이 있어? 내일 하지.' 운동을 해야 한다는 생각과 오늘은 미루고 싶다는 생각이 몰려듭니다. 그러나 사전에 미리 결정을 해 놓았기 때문에 하고 싶지 않은 핑계가 아무리 그럴듯해도 무시해 버립니다. 나는 내 몸에게 이렇게 말합니다. '미안, 자네 말을 끝까지 들어 주고 싶지만 이 문제는 어쩔 수가 없어. 이미 결정해 놓은 일이고 일정표에도 적혀 있다네.' 내 몸이야 툴툴거리지만 어쨌든 나는 매일 푸쉬업과 앉았다 일어서기를 반복하고 있습니다. 사전의사결정은 일상생활에서 자기 통제를 실천하는 강력한 방안입니다. 우리 성도들이 내 중심보다 다른 사람중심으로 생각하시는 사전의사결정으로 삶의 태도를 행복하게 만드시길 바랍니다.

하늘문을 여는 기도

한 달에 한 번 영종 벧엘교회와 큰사랑교회가 연합하여 금요기도회를 하는 사역이 한국성결신문에 기사화되었습니다. 작은 교회의 사역이 신문에 기재된다는 것도 격려가 되는데, 그것도 사설면 바로 옆에 다른 어느 기사보다도 제일 큰 활자체로 기사를 실은 것은 아주 특별한 의미가 있다고 생각되었습니다. 신문을 보며 성결교단도 의미를 귀하게 여기며 한 영혼을 중요하게 여기는 예수님의 큰사랑을 잊지 않고 있다고 생각이 되었습니다.

이번 주 금요일에 우리 교회 성도들 16명은 영종 벧엘교회에 금요기도회를 하러 갔다 왔습니다. 교회에서 7시에 출발을 하였는데도 퇴근 시간이라 가는 길이 제법 막혔습니다. 외곽순환도로를 지나 인천공항으로 가는 길로 1시간 30분이 되어서야 벧엘교회에 도착할 수 있었습니다. 양 집사님은 안성에서 늦게 도착을 하여 제2진은 윤 집사님이 따로 승용차로 출발을 해서 월미도를 경유, 배를 타고 교회로 오기로 하였습니다. 우리 교회가 최선을 하여 동원을 한 것이 성도 16명과 성준이, 우진이 2명도 함께 참여하게 되었습니다.

작은 시골교회 성전 안이 두 교회의 성도들로 가득 메워졌습니다. 저는 오늘 기사화된 영종벧엘교회와 큰사랑교회의 연합기도회의 사역을 소개하면서 이렇게 말했습니다. 지금은 우리 모습은 작은 교회들이 연합하는 아주 작은 모습이지만 하나님께서 귀하게 보시는 모습이라고요. 우리는 시골 어느 작은 마을에서 공동으로 드리는 기도이지만 하늘문이 열리는 기적이라고요. 그 옛날 4천 년 전에 아브람 한 사람에게 찾아오셔서 축복의 통로가 되라고 하신 하나님의 음성은 오늘 우리에게도 들리고 있다고요. 아득한 옛날에 많은 사람들을 동원할 수 있는 것은 권세자들이나 할 수 있는 일이었지만 예수님은 수만 명이나 되는 군중들을 동원하여 오병이어의 기적을 이루신 것처럼, 오늘날 세상에선 영향력 있는 큰 교회들이라야 많은 사람들을 동원할 수 있지만 작은 교회에서도 연합하여 주 안에서 모이고 기도하면 하늘문이 열리는 놀라운 기적이 일어난다는 것을 전하였습니다. 우리의 이런 작은 만남이 전국에 기사화되어 전해진다는 것이 바로 그것을 증명하는 것이라고 말했습니다.

아브람이 하나님의 말씀에 순종하여 나갈 때 하나님이 함께하시며 복의 근원이 되게 하신 것처럼 인천에서 영종으로 영종에서 인천으로 1시간 30분을 달려서 금요기도회에 참여하여 기도하기를 소원하는 하나님의 종들의 모습은 아브람처럼 순종함을 통하여 하나님을 경험하는 놀라운 기적이 일어날 것이라고 말했습니다.

예배가 하나님께 드려지고 중보기도도 함께 드렸습니다. 큰사랑교회의 기도제목인 큰사랑실버타운과 큰사랑행복한 홈스쿨을 위해서와 영종 벧엘교회의 기도제목인 영종의 570만 평 개발지역 안에 종교부지가 2개소만 정하여진다는데 현재 있는 17교회와 2개 소의 기도처에 종교부지가 할애되도록 하는 기도를 드렸습니다. 또한 북한의 핵개발로 인한 혼란을 하나님께서 간섭하여 달라며 나라와 민족을 위한 기도를 하였습니다. 기도가 끝나자 영종벧엘교회에서는 고구마를 삶아 내어 두 교회 성도 간에 친교를 나누었습니다. 교회당 밖으로 나오니 하늘에는 천군과 천사들처럼 수많은 별들이 빛나고 있었습니다. 하나님께서 우리의 기도를 들으시고 하늘문을 여신 것입니다.

단풍이 아름다우려면

만수주공아파트 단지 내 나무들에서 낙엽이 떨어집니다. 경비들은 매일 낙엽을 쓸어내느라 분주합니다. 낙엽을 담은 큰 비닐봉지가 농부가 밭에서 거둔 농작물을 쌓아 둔 것 같이 풍성해 보였습니다. 오늘은 아파트 오솔길을 따라 걷다가 떨어진 빨간 낙엽을 주어 보았습니다. 빨간색과 색 바랜 어둔 색이 함께 섞인 마른 잎이었습니다.

10월 하순이면 벌써 전국에 단풍이 아름답게 물들었어야 하는데 올해는 그렇지 못하다고 합니다. 이미 700고지엔 단풍이 전국적으로 물들고 있지만, 잎이 말라 예년처럼 아름답지 못하다고 합니다. 단풍이 아름답게 물들려면 적당한 비가 와야 한다고 합니다. 나뭇잎에 적당한 수분이 적셔지고 또 가을햇살에 건조될 때에 단풍은 건강하고 아름답게 지어진다고 합니다.

전국적으로 가뭄 때문에 농작물도 피해가 막심합니다. 가을에 시골길을 정겹고 풍성하게 보여 주는 것이 빨갛게 익은 감나무 모습인데 올해는 감열매도 가뭄으로 작황이 좋지 않다고 합니다. 감 농사를 하는 농부가 검정색으로 바랜 감 열매를 보며 상품성이 떨어져서 수확량이 많이 줄었다고 수심에 잠깁니다. 감에 비가 내려 수분이 공급되고 또다시 마르고 하는 자연조건이 가을엔 그렇게 필요한 것입니다.

가을비가 그립습니다. 시골에는 논에 물이 귀해서 밤을 지새우며 물까지도 지킨다고 합니다. 밤새 이웃 농부가 물길을 터 버려서 논에 가둔 물을 도적맞았다고 하소연을 합니다. 인생의 가을에도 아름다운 열매를 맺으려면 가을비가 필요합니다. 가을비가 없으면 우리의 열매는 도적맞고 잎이 마른 단풍은 볼품이 없어질 것입니다.

수많은 시간을 투자해서 우리는 교회당에 나오지만 왜 우리는 여전히 혼탁하고 바라는 바와 동떨어진 열의가 없는 삶을 살까요? 19세기 남아프리카 성자이며 남아프리카에 영적 부흥운동을 일으켰던 앤드류 머레이는 "위로부터 내려오는 새로운 삶, 그리스도의 삶이 당신의 삶을 대신해야 합니다. 그럴 때에만 당신은 항상 승리자가 될 수 있습니다."라고 말했습니다. 예수께서는 "아무든지 나를 따라오려거든 자기를 부인하고 자기 십자가를 지고 나를 좇을 것이니라."고 말씀하셨습니다.

이 가을에 아름다운 단풍을 만들고, 열매를 따려면 자기를 부인하는 귀한 진리를 배워야 하겠습니다. 일 년 동안 노력한 결실도 결국은 늦은 가을비가 있어야 아름답게 되는 것처럼 우리 삶에도 자아를 깨뜨리며 아름다운 가을의 열매를 기다리는 겸손한 자세가 필요한 때입니다.

소풍

소풍을 다니던 어린 시절이 그립습니다. 어머니께서 김밥을 싸 주고, 달걀을 삶아 주신 기억이 납니다. 그 김밥냄새가 따스한 햇살과 어울려 소나무의 솔잎냄새와 나무 사이의 자연의 넓은 공간에 그득했었습니다. 마음에 설렘과 평안함이 어린 시절의 소풍 추억입니다. 언젠가 소풍을 주제로 시를 쓴 천상병 시인을 사랑하게 되었습니다.

> 나 하늘로 돌아가리라 새벽빛 와 닿으면 스러지는 이슬 더불어 손에 손을 잡고, 나 하늘로 돌아가리라 노을빛 함께 단 둘이서 기슭에서 놀다가 구름 손짓 하며는, 나 하늘로 돌아가리라 아름다운 이 세상 소풍 끝내는 날, 가서, 아름다웠더라고 말하리라······

한번 만나야겠다고 생각하여 인사동을 찾았었습니다. 그는 못 만나고 그의 아내 목순옥 여사만 만났었죠. 지금은 비싸서 사지도 못하지만 당시에 일본에 수출하는 꽃게 한 상자를 들고 말이죠. 인사동의 작은 골목 안엔 귀천이라는 작은 카페가 있습니다. 그곳은 시를 사랑하는 사람들, 삶을 그림으로 그리고 싶어 하는 사람들이 모여 앉아 차를 나누는 모습을 볼 수 있습니다. 천 시인의 아내가 운영하고 있습니다. 천 시인은 하루에 일천 원씩 아내로부터 용돈을 받아 그것으로 맥주도 사 먹고 하루를 자유롭게 살았다고 합니다. 그의 아내로부터 남편은 이미 하늘로 갔다고 말을 들었습니다. 그의 아내는 그의 장례식에 들어왔던 부조금도 잘못하여 아궁이에 때는 바람에 그가 하늘나라로 가는 데에는 여비가 넉넉했을 거라고 웃음을 짓습니다. 소풍이라는 시가 너무도 인상적이어서 천 시인을 만나러 왔지만 그의 아내에게 꽃게를 건네면서 "이 꽃게를 언제부터인지 천 시인에게 주고 싶었는데 안타깝게 보지 못하네요. 그러나 가족들과 함께 맛있게 드세요."라고 전해 주고 모과차를 함께 마셨습니다. 찻잔이 비워지니까 다시 잔을 채워 주어 푸짐한 차인심도 받았습니다. 귀천 앞에서 기념촬영을 하고 천 시인의 소풍에 대한 이미지만 마음에 담았었습니다. 한참 오래 전 이야기지만 추억을 해 봅니다.

소풍, 소풍 냄새가 나는 가을입니다. 따스한 햇살이 이제는 그립구요. 산마다 아름다운 단풍이 물들고 자연은 우리를 부릅니다. 세계에서 가장 장수하는 마을이 티베트에 있다고 합니다. 100세가 넘은 노인들이 장작을 패고, 가게 일을 봅니다. 그곳엔 히말라야 산으로부터 내려오는 만년설의 생수가 마을 안길로 흐르는데 그것을 주민들은 떠서 그대로 마십니다. 장수의 비결이 그 물에 있다고 마을 사람들은 믿고 있습니다. 그러나 사람들은 태고의 자연과 더불어 하는 삶이 행복하고 장수를 하는 것 같다고 말합니다. 이곳에 길이 생기고 관광지가 되면서 사람들은 각박해져 이제는 100세가 넘는 분도 줄고, 예전의 모습이 사라진다는 소식이 들립니다.

소풍갈 때 싸 가지고 갔던 음식을 다 먹고 빈 도시락을 들고 오는 것처럼 우리는 삶의 소풍에서 빈손이 되어야 아름다운 그림을 보여 줄 수가 있습니다. 요즘 영화 타짜가 인기가 있습니다. 영화의 기술 감독인 장병윤 씨는 노름으로 번 돈은 의미가 없습니다. 남을 속여서 번 돈입니다. 하루에 수억, 천만 원도 벌었지만 그 돈이 헛되게 다 사라졌습니다. 돈은 오히려 회한과 아픔을 주었습니다. 지금 고구마를 심고 그 돈으로 가족에게 생선을 사 갖고 집으로 들어오는 것이 참된 기쁨인 것을 깨닫습니다. 자연에서 생산한 고구마가 이렇게 나에게 참된 기쁨을 주는지 이제야 알았습니다. 소풍을 갈 때 그곳 자연은 우리에게 많은 것을 가르칩니다. 자연의 소리에 귀 기울이는 빈 마음을 이 가을에 보여 주시길 바랍니다.

장한나의 격려

우리 교회는 이번 주 무척 바쁜 날이었습니다. 화요일엔 홈스쿨에서 에버랜드를 다녀왔고, 목요일에는 장한나 연주회를 관람했습니다. 금요일엔 영종 벧엘교회와 연합으로 기도회를 가졌고요. 누군가 너무 바쁘게 살지 말라고 충고를 하여 뒤돌아보게 되지만, 감동이 있어 감사한 한 주간이었답니다. 한 해를 결실하는 추수감사절기입니다. 따스한 햇볕이 반갑고 비 온 후의 하늘의 쪽빛도 가슴까지 내려앉습니다.

가을은 시를 쓰는 계절이라고 하였는데 시뿐 아니라 장한나의 첼로 연주까지 듣게 되어 그 감동을 남기고자 합니다. 음악을 듣는 것은 CD로나 미디어매개로 들은 것이 고작이었는데 직접 무대에서 들리는 생음을 듣는 기회는 내겐 희귀한 경험입니다. 행복한 홈스쿨 아이들과 함께한 장한나 연주회는 그래서 내겐 가치 있는 기회였습니다. 장한나 양은 아이들에게 음악의 세계를 이해시키기 위해 구 소련작가 림스티 코스타코프의 왕벌의 비행을 연주하며 윙윙거리는 왕벌의 이미지를 첼로에 담아 보여 주었고, 차이코프스키의 백조의 호수를 피아노와 함께 연주하며 물위를 유유히 떠도는 백조의 모습을 보여 주었답니다. 구소련의 작곡가 소스타코비치 등 근대음악을 통해서 다양한 장르의 곡을 선사하며 초겨울을 맞이하는 밤에 아이들은 감동을 가슴속 깊이 담아냈습니다.

장한나 양은 아이들에게 이렇게 좋은 말도 격려를 해 주었습니다. 너희들은 앞으로 인생이란 삶을 살면서 많은 어려움과 아픔이 있을 거야. 그렇지만 성공하는 사람은 그 성공이 다른 사람이 주는 것이 아니라 자기가 만든 사람들이지. 우리 어린이들이 그 성공을 스스로 만들어 나가기를 바랄게. 그리고 그 모습을 내가 지켜봐 줄게.

음악에 무지한 목사는 장한나 양이 1시간 이상을 곡도 보지 않고 신들린 사람처럼 연주하는 것을 보며 처음엔 연습을 얼마나 했으면 저렇게 잘할까? 신기했지만 그가 이야기하는 멘트를 듣고 나서는 그 얼굴에 있는 진지한 표정이 느껴지고 함께 음악을 통해 알리려는 세계에도 함께 들어가게 되었습니다.

모든 것엔 영광이 있습니다. 꽃의 영광은 아름다운 꽃이 피어날 때입니다. 사자, 표범은 표효하며 울부짖을 때겠죠. 태양의 영광은 정오일 것입니다. 정오에 가장 뜨겁게 내리쬐일 때 태양은 그 영광을 마음껏 과시하는 것입니다.

우리 아이들에게 아픔이 있는 것을 아는 장한나 양, 그리고 아이들의 성공을 기원하여 주는 따스한 햇살의 영광을 다시 한 번 보았습니다. 연주회가 끝나고 기념촬영을 하였습니다. 새봄이는 장한나 언니를 만져 보았다고 감동을 전해 줍니다. 우리 아이들이 초겨울의 준비하며 한 해를 결산하는 추수감사절기에 느낀 영광을 깊이 간직하여 다른 사람들의 마음을 감동케 하는 스스로 실천하는 리더자들이 되기를 소원해 봅니다.

천국의 축제

해마다 추수감사절기는 한해의 감사의 조건을 찾아서 드리는 것이 관례였습니다. 금년에는 교회마다 이웃을 생각하며 선행과 나눔의 영적 예배를 드리는 곳이 많아져서 다행스럽습니다. 해군교회 김 장로님은 예년에는 교회 내에서 뷔페로 함께 식탁을 나누며 감사를 하였는데, 올해는 해군장병들에게 1,000개의 떡을 나누며 뜻깊은 추수감사예배를 드렸다고 전합니다. 무엇보다도 떡을 나누어 먹은 해군장병들이 감사하다고 전화로 알려 왔을 때 너무 행복했다고 했습니다. 전도의 열매는 나눔을 통해 이루어진다는 것을 다시 확인하였다고 하십니다. 10가정의 작은 공동체가 최선을 다하는 헌신을 통하여 보여 준 기쁨의 축제였습니다. 김 장로님이 보내 주신 떡으로 우리 교회도 금년에는 홈스쿨 아이들과 함께 추수감사절기를 뜻 깊게 보내게 되어 너무 감사했습니다.

첫눈이 온다는 소설절기가 이번 주에 있습니다. 강원도에는 이미 눈이 내려 차량통행이 통제된 곳도 있다는 소식이 들립니다. 흐릴 때에는 꼭 눈이 올 것 같은 분위기였는데 이곳 만수동은 햇살이 따사롭습니다. 만수4동 아파트 단지에 은행나무, 단풍나무, 떡갈나무

등이 낙엽들이 땅에 가득합니다. 아직 나무에 달려 있는 나뭇잎들은 햇빛에 반사되어 빨갛고 노란 불꽃을 피웁니다. 촛불처럼 은은하게 노란색, 빨간색 단풍들이 조화를 이루며 빛나고 있습니다.

땅에 소복하게 떨어진 낙엽들은 수채화처럼 소재가 되어 우리들 마음은 흰색도화지가 됩니다. 나무들도 그동안 가지에 매단 잎사귀들을 뿌리로 내려 떨어뜨리는 것은 지체들의 섬김과 나눔으로 교제하고 대화하는 것 같은 생각이 듭니다. 천국도 축제라고 주님은 비유하셨는데, 섬김과 나눔의 사랑의 불꽃이 이 가을에 풍성하게 타오르길 바랍니다.

목요일엔 아내와 같이 인천대공원을 걷기로 했습니다. 만수동에서 머리산을 넘어서 대공원까지는 걸어서 1시간 거리의 아주 좋은 운동량입니다. 햇살도 따스해서 산바람은 허파를 말끔하게 씻겨 주는 산소처럼 맑게 느껴집니다. 넓은 떡갈나무 잎이 하늘에서 땅에 떨어지는 것을 보며, 저는 아내에게 이렇게 말했습니다. *"옛날에는 하늘에서 비행기로 삐라를 뿌리면 신기해서 그 삐라를 주우려고 쫓아다녔던 추억이 있었지. 지금 생각하니까 하늘에서 떨어지는 것에 대한 신비함 때문인 것 같아. 이스라엘 백성들이 만나도 하늘에서 내리고, 메추라기도 하늘에서 양식으로 주셨다고 고백한 것처럼 말이야, 낙엽이 하늘에서 떨어지니까 신기하고 선물 같아서 감사하게 느껴져요."*

대공원에 도착하니까 배가 고파졌습니다. 아내는 추어탕을 먹었으면 했습니다. 그러자 운연동 추어탕집이 생각나서 그곳까지 걷기로 했습니다. 추어탕을 맛있게 먹게 되었지만 그러니까 우리는 추어탕 때문에 만수동에서 운연동까지 2시간 30분 동안을 걷기 운동

을 하였답니다. 저녁에 홈스쿨 식사봉사를 한 후 아내는 너무했다
며 웃었답니다.

하나님의 은유

토머스 플렁케트는 "나는 장미꽃에서 그분의 피를 본
다."라고 썼습니다. 시편기자도 "천지에 주의 영광이 충
만하다."라고 노래합니다. 가을에 떨어지는 낙엽 잎사귀 하나하나
가 감동을 줍니다. 독서 나누기 모임에서 정유선 집사님은 "호호불
면서 호빵을 먹고 싶은 계절에 나뭇가지의 앙상함으로 보고 아름
다움을 내려놓는 나무라고 하면서 아름다움을 내려놓는 나무는 겨
우내 얼마나 많이 성숙해질까요."라고 말했답니다.

어렸을 때 존 헨리 뉴먼은 모든 꽃 뒤에 그것을 자라게 하고 피
어나게 하는 천사가 숨어 있다고 생각을 했습니다. 나중에 그는
신학자가 되어 "실체는 더 깊다. 가시적 사물들 속에서 만날 수
있는 것은 하나님 자신이다." 예수님도 주변의 아름다움에 감탄하
셨습니다. "들의 꽃들을 보아라. 치장도 않고 물건도 사지 않는다.
하지만 너희는 저런 색채와 디자인을 본 적이 있느냐? 궁정의 어
떤 귀인이 입는 옷도 저보다 못하다."

빅토르 위고는 하나님을 거룩하고 무서운 광채로 묘사했는데,
무섭다는 말은 두렵고 무시무시한 것을 지칭하는 말이 아니라 감
당 못할 강도의 체험을 암시하는 말입니다. 하나님의 영광을 감당
할 수 있는 인간은 없습니다. 모세도 하나님이 지나가시는 동안
얼굴을 가린 채 하나님이 떠나시는 모습만 보아야 했습니다. 그래
서 하나님의 등은 하나님의 사랑입니다. 우리 여정의 가장 가슴

아픈 시간에 하나님은 침묵으로 애태우십니다. 하나님이 지나가실 때 우리는 이전에 몰랐던 만질 수 없는 초월성을 경험합니다. 하나님의 영광의 실체는 이전의 확실하던 것들이 우리를 버릴 때 우리는 약해지고 눈이 뜨입니다.

영화 '네드 데빈 깨우기'에 보면 열 살 난 소년이 자기 교회 임시목사에게 이렇게 묻습니다. 하나님이 보일 때가 있나요? 계시는 받지만 직접은 아니지. 목사님은 월급을 많이 받나요? 아니, 내 일의 보상은 대부분 영적인 것이란다. 이전에는 목사가 소년에게 묻습니다. 교회사역자가 될 생각을 해 본 적이 있니? 별로 없어요. 아이가 말합니다. 보이지도 않고 최저 월급도 주지 않는 분을 위해 일하고 싶지 않아요.

사물의 이면을 보는 자들은 세상을 하나님의 은유로 봅니다. 우리 눈으로 본 적도 없고 귀로 들은 적도 없는 마음으로 생각해 본 적도 없는 아름다움이 우리 주변엔 너무 많이 숨겨져 있습니다. 이번 주에 교회 김장을 했습니다. 목사는 빨간 김장 속을 넣으면서 예수님의 보혈을 생각했답니다. 예년에 김장을 할 때에는 그저 맛이 좋은지 배추 속에다 양념을 넣어서 맛을 보던 것이 올해는 직접 김장을 담가 보는 체험을 했으니 아직도 목사는 인생을 더 공부해야 하는 늦깎이를 벗어나질 못합니다.

새벽기도를 끝내고 바로 김장 속을 담가 내어 오전 11시 즈음에 200여 쪽 배추를 다 했답니다. 이번 김장엔 목사 내외와 김복동 권사님, 박확실 집사님, 박정자 집사님, 이혜순 성도가 수고해 주셨습니다. 문옥숙 권사님, 이행로 권사님이 음료수를 사 오시고, 강현숙 집사님은 돼지고기를 삶아 오셨습니다. 우리 삶의 이면에는 하나님의 영광을 체험할 수 있는 모든 사람들이 있습니다.

하나님의 타이밍

'들꽃은 아무 곳에나 피어나지만 아무렇게나 피지는 않습니다.'라고 어느 시인은 순수한 세계를 열어 보입니다. 이 시인은 어느 할머니가 종이와 박스를 줍는 것을 보며 악착스럽게 사시는 모습이 안쓰러웠다고 말했습니다. 같은 동네에 종이와 박스를 줍는 할아버지가 계셨는데 할머니는 늘 할아버지의 경쟁자였고 할아버지는 할머니를 못마땅하게 생각했답니다. 어느 날 할머니가 박스를 판 돈 대부분을 할아버지에게 건네는 모습을 보았다고 합니다. 하루 온종일 수고해야 만 원 벌이가 될 텐데 할머니는 할아버지에게 7~8천 원 되는 돈을 건네더라는 것이죠. 생각하면 기가 막힌 일이지만 할머니의 마음을 안 시인은 웃음이 나오더라는 것입니다. 아름다운 들꽃할머니를 본 것입니다.

2007년 사무총회를 비전 축제로 준비하고 있습니다. 교적부를 정리하다 보니까 그동안 우리 교회를 다녀가신 분들이 40여 분이 넘습니다. 하나님의 사람을 정착시키고 세우는 일이 참으로 어렵다는 것을 다시 한 번 깨닫게 되었습니다. 교회의 지나온 발자취를 돌이켜 보면, 2001년 2월 11일 12명의 교인들과 교회를 설립감사예배를 드리고 4월 29일 11명의 어린이들과 주일학교 첫 예배를 드렸습니다. 2003년에는 권사 4분이 취임을 하고, 2004년도 3월 8일엔 큰사랑실버라이프를 개강하여 2년 동안 적십자자원봉사자들과 노인들의 건강프로그램을 운영하고, 발마사지 강사 초청, 공무원의 특강, 모노드라마, 노인영정 찍어 드리기, 국악체험, 국립수목원 소풍,

중국어특강, 문 박사님의 노인특강 등 다양한 행사를 했습니다.

2005년 11월 25일에는 큰사랑행복한 홈스쿨의 개설인가를 받고, 2006년 2월 2일에 개소식을 하였습니다. 1년여 만에 명실공히 큰사랑행복한 홈스쿨은 전국에서도 꽤 알려진 홈스쿨로 발전을 하였습니다. 금년 8월 27일에는 팀 사역 발기모임을 갖고 부부모임과 독서 나누기를 통한 성도들의 영적인 교제를 확장시키고 있습니다. 또한 금요구역 모임에서는 강전도사님의 성경공부를 통한 영적인 성숙을 이루고 있습니다.

그동안 교육과 훈련, 지역을 섬기는 교회로 노력해 왔습니다. 여기까지 하나님께서 인도해 주셨습니다. 2007년도엔 전도와 선교에 중점을 두는 해로 정했습니다. 하나님의 예비하신 사람들을 통하여 이 일은 귀한 역사를 이룰 것입니다. 하나님은 압박하는 스타일이 아닙니다. 앞장서 이끌고 방향을 제시하고 대책을 제안하십니다. 거룩한 목적은 크리스천 각자가 판단할 일입니다.

모든 일에는 때가 있습니다. 하나님은 시간을 정해 두셨습니다. 약속 시간이 될 때까지는 누구도 정해진 장소에 나가지 않습니다. 이제 우리 교회에 등록하신 분들은 지금 세례교인만 54명이고 청년, 학생, 구도인들, 어린이들까지 합치면 98명이 됩니다. 귀한 영혼들을 큰사랑교회에 보내 주신 분은 하나님이십니다. 귀한 영혼들을 사랑합니다. 들꽃은 아무 곳에나 피어나지만 아무렇게 피지는 않습니다. 한 영혼 한 영혼은 천하보다도 귀합니다. 하나님은 모든 사람을 축복하시기 위해서 여러분은 부르십니다. 하나님은 시간을 정해 두셨습니다. 이제는 침착하고 끈질기게 기다려야 합니다.

예수의 나심

김지하의 담시 「장일담」에서 보면 장일담이 죄를 짓고 경찰에게 쫓겨 스며든 곳이 창녀의 소굴입니다. 그는 거기서 만성 폐결핵으로 만신창이가 된 한 창녀가 아기 낳는 것을 보게 되었습니다. 장일담은 절망과 죽음 속에서 새로운 생명의 탄생을 본 것입니다. 그리고 거기서 장일담은 자기의 구원을 읽습니다.

로마 학대 속에서 시달리던 그때 이스라엘 사람들에게, 아기 예수의 탄생은 그들을 해방시키는 그리스도의 탄생이었습니다. 들에서 양치기를 하던 목자들은 천민들이었습니다. 예수 때 양치기들은 일용직, 비정규직들입니다. 언제 일자리가 잘릴지 모르는 불안을 안고 사는 사람들입니다. 예수님이 말구유통에서 나셨다는 것은 가장 낮은 사람들에게 가장 비천한 사람들에게 구원자가 될 수 있다는 것을 의미합니다.

연말연시 우리 주변에는 어려운 이웃들의 이야기가 많이 전해집니다. 그분들의 사정을 들으면 마음이 착잡해지고 슬픈 마음이 듭니다. 그렇지만 그들과 함께 해 주는 친절한 사람들의 이야기를 들을 때면 희망이 생기고 힘이 생깁니다. 우리의 어려운 이웃들의 모습에서 그리스도의 탄생을 보았으면 합니다. 영화배우 신모 씨가 결혼 50주년 금혼식을 기념하여 사회에 1억 원을 쾌척했다는 소식이 들립니다. 기부금은 사회복지기금과 국제기아대책에 전달되었다고 합니다. 신모 배우는 아내에게 가장 좋은 선물을 준 것 같아 행복하다고 말했습니다. 금액보다도 가장 사랑하는 사람을 위해 준비한 선물이 기부행위인 것이 의미롭다고 생각됩니다. 작은 돈이라도 사랑하는 사람을 생각하며 기부문화를 키운다면 더욱 따뜻한 겨울이 될 것 같습니다.

지난주에 형지어패럴 임직원분들 10명과 홈스쿨 아이들과 함께하는 두근두근 크리스마스 행사를 가졌습니다. 형지어패럴은 행복한 홈스쿨에 일 년 동안의 운영비를 기부금으로 보냈음에도 연말을 소외된 아이들을 위해서 시간을 내어서 함께 해 주신 것입니다. 중국어 자원봉사자이신 김태은 사모께서 레크리에이션을 진행해 주시고, 형지어패럴 직원께서 풍성아트와 크리스마스 트리장식을 통해서 함께 만들기 작업을 했습니다. 산타크로스 할아버지가 바쁘셔서 특별히 수염이 없는 산타 삼촌이 대신 왔다고 멘트를 하시는 형지 어패럴 직원은 아이들에게 갖고 싶었던 선물을 증정하였습니다. 아이들은 행복해하고 자신들이 귀하게 대접받고 있다고 생각을 하였답니다. 홈스쿨 아이들은 답례로 그동안 연습한 캐롤송과 율동으로 감사의 인사를 하였습니다.

이번 주에 우리의 이웃 천사 김현섭 장로님께서는 쌀을 보내 주셨답니다. 풍선 아트 자원봉사를 하여 주시는 분께서는 풍선으로 만든 별과 눈사람, 천사들을 만들어 예배당을 장식해 주셨습니다. 우리 옆에는 이렇게 아름다운 사람들, 아니 천사들이 늘 함께해 주십니다. 예수의 나심은 낮은 사람들에게 임하는 하나님의 구원입니다. 사람들의 고통이 있는 곳, 또한 자신들의 고통을 드러내는 곳인 우리 교회가 천사들의 귀한 사역의 장이 된 것을 감사합니다.

청와대 관람을 하고 나서

지난주에 이종청 장로님 아드님인 이경태 장로님께서 한국에 오셨습니다. 이종청 장로님은 작년 10월에 우리 교회에서 간증도 하시고, 교회 부흥을 위해서 기도해 주신 분이십니다. 우리 교회에서는 신앙의 어버이처럼 반갑게 모셨고, 또 담임목사도 장로님과 40일간 함께 유익한 만남을 가졌던 것을 새롭게 기억합니다.

이 장로님의 아들이 한국에 왔다고 하니까 이 장로님을 뵙는 것 같은 반가움이 있었습니다. 이경태 장로님께서는 103차 총회에 참석하고자 미주 대의원 자격으로 오신 것입니다. 이 장로님은 한국에는 23년 만에 왔다고 하면서 감회가 있다고 고백을 했습니다. 그런데 말씀하시는 것과 걷는 모습이 참으로 이종청 장로님을 꼭 닮았습니다. 그래서 지난주에는 이종청 장로님을 만난 것 같은 심정으로 이경태 장로님과 인천월미도와 신포동, 부평, 관교동 백화점 등을 돌며 함께 많은 이야기를 나누며 즐거운 만남을 가졌습니다.

세월은 흘러도 이종청 장로님의 흔적을 이어나가는 이경태 장로님의 모습을 보면서 이무일 시인의 「조약돌」을 생각나게 했습니다. 이무일 시인은 시에서 다음과 같이 노래했습니다.

"수천 년을 갈고 닦아도 조약돌은 아직도 물속에 있다. 아직도 조약돌은 스스로가 부족해서 몸을 씻고 있다. 스스로를 닦고 있다."

조약돌은 아주 작은 물체이지만, 수천 년을 이어 가며 스스로 부족해서 몸을 씻고 있습니다. 조약돌의 정체성을 보는 시인의 마음은 참으로 심연처럼 깊은 심안을 가졌습니다. 한 사람, 그리고 아주 작은 것들도 그렇게 깊은 뜻과 의미를 이어 간다고 생각하면 우리 삶은 참으로 엄청난 것이라고 생각이 들었습니다.

노인대학에서 청와대 방문을 하였습니다. 청와대 관람신청은 인터넷으로 하고, 또 인적 사항을 미리 등록해야 하기 때문에 준비하는 데 시간이 많이 걸렸습니다. 한 달 전부터 미리 방문예약을 하고 사정 있는 어르신들은 또 취소하고 다른 분들로 대체하고, 그렇게 해서 69명이 신청을 완료하였습니다. 도원교회와 송현교회에서 차량을 지원해 주어서 대형버스 두 대를 준비하고, 강 목사와 행사 전날에 이마트에서 간식과 준비물들을 구입하였습니다. 노인 어르신 한 사람씩에게 드릴 간식을 봉지에 싸고, 떡과 음료수, 김밥을 준비하였습니다. 청와대 만남의 장소에서 관람신청 확인을 하고, 청와대 홍보관, 녹지원, 구본관 터, 본관, 영빈관, 칠궁 등을 구경했습니다. 청와대 관광은 마치 서울 시내에 오아시스 같은, 어쩌면 휴양지 섬처럼 고요한 그런 별천지를 구경한 것 같았습니다.

이곳 청와대에서 그동안 9명의 대통령이 다녀갔다고 안내자의 말을 들으면서 세월은 변해도 터의 유구함을 생각해 보았습니다. 옛날 임금이 조정(the Imperial Court)에 납시고, 또 신하들이 조정에 간다는 말이 있습니다. 영빈관에서 대한민국 건국 이전 조선시대의 유구한 흔적인 조정(朝廷)과 왕이 걷는 어도(御道)와 신하들이 걷는 길도 보았습니다. 인솔자와 경호원인지 사복 입은 사람들이 앞뒤에서 안내 또는 감시하는 느낌을 받으면서도, 노인 어르신들은 중간중간 경비를 서고 있는 경찰에게 수고하신다고 따스한 격려를 보냈습니다. 보초를 서면서도 따스한 할머니들의 인사에 반갑게 고개를 숙이는 경찰들이 아들과 자식처럼, 가족처럼 느껴졌습니다. 그리고 청와대를 개방하여 국민들에게 보여 주는 것이야말로 백성들에게 나라를 사랑하는 마음을 준다는 것을 깨닫게 되었습니다.

로버트 맥기는『내 안의 위대한 나』라는 책을 썼는데 그는 책에서 그 안에 참된 나를 찾아가는 여행을 시작한다고 말했습니다. 우리가 주님께 정직하게 나아갈 수 있는 방법은 하나님의 백성들을 통해 그분의 사랑을 접하는 것입니다. 노인 어르신들은 청와대 안에 있는 대통령이 계시는 곳을 체험하면서, 이것이 텔레비전에서 보는 그 장소라면서 신기해 하셨습니다. 정말 명당자리를 와 보았다고 좋아하셨습니다. 안내자도 큰사랑 어르신들이라고 호칭하면서 잘 보살펴 드렸습니다.

사단은 성공과 인정의 욕구를 채우려는 시도를 통해서 강박과 움츠림을 인간에게 주려고 유혹을 합니다. 그렇지만 반드시 성공을 하거나 다른 사람을 만족시키지 않아도 우리는 건강한 자존감과 가치를 확인할 수 있습니다. 손봉호 교수는 칭찬릴레이에서 "칭찬은 다른 사람의 가치를 인정하는 것이다."라고 정의를 했습니다. 하나님은 우리를 조건 없이 가치 있는 존재로 만들어 주셨습니다. 성공과 칭찬의 노예가 아닌 자발적인 동기를 갖고 자유와 힘을 얻으면 변화는 저절로 일어납니다.

가족은 대를 이어서 아버지, 어머니의 모습을 투영하는 것처럼, 작은 조약돌이 수천 년 동안 스스로를 닦는 모습은 하나님께서 우리 안에 심어 준 선물이라고 생각합니다. 마치 청와대를 여행하는 것처럼, 그곳이 최고의 명당자리가 될 수 있습니다. 예수께서도 나를 따르려거든 자기 십자가를 지고 나를 따르라고 말씀하셨습니다. 우리 안에는 이미 건강한 자존감과 가치가 있습니다. 그것이 자기 십자가이고 명당자리입니다.

하나님의 그릇(비움의 원리)

이젠 여름비라고 해야 하지요? 지난주에 부슬부슬 비가 내렸습니다. 화요일부터 비가 내리며 대지를 적십니다. 덕적 소야도에 계신 정봉심 권사님에게 물어보니 그곳도 비가 '구적구적' 온다고 표현하시더군요. 요즘 덕적에서도 일용근로를 하니 무척 바쁘다고 말씀했습니다. 소야도 교회에 다니고 계신다며 목사님도 건강하시라고 안부를 전합니다. 사택에서 교회로 우산을 쓰고 걸어오면서 목사는 하늘에서 내려오는 비를 바라보았습니다.

빗줄기를 바라보면서 문득 어린아이 같은 생각이 듭니다. "이 많은 물을 하나님께서는 하늘에 담아 놓으셨다가 다시 보내신 거네? 그릇도 없을 텐데." 과학 원리에서 액체가 열을 받으면 기체가 되고, 그 기체는 다시 온도 차이에 의해서 액체로 변한다는 사실을 모르는 것은 아니지만, 눈에 보이는 사물을 느꼈을 때 신기한 생각이 든 것입니다. 눈에 보이는 것으로만 판단한다는 것이 얼마나 무지한 일인지 다시 한 번 깨닫습니다. 하나님의 그릇이 저 큰 하늘 공간이라면 우리는 눈으로는 보이지 않지요. 아니 보고 있는데도 초점을 내어 인지할 수 없는 것이지요. 우리는 눈으로 보고 손으로 만지고 하는 일에 너무 익숙해져 있습니다. 그렇지만 보이지 않는 공간에는 더 많은 풍성함이 있습니다. 하늘이 주는 비움 원리의 교훈을 생각해 보았습니다. 손기철 장로는 기름 부으심의 4가지 원리를 비움, 채움, 나눔, 균형이라고 말했습니다. 비움과 나눔을 실천함으로써 채움과 균형인 하나님의 기름 부으심의 경험을 하시길 바랍니다.

캄보디아에서 윤옥 선교사로부터 편지가 왔습니다. 소개를 합니다. "감사합니다. 반나절의 짧은 시간을 통해 큰사랑 교회를 통하여 응답하시는 하나님을 경험하고 있습니다. 하나님께서 협력하여 선을 이루게 하시고, 이 기회를 통하여 이 땅의 어린아이들을 향한 하나님의 계획하심을 보게 하시니 감사합니다. 지금 폴라(유치원 교사)는 비자서류를 준비하고 있으며, 29일 베트남 항공을 타고 베트남을 거쳐서 한국에 도착할 예정입니다. 다만 걱정은 직항이 아니라서 좀 걱정이 됩니다만 잘하겠지요. 그리고 1달의 일정 동안 언어소통에 대한 걱정이 좀 됩니다만 아마도 돕는 자를 붙여 주시겠지요. 하나님이 하시는 일이니까요. 감사합니다. 처음 있는 일이라 저도 기대가 많이 되고 걱정도 되지만 기대가 더 많습니다. 감사를 드리고 우리 폴라 가면 잘해 주세요. 부탁드려요.^ ^;; ." 지금 우리 큰사랑교회는 하나님의 기적이 일어나고 있습니다. 우리 성도들도 그 기적의 중심에서 함께 하나님을 경험하시며 섬겨 주시길 바랍니다. 우리 성도들의 많은 기도가 필요합니다.

목컨에서 하는 영적 지도자 만들기 세미나가 있어서 1박 2일간 모 교회 수양관을 다녀왔습니다. 그동안의 목양을 돌아보는 귀한 시간을 가졌습니다. 이른 아침에는 수양관을 아내와 함께 산책을 했습니다. 어제 밤에 비가 온 모양입니다. 나뭇잎마다 빗물이 송골 송골 맺혀 있습니다. 햇살이 가득한 마루에는 빈 의자가 가득 있습니다. 아내와 함께 그 빈 의자에 함께 앉았습니다. 저 멀리 계곡이 아래로 보이고, 양 옆에는 곧은 소나무들이 아름답게 서 있는 경치 좋은 장소입니다. 핸드폰으로 아내의 모습을 찍어 보았습니다. 아침 햇살이 눈부십니다. 햇살은 눈부시기 때문에 직접 보지 못하지만, 나뭇잎에 비치는 햇살은 너무 영롱했습니다. 나뭇잎의 물방울 사이로 무지개 햇살이 살짝 비추며 아름답습니다. 약수터 산책길을 아내와 함께 올라가 보기로 했습니다. 습기 때문에 그늘진 곳에는 모기가 계단에 날아다닙니다. 그 사이에 거미가 아침에 일찍 거미줄을 쳐 놓았습니다. 거미줄에도 아침햇살이 비춥니다. 새로 단장한 거미줄이 참 깨끗하다고 생각이 들었습니다. 부지런한 거미의 준비가 시사하는 메시지를 생각해 보았습니다.

우리가 인생에서 가장 중요한 것은 삶의 여정에는 꼭 필요한 준비해야 할 것이 있다는 것을 깨닫고 묵상했습니다. 그리고 자기를 해석하고 분석하고 정의할 줄 알아야 합니다. 그렇게 하기 위해서는 끊임없이 자기를 객관화하는 겸손(비움)이 필요합니다. 목사는 지난 삶의 이야기를 기준으로 목회자 자신과 우리 교회를 맵핑해 보았습니다. 이미 여러분의 목회자는 인생의 하프타임인 1990년대에 목회자의 길로 삶의 색깔을 바꾸고, 큰사랑교회를 개척하였습니다. 그리고 이제는 벌써 사역의 하프타임을 맞이했습니다. 큰사랑교회는 큰사랑행복한 홈스쿨과 큰사랑실버라이프를 통하여 아이들을 사랑하고, 어른을 섬기는 귀한 가치를 나누고 있습니다. 이제이 사역을 완성하고 꽃을 피우기 위해서는, 사람을 세움으로써 복지(선교)센터를 건립하여 사역을 정리하는 일이 남았습니다. 사람

세우기는 교육과 훈련, 멘토와 코치 세우기를 통하여 영력, 실력, 체력, 설득력, 지도력을 세워야 합니다. 10대에는 성품, 20대에는 비전, 희망, 꿈을 세우고, 30대는 작은 성공들을 체험하고, 40대는 성숙함, 50대 초반은 이미지, 50대 중반은 코치, 60대 이후는 멘토의 자리가 성공자의 자리입니다.

진정한 성공자는 자기 사명을 완수하는 것입니다. 우리 성도들이 사명을 확인하고 자기를 경영하시길 바랍니다.

중보기도

장마 예보가 들립니다. 토요일 오후에 목련나무에 떨어지는 빗줄기가 시원합니다. 쪽 창문 사이로 목련나무 잎이 싱그럽습니다. 가끔 저 나무줄기 사이로 새들이 앉아 노래를 하곤 합니다. 오늘 빗줄기를 머금은 빗방울이 하얀 구슬같이 반짝입니다. 예배당 청소를 하고 나니 땀이 생기고 몸에 열기도 생겼는데, 아내가 타 주는 미숫가루를 먹으며 잠시 시원한 휴식을 취하고 있습니다. 여름 더위에 시원한 빗줄기 같은 좋은 소식들이 우리 주변에 많이 생겼으면 좋겠습니다. 시원한 빗줄기 같은 좋은 소식을 이루기 위해서는 오직 기도밖에 없습니다.

1. **나라와 민족을 위한 기도:** 최근 수출이 감소하고 실업률도 증가하는 등 어려움이 많습니다. 정부에서는 경쟁이 없는 새로운 소비자를 의미하는 블루슈머(blue ocean consumer)[2]를 발표했습니다. 불황 속 희망코드를 읽는 일은 교회가 감당해야 합니다. 새벽마다 10여 명의 중보기도자는 '나라와 민족을 위하여 경제회복을 위하

여, 국민통합을 위하여' 부르짖고 기도합니다. 목사는 작은 인원이
지만 그분들의 중보기도야말로 이 시대를 구하는 권세 있는 기도
라고 믿고 있습니다.

2. 캄보디아 선교(윤옥 선교사)를 위한 기도: 캄보디아에서 윤옥
선교사로부터 편지가 왔습니다. 함께 기도가 필요하여 소개합니다.
"목사님, 감사드립니다. 지금 우리 교사들이 가정방문 기간이고

2)

블루슈머	교회전략	국가 통계
1. 백수탈출	1. 성도들 취업, 창업을 위해 중보기도	구직 단념자 16만 5천 명, 취업준비자 56만 8천 명
2. 똑똑한 지갑족	2. 합리적 소비를 돕는 성경적 경제관 교육	월평균가구소득 302만 원(전년 동기 2.1% 감소)
3. 나 홀로 가구	3. 독거노인을 위해서 섬김 실천(노인대학)	1인 가구 342만 가구
4. 녹색지대	4. 자원절약에 앞장 서는 일입니다.	온실가스배출량 5억 9천950만 톤 (1990년 대비 2배 증가)
5. U-쇼핑시대	5. 합리적 인터넷 문화운동	2008년 사이버 쇼핑 18조 1천460억 원
6. 내나라 여행족	6. 해외보다 국내에 관심을	2008년 출국자 11,996천 명(10% 감소)
7. 자연애愛 밥상족	7. 친환경 먹거리와 유통기한 준수로 전환	유해식품, 식중독, 수입 농산물 불안도 87%
8. 아이를 기다리는 부부	8. 목회적 돌봄과 중보기도 절실(홈스쿨)	불임 164,583명(2007년)
9. 거울 보는 남자	9. 이해필요(인식변화)	남자 청소년 외모고민(9.9%)
10. 가려운 아이들	10. 영유아 친자연 조성	아토피염 유병률 760% 증가(2001~2007년)

저도 여러 가지 일들을 한꺼번에 처리하느라 잠시 바빴습니다. 지난주 월요일 신청한 비자는 오늘 나오기로 하였는데 제가 바빠서 대사관을 가지 못했습니다. 아마도 월요일이면 비자를 찾지 않을까 싶습니다. 지금 폴라와 저희 교사들은 한마음으로 폴라를 위해 기도하고 있습니다. 언어가 약점이라 걱정이 앞서지만 하나님께서 폴라에게 행하실 일들을 기대하고 있으며, 다른 교사들도 언젠가 한국 유치원에 대한 연수에 대한 소망을 같이 키우고 있습니다. 많은 것을 배우지 않아도 한국 유치원을 방문하는 것으로 우리 폴라에게는 좋은 교훈이 되지 않을까 싶습니다. 하나님께서 하시도록 그냥 열어 놓고 있습니다. 큰사랑교회의 성도님들과 목사님의 관심이 우리에게도 큰 위로가 되고 있습니다. 지금 저희 학교는 조금씩 정착을 하고 있습니다. 월급을 탓하지 않고 열심히 하는 교사들이 아이들을 위해 노력하는 모습이 저를 기쁘게 하는데 하나님은 얼마나 더 기쁘실까요. 우리 교사들을 위해서도 기도해 주십시오. 어제는 시골 교사집을 방문하였습니다. 공부방에서 부부가 신실히 섬기시는 데 얼마나 최선을 다하여서 저희들을 섬기시는지 시골까지 왕복 5~6시간이 걸렸지만 참 즐겁고 감사한 시간이었습니다. 없는 돈에 저희들을 대접한다고 닭이랑 물고기랑 코코넛이랑 잘 먹고 즐겁게 예배드렸습니다. 이런 일들을 통하여 저희 교사들도 그리고 저도 힘들지만 기쁘게 섬길 수 있는 것은 아닌지요. 저희 교사들을 위하여 저희 13명과 한국인 2명을 위해 기도해 주십시오. 있는 자리에서 최선을 다해 섬기도록 말이지요. 그리고 저희 학교의 재정을 위해서도 기도해 주십시오. 큰사랑 교회가 있어서 감사하고 또 감사합니다. 그럼 사랑을 캄보디아에서 전해 드리며……."

3. 교회와 성도들을 위한 기도: 금요일(19일) 영종 벧엘교회에서 연합으로 기도하였습니다. 강 목사님께서 설교를 해 주셨는데 큰사랑교회와 벧엘교회는 부부 목사가 사역을 직접 하는 교단에서도 귀한 교회라고 말했습니다. 사람의 눈으로 보면 작은 교회들이지만 정말로 하나님께서 기뻐하시는 비전을 갖고, 하나님의 뜻을 이루는 한 영혼을 사랑하는 귀한 목회를 하고 있으므로, 하나님께서는 반드시 갚아 주시는 것을 믿는다고 말했습니다. 그러므로 힘들더라도 희망으로 기쁨으로 행복과 기적을 이루는 두 교회가 되자고 말했습니다.

교회의 비전을 위하여 그 일을 감당할 수 있는 성도들이 될 수 있도록 중보기도하여 주시기 바랍니다.

두 달란트

화요일 아침 6시 30분에 캄보디아에서 핑 폴라가 입국을 했습니다. 강 목사와 기아대책 인천본부 고 본부장과 최 간사와 함께 목사는 인천항공으로 마중을 나갔습니다. 도화지에 영어로 'PHOEM PHALLA'라고 글씨를 써서 핑 폴라가 출국 게이트를 나오기를 기다렸습니다. '핑 폴라를 알아볼 수 있을까? 무사히 비행기는 타고 왔을까?' 걱정 반 기대 반으로 한참을 기다리는 도중 핑 폴라가 사람들 속에서 모습을 보입니다. 손을 흔들며 환영을 했더니 핑 폴라도 반갑게 웃습니다. 핑 폴라는 캄보디아의 수도 프놈펜에 있는 해피 홈스쿨의 교사입니다. 나이는 24세이고 엄마, 큰 언니, 동생과 함께 프놈펜에서 살고 있습니다. 이번에 한국에 올 수 있게 되어서 너무 감사하고 다른 유치원 교사들도 부러워했다고 합니다.

12시간여 여행을 한 탓인지 핑 폴라는 얼굴이 핼쑥해 보입니다. 처음으로 외국 경험을 하는 폴라는 두려움 반 기대 반으로 이번 여행을 했을 것입니다. 마중 나온 우리를 보면서 안도하는 기색이 보입니다. 아침은 평양옥에서 가서 해장국을 시켰습니다. 폴라가 한국 식사가 맞을까 염려했더니, 식당 아줌마는 외국 사람들이 처음엔 주저하지만 나중에 국물까지 다 먹으니 괜찮다고 해서 폴라도 해장국을 시켰습니다. 우리 일행은 모두 맛있게 먹었는데 폴라는 잘 먹지 못합니다. 아직 한국음식이 입맛에 맞질 않은가 봅니다. 나중에 알았더니 여행길에 긴장하여 머리가 아팠었다고 합니다. 목사 사택에서 짐을 풀고 오전 동안은 쉬게 했습니다. 오후에는 홈스쿨에 와서 아이들과 인사를 하고, 저녁에는 유준이와 함께 영어로 한국말을 조금 공부했습니다. 이번 폴라의 한국 방문을 통하여 폴라에게는 많은 은혜가 임하고, 우리 큰사랑교회에도 기쁨이 되길 바랍니다.

예수님의 비유 중 달란트 비유가 있습니다. 1달란트, 2달란트, 5달란트를 받은 종들은 주인이 길을 떠난 후에 각자 다른 길을 갔습니다. 1달란트를 받은 사람은 주인이 두려워 그 돈을 땅속에 숨겨 두었으므로 주인은 '그에게 악하고 게으른 종'이라고 책망했습니다. 그러나 2달란트, 5달란트 받은 사람은 각자 열심히 노력하여 배로 남겼음으로 주인이 돌아와서 '착하고 충성된 종아, 내게 더 많은 것으로 갚아 주겠다'고 했습니다. 우리 큰사랑교회는 작지만 행복한 교회입니다. 그래서 저는 두 달란트를 받았다고 생각을 합니다. 큰사랑행복한 홈스쿨과 큰사랑실버라이프가 두 달란트라고 생각합니다. 두 사역을 통하여 하나님의 기적이 일어나길 모든 성도들이 합심하여 중보기도하고 있습니다. 또한 두 사역을 통하여 교회도 소문나고, 복지 선교센터를 건립하는 비전도 갖게 하셨습니다. 그랬더니 주님께서 기뻐하시고, 더 많은 것으로 채워주십니다. 이번 폴라의 한국 방문도 하나님의 선물이라고 믿습니다.

목사의 후배 중 친구 같은 후배 고 박사가 있습니다. 그가 교회 방문을 했습니다. 작년 가을에 보고 이제 보니 반년이 지났습니다. 50대를 훌쩍 넘긴 그의 모습엔 이제 세월의 흔적이 굵게 새겨지고 있다는 생각이 들었습니다. 뒷산 거머리산에 함께 등산을 하며 많은 이야기를 나누었습니다. 그동안 4개월 정도 외국에 출장을 다녀왔다고 합니다. 그와 함께 지난 삶을 돌이켜 보는 기회가 되었습니다. 후배도 학창 시절에 공부를 잘했습니다. 후배는 학교를 잘못 선택하였다고 생각을 하여 학교를 재진학하는 과정을 거쳤습니다. 그리곤 서울대학교를 졸업하고 현직 최고위직 공무원이 되었습니다. 당시엔 누가 진학 정보를 준 것도 아니고, 스스로 해결하려니까 회한이 있었다고 말합니다. 이제 자식을 키우면서 되풀이되지 않도록 하기 위해 아이들에겐 하고 싶은 공부는 할 수 있도록 해 보라고 기회를 주고 싶다고 합니다. 우리는 부모로서 인생의 삶의 총체적인 경험을 자식들에게 전수하는 것이 책임이라고 공감을 했습니다.

목사는 인생의 굴곡을 많이 겪었습니다. 공부도 그렇고 삶도 그렇습니다. 어찌 보면 인생을 굽이굽이 돈 것 같습니다. 그러나 이제 그것들이 모두 합력하는 것을 고백합니다. 목사는 후배에게 지나온 삶을 예전의 교만했던 인성이 무너지고 깨어지는 과정이라고 말했습니다. "한 영혼이 천하보다 귀하다."라는 가르침을 체화體化하기 위해선 그 과정이 반드시 필요했던 것이라고 고 박사에게 말

했습니다. 고 박사는 선배님이 오랜 세월을 자신의 가정을 위해
기도해 주신다는 그 말을 잊지 않고 있다고 말했습니다. 오늘 고
박사를 보면서 하나님께서 주신 두 달란트를 묵상해 봅니다.

3. 하고 싶은 것이 있어요

큰사랑실버라이프 개강예배

하나님께서 하셨습니다. 지난 4월 30일 우리 큰사랑교회에서는 하나님의 기적을 체험했습니다. 작은 교회에 천사들을 보내 주시고 모두들 감동을 하게 하셨습니다. 작은 예배당에 많은 노인 어르신들이 가득 메우고 노인들은 왕 같은 대접을 받으셨습니다. 해군교회 김현섭 장로님께서는 교회로서 최선을 다해 지역을 섬기려는 섬김의 자세를 하나님께서 기쁘게 받으셨고, 노인 어르신들을 통해서 하나님나라가 확장되기를 기도를 해 주시고, 담임목사는 노년이야말로 하나님께서 축복하시는 상급이라고 전했습니다. 이원복 의원 김승환 사모는 축사를 통해서 자신도 어머니를 여의고 노인 어르신들을 뵐 때마다 부모님을 생각한다고 눈시울을 붉혔습니다. '당신의 삶에 기쁨을 드리고 싶다'는 교회의 현수막에 감동을 전하면서 할 수 있는 한 후원을 아끼지 않겠다고 말했습니다.

인천기아대책 고대섭 본부장은 기아대책의 노인복지사역과 어린이 사역을 소개하면서 앞으로 큰사랑실버라이프 사역이 인천의 노인복지 사역의 모델이 될 수 있도록 후원과 참여를 아끼지 않겠다고 말했습니다. 강재현 목사는 인사말을 통해서 노인들이야말로 우리가 섬겨야 할 존귀한 분들이고 아름답게 노년을 보내시는 것이 소원이라고 말했습니다. 노인 어르신들을 행복하게 해 드리기 위해 스태프들은 최선을 다할 것이라고 했습니다.

인사소개 시간에 만수4동 노인회 표중혁 노인회장과 만수5동 한상숙 노인회장과 총무님을 소개하고 교수진들(박상철, 강재현, 임영옥, 고은선, 김태은, 전기순, 김대동 외)을 소개하였습니다. 운영

위원으로는 이행로, 윤욱태, 양홍우, 간사로는 박승희, 정임숙, 이혜순을 소개했습니다.

특순으로 예빛 국악선교단에서 1시간 30분 정도 국악과 가야금, 부채춤, 창 등 다양한 공연을 하여 노인 어르신들은 박수를 치시면서 흥을 함께 나누었습니다. 점심에는 삼계탕과 떡, 음료수, 간식 등을 제공하고 선물도 푸짐하게 준비하여 노인 어르신들에게 나누어 드렸습니다. 대부분 노인 어르신들은 노인대학 등록을 마치고 흐뭇한 표정을 지셨습니다. 작은 교회가 무슨 돈이 있어서 이렇게 많은 선물을 주고 식사까지 대접하느냐며 걱정을 해 주는 노인 어르신들도 계셨습니다. 그렇지만 마음이 흡족하다며 모두들 고마워하셨습니다.

2007년도가 시작되면서 목사는 큰사랑실버라이프 사역이 구체적으로 시작되기를 기도제목으로 삼았습니다. 새벽마다 기도하면서 보이지 않는 비전을 붙잡았습니다. 누군가 목표를 1만 번 불렀더니 이루어졌다고 간증을 합니다. 새벽마다 때마다 큰사랑실버라이프를 외쳤더니 하나님께서 두려움을 사라지게 하시고 기쁨을 주셨습니다. 지난 두 달 동안 만수4단지와 5단지 노인정을 방문했습니다. 노인 어르신들을 만나서 가까운 지역의 노인 어르신들을 섬기려는 취지를 말씀드리고 앞으로 실버타운도 꿈꾸고 있다고 여러 번 말씀드렸습니다. 새벽마다 기도 동역자들에게 중보기도를 부탁드렸습니다.

이혜순 자매는 2단지 아파트 입구마다 전단지를 일일이 붙이며 수고를 하였습니다. 신문보급소를 통해 3천 장의 노인대학 홍보전단지를 뿌렸습니다. 그래도 누가 우리 교회에 오실지는 아무도 몰랐습니다. 4월 30일 아침에 10시가 되었는데 7분 정도가 오셨습니다. 박확실 집사님이 오늘 약장수가 달걀 1판씩 준다고 해서 그리로 노인들이 갔다고 걱정을 하십니다. 그렇지만 예배시간 후 하나님께서는 많은 어르신들을 보내 주셔서 준비된 자리가 꽉 차고 이동의자까지 동원되었습니다. 그 많은 어르신들의 식사를 위해서 주방에서는 봉사자 마르다와 뵈뵈처럼 식사를 준비한 평신도 동역자들이 있었습니다. 그분들 모두에게 하나님의 은혜가 넘치시길 축복합니다.

음식은 하늘이다

현주가 식사기도를 합니다.

"하나님, 사모님이 춥고 아프신데도 맛있는 밥을 지어 주셨어요. 우리들을 건강하게 해 주시고 사모님도 아프지 않게 해 주세요. 예수님 이름으로 기도드립니다."

현주는 합기도를 하는 5학년 여자아이입니다. 남자처럼 씩씩한 모습만 보았는데, 오늘 기도하는 모습을 보니 마음도 참 따뜻한 것 같습니다. 오늘 점심은 목사와 사모가 함께 홈스쿨 아이들과 같이했습니다.

사모는 아이들이 김치를 먹지 않는다고 참치와 같이 볶아서 맛있게 요리를 해 주었습니다. 아이들의 젓가락이 참치 볶은 김치로 갔습니다. "김치가 맛있다."라고 하면서요. 맛있게 밥을 먹는 아이들의 모습을 보니 목사도 배가 부릅니다. 아이들과 함께 밥을 먹으면서 아이들과 한 가족이 됩니다.

지난주 설교 때 43년간 산에서 사신 산할아버지 이야기를 해 드렸습니다. 산에 찾아간 피디에게 산할아버지는 맨밥에 배추 속과 된장을 내놓았습니다. 산할아버지는 맨밥에 배추 속에 된장을 넣어서 입을 벌려 잡수시면서 이렇게 먹으라고 합니다. 1시간이나 걸어서 산할아버지를 찾아간 방송국 관계자는 배가 고팠는데, 배추 속에 된장을 바른 밥을 아주 맛있게 먹었습니다. 함께 밥을 먹는 피디와 할아버지는 삶을 이해하는 동료가 됩니다.

어느 병사가 기차를 타고 갑니다. 기차는 어느 작은 역에서 멈췄는데, 그 병사는 나가서 작은 빵을 사 가지고 왔습니다. 그는 자리에 앉자마자 빵을 절반으로 자르더니, 맞은편에 앉아 있는 낯선 사람에게 건넸습니다. 몇 년 후에 그 낯선 사람은 하나님을 믿었는데, 그 순간에 그 이름 모를 병사를 생각하면서 다음과 같은 사실을 깨달았습니다. 빵 한 덩어리를 나눔으로써 교제가 이루어졌는데 몇 년이 흐른 뒤에도 자신이 그런 교제를 지속하고 있다는 사실입니다.

김지하의 시 중에 「밥」이란 시가 있습니다.

> *음식은 하늘이다. 여러분은 그것을 여러분 혼자 힘으로 만들 수*
> *없다. (중략) 음식은 나누어야 한다.*
> *음식은 하늘이다. 우리가 음식을 먹을 때 하나님은 우리 안에*
> *들어온다.*
> *음식은 하늘이다. 오, 음식은 모든 사람들이 함께 나누어야만*
> *하며, 함께 먹어야 한다.*

식탁에 함께 앉을 때에 함께 앉아 있는 사람들을 영어로는 동료(companion)라고 부릅니다. 라틴어 'com은 함께'라는 뜻이고 'panis는 빵'이라는 뜻이니까 동료란 함께 빵을 나누는 사람들을 의미합니다.

다른 사람들과 사이좋게 지낸다는 것은 끊임없는 영성훈련을 통해 가능합니다. 그것은 그 자체로 천국의 축복입니다. 어렸을 때 엄마가 많이 한 말은 "와서 밥 먹어라." 라는 말이었습니다. 가족들과 함께 한상에 밥을 먹던 모습은 가족의 끈을 이어 주었으며, 축복을 배우는 장소이었습니다. 아빌라의 테레사는 "하나님이 냄비와 접시들 사이를 거닐고 계시다."라고 말했습니다. 음식을 차리고 밥을 함께 먹는 행위는 생명회복운동입니다. 먹는 자리는 뜻을 같이하는 사람들이어야 할 수 있습니다.

아이들에게 천사가 있습니다

천사! 아이들은 천사에 대해 호기심이 많습니다. 우리는 아이들에게 천사에 대해 이야기를 하면서 성경에 나와 있는 대로 하나님의 자녀들을 위하여 심부름을 하는 영이라고 가르칩니다. 그런데 지식적으로 아는 천사가 실제적으로 존재한다는 것을 사실을 간증한 사람의 이야기를 소개합니다.

엄마가 딸을 안고 있었습니다. 그런데 그 딸이 무릎에서 빠져나가더니 오토바이 앞바퀴 주변에서 놀고 있었습니다. 그런데 갑자기 잘 놀고 있던 딸이 비명을 지릅니다. 놀라서 달려갔더니 어린 딸은 오토바이에 깔려 있습니다. 순식간에 일어났습니다. 즉시 오토바이를 세우고 아이를 꺼냈지만 아이는 심각해 보였습니다. 오토바이 몸체가 쓰러지면서 아이 머리에 심하게 부딪힌 것입니다. 아이를 안고 병원을 가려고 차로 달려가는데 피가 낭자합니다. "오, 하나님 우리 아이를 살려 주세요." 아이 엄마는 울면서 부르짖습니다. 그 애의 머리를 동여매면서 피를 멈추게 해 주세요라고 말입니다. 친구가 병원에 전화를 했고 병원에서는 경찰에 연락해 고속도로를 달리고 있는 차들이 길 옆으로 비켜나게 했습니다. 병원 응급실에선 모든 준비를 해 놓고 기다리고 있습니다.

"부인, 여기서 기다리십시오." 의사 중 한 명이 말했습니다. 그때 아이 엄마는 우물 속에 갇혀 있는 심정입니다. 지금 아이 엄마는 생각해 보니 그 모든 것은 하나님이 하신 일이라고 고백을 합니다. 상처가 조금 더 깊었더라면 딸은 뇌를 다쳤을 겁니다. 13바늘을 꿰매기는 했으나 다행히 저녁에 집으로 돌아올 수 있었습니다. 엄마는 딸을 구해 주신 하나님께 감사기도를 올렸습니다. 그런데 이상한 미풍이 불어옵니다. 딸은 눈을 살짝 뜨더니 "엄마, 날개야 날개."라고 말합니다. 엄마는 "오, 하나님 정말 감사합니다." 딸을 보호하는 천사가 지켜 주고 있었던 것입니다.

저는 우리 교회에 어린 아이들을 기억하고 있습니다. 유연이는 엄마가 임신 중에 스위스에서 감기약을 먹었답니다. 임신 중에 약을 먹으면 안 되는데 모르고 약을 복용한 것입니다. 아이가 잘못될까 봐 강 집사와 가족들은 얼마나 조마조마했는지요. 교회에 기도를 부탁하고 저에게 기도를 받고는 모든 것을 하나님께 맡겼습니다. 유연이는 지금 우리 교회 마스코트처럼 예쁘게 잘 자라고 있습니다. 우진이가 태어날 때도 기억합니다. 허 집사가 우진이를 낳을 때 목사는 병원에 가서 기도한 기억이 납니다. 우진이 아빠는 우진이가 태어난 것을 얼마나 기뻐했던지 교회에 다니지 않는데도 목사가 우진이를 위해 기도하는 모습을 카메라에 담느라고 정성을 쏟았습니다. 우진이는 사랑을 너무 갈급하며 엄마 품을 떠나지 않습니다.

석영이도 이제 100일이 지났습니다. 석환이, 다현이, 반이, 민준이 다 끔찍이 사랑받는 아이들입니다. 예담이도 어렵게 태어난 아이입니다. 예수님을 닮아라고 이름도 지었습니다. 손녀라 아기가 태어날 때엔 분만실 밖에서 기도를 끊이지 않고 했답니다. 얼마나 똑똑한지 책 읽는 것처럼 낱말을 구사하며 이야기를 짓듯이 말합니다. 성준이, 수진이, 상진이, 유진이, 수인이 모두 엄마가 끔찍이 생각하는 아이들입니다. 효식이도 아기였을 땐 박 집사가 업고 교회에 다닌 아이라고 간증을 했습니다. 소희, 유준이도 아이였을 땐 교회에서 산 아이들입니다. 유준이는 교회에서 부흥회도 참여하고 해서 어렸을 땐 또래 아이들의 머리에 안수하는 흉내도 내며 놀았던 아이입니다. 새봄이는 꿈에도 큰사랑교회의 부흥을 보는 아이입니다. 사랑하는 성도 여러분, 아이들에게 천사들이 있습니다. 돕는 천사, 주의 날개로 품는 역사가 우리 아이들에게 있음을 믿으시길 바랍니다.

산처럼 큰 마음

이번 설날 다음날에 강화 마니산을 등산했습니다. 해발 468m의 국내에선 명산으로 알려진 산입니다. 4가정 8명이 참여를 했습니다. 산을 오르다 보니 가족들이 함께한 일행들이 많습니다. 산을 오르는데 아버지와 아들이 산을 오르는 모습이 인상 깊었습니다. 아버지는 몸매가 괜찮은데 아들이 몸이 몹시 뚱뚱합니다. 아들은 아버지에게 짜증을 내면서 산을 오릅니다. 재촉하는 아버지에게 아들은 "내가 알아서 갈 테니깐 먼저 가." 아버지는 미덥지 않은지 위에서 아들을 지켜봅니다. 우리 일행 중에도 산을 오르면서 머리가 쥐가 난다고 말하는 집사님이 계셨습니다. 아내는 뒤에서 따라 오르면서 내 페이스대로 오를 테니깐 먼저 올라가라고 합니다.

자기 개혁을 한다는 것은 정말로 힘든 일 중 하나입니다. 자기 개혁이란 자기를 거절하는 것입니다. 사람마다 거절한다는 것이 쉬운 일이 아니지요. 그래서 어떤 사람은 자신은 싫음에도 거절할 수가 없어서 응하다가 나중에 낭패를 당하는 경우가 많습니다. 성경은 너희가 육신대로 살면 반드시 죽을 것이로되 영으로서 몸의 행실을 죽이면 살리니(롬8:13), 나의 힘으로 나를 죽일 수 없다고 설명하면서 성령으로 자기를 죽일 수 있다고 말씀하십니다. 나의 힘으로 나를 죽일 수 없습니다. 구정 설날 아침 육으로 육을 죽일 수 없다는 것을 생각해 봅니다. 자기에게는 자기를 거절한다는 것이 무척 힘듭니다. 양보도 하고 타협도 하기 때문입니다.

산을 오르는 데 지팡이가 그렇게 도움을 줍니다. 산자락에 아무렇게나 뒹굴고 있는 작은 막대기들이 보입니다. 그것을 주어다가 아내에게 주고, 목사도 막대지팡이를 집고 오릅니다. 아주 작은 가느다란 막대기가 산을 오를 때에 많은 도움이 되는구나 생각을 해 봅니다. 경찰도 민중의 지팡이라고 부릅니다. 시각장애인들에게도 하얀 지팡이가 필요합니다. 등산을 할 때 산의 마음을 닮겠다고 생각을 해 봅니다. 산처럼 자신의 주의에 있는 모든 것들을 너그러운 마음으로 품어 안겠다는 마음을 가진다면 산을 더듬으며 짚고 가는 지팡이는 길을 안내하여 줄 것입니다.

산을 오른다는 것은 숨이 차서 심장 박동이 피를 끓게 하여 작은 용광로를 때우는 것과 같습니다. 각자의 한계를 향한 육체의 고통은 산을 오르는 것을 막습니다. 그러나 함께 오르는 동료들의 격려와 작은 지팡이는 육체의 한계를 거절합니다. 또 산 정상에 오르려는 목적이 계속 뜨겁게 끓어오르며 고통스러워하는 심장을 거절하게 합니다. 하나님은 인간의 한계에 고통의 불을 주셔서 육의 문제를 해결코자 하는 지혜의 문을 만드셨습니다. 뜨겁게 타오르는 심장은 오히려 우리 안에 있는 고통으로 나오는 거절을 다 태워 버리는 에너지가 됩니다.

우리 일행은 모두 산 정상에 도착을 하여 서로가 격려를 했습니다. 탁 트인 봉우리에서 가슴까지 시원해집니다. 일행 중엔 7학년

(70대)이 되는 분이 계셔서 산 정상에 오신 분들은 "*대단하시네요.*" 라고 칭찬과 격려를 받았습니다. 옛사람들은 요산요수(樂山樂水)라고 말했습니다. 어진 사람은 산을 좋아하고 지혜로운 사람은 물을 좋아한다는 말이지요. 설날 명절에 산을 오르는 모든 이들이 어질게 보였습니다. 산도 자신에게 깃든 모든 이들을 품어 안는 것 같습니다. 잠시 눈을 감고 산만큼 커졌다고 생각을 합니다. 가족, 친지, 성도들 모두를 떠올리면서 산처럼 큰마음을 갖고 감싸 안아 봅니다.

겨울나무가 가장 아름답습니다

새벽기도를 한 후 사택으로 내려가는 길에 나뭇가지를 봅니다. 누군가 나무는 겨울나무가 가장 아름답고 했습니다. 그는 잎을 다 떨어뜨린 자기를 비운 나무의 그 모습에 감동을 했다고 했습니다. 나뭇가지 끝을 바라보면서 추웠던 겨울엔 손과 발처럼 시렸을 거라고 생각을 해 봅니다. 모르긴 몰라도 사람들은 나뭇가지 끝은 해마다 추워서 얼어 죽었을 거라고 믿고 있을 겁니다. 입춘도 지나고 우수도 지난 절기인 지금 나뭇가지를 가까이서 보니 그 끝이 살아 있었습니다. 나무 밑동 뿌리에서 뽑아내는 물줄기가 살린 것입니다.

새파란 하늘가에 나뭇가지 끝이 시원스레 스트레칭을 하는 것 같습니다. 조금 더 내려가다가 나뭇가지가 꺾여 있는 것을 보았습니다. 가지줄기가 하얗게 드러나 바짝 마른 나무가 이미 죽어 있습니다. 누가 잡아 당겼는지는 모르지만 고약스럽다고 생각을 했습니다. 나무에 붙어 있었으면 살 수 있었을 텐데 가지가 꺾여 이젠 물줄기도 빨아들일 수 없게 되었습니다.

예수께서 "나는 포도나무요, 너희는 가지라. 네가 내게 붙어 있으면 열매를 맺으리라." 하신 말씀이 생각납니다. 추운 겨울에 이미 죽은 것 같아도 나무에 붙어 있기만 하면 살아 있는 생명나무가 되는 것입니다. 그러니까 예수님도 겨울철에 나뭇가지를 바라보며 똑같은 생각을 하신 것 같다는 생각이 들었습니다.

지구를 구하는 데 남은 시간이 겨우 10년이라는 보고서가 나왔답니다. 기후변화 정부 간 위원회(IPCC)가 6년 만에 발표한 이 보고서는 전 세계 기상학자, 해양학자 등 2,000여 명의 전문가가 모여 연구한 것이라고 합니다. 보고서에 참여했던 과학자들은 기후변화로 지구의 많은 지역에서 사람이 살 수 없게 되는 일을 막는 데 겨우 10년이 남았다고 경고했습니다. 최근 연구는 이산화탄소 수치가 자연적 수준의 두 배인 550ppm에 이르면 자연재앙이 시작되며 2040~2050년쯤 이런 일이 현실화될 수 있을 것으로 나타나고 있습니다.

독일 포츠담기후영향연구소의 말테 마인스하우젠 박사는 10년 안에 온실가스 배출량을 줄인다면 이산화탄소 수치를 450ppm에 묶어 둘 수 있다며 탄소 배출량의 정점을 2015년까지 묶고, 해마다 3% 정도 배출량을 감소해야 한다고 주장했습니다. 그리고 2100년까지 지구 온도는 2~4.5° 정도 높아질 것이라며, 6° 이상 높아질 가능성도 있다고 전합니다.

바다 등에 녹아 있던 이산화탄소가 방출되는 현상 때문에, 온난화가 빠르게 진행되고 온도가 높아지면서 바닷물의 증발이 많아지고 극지방의 얼음도 빠르게 녹고 있습니다. 매년 인간 활동으로

240억 톤의 이산화탄소가 발생되는데 절반은 삼림과 바다에 흡수되는데 온도가 높아지면 이런 흡수 능력이 떨어져 지구 온난화의 원인이 됩니다.

금년에 유독 따뜻한 겨울을 보냈습니다. 우연히 그렇게 된 것이 아닙니다. 그동안 우리가 자연을 보호하지 못하고, 마구 훼손한 결과입니다. 자연을 사랑하고 보호해야 합니다. 쓰레기를 줄이고 이산화탄소의 방출을 줄이는 운동을 벌여야 합니다. 생명을 유지하려면 예수 안에 붙어 있어야 합니다. 이 진리를 봄을 기다리는 겨울 나뭇가지를 통해다시 한 번 발견합니다.

이야기로 행복을 찾읍시다

수요모임인 목사님들의 모임에서 이번 주는 '행복을 찾아서' 영화를 관람하였습니다. 영화는 참으로 우리 인생을 예술로 만드는 멘토 같습니다. 이야기들의 구성이 어쩌면 그렇게 재미있는지요. 한 가정의 20여 년간의 삶의 이야기가 2시간 동안 빠르게 전개되는데 참으로 감동적이었습니다. 주인공 남자는 샌프란시스코에서 사는 흑인인데 부부가 아들을 하나 키우고 삽니다. 그러나 생활이 어려워 집세도 밀리고 세금도 체납되어 독촉에 시달립니다. 그러니까 부부관계도 늘 냉전입니다. 그런 삶 속에 남자의 생활은 실수와 속상한 일들이 반복됩니다. 아내는 남자에게 희망이 보이지 않으니까 아들을 남자에게 맡기고 뉴욕으로 떠납니다.

영화내용은 남자가 지난 일들을 회상하는 방법으로 이야기하고 있습니다. 지난 일들을 회상하면서 바보처럼 최악이었던 행동을 이야기합니다. 스스로 점수를 매겨 가며 바보처럼 행동하는 자신을 다시 보는 것입니다. 예를 들면, 주인공 남자는 면접을 보기 위해 자신은 외판원처럼 안 보이려고 생각하며 팔려고 했던 기계를 잠시 히피에게 맡겼는데 면접을 보면서 창문을 보는 순간, 그 히피가 자신이 맡긴 기계를 갖고 달아는 것을 보게 되어 면접도중에 그 기계를 찾으려고 쫓아갑니다. 시간이 지나고 볼 때, 그 시간이 자기 인생의 제일 멍청한 때였다고 회상을 합니다. 그런 마음을 갖고 살아가는 주인공은 수없이 잦은 실수들을 회상합니다. 이미 시간은 지났지만 그런 과거의 삶의 모습에서도 행복을 찾아내는 주인공의 이야기가 바로 우리들의 이야기라는 것을 목사는 발견했답니다.

인생의 삶도 참 빠르게 지나가는 것 같습니다. 한 주간 한 주간 화살같이 지난 것 같습니다. 금년도 교회적으로도 많은 일들이 있었습니다. 1월에는 임직자들 교육과 시취행사가 있었고, 2월 달에는 6주년 창립기념행사와 목사청원, 부흥회 준비로 바빴습니다. 3월 초에는 성령부흥집회로 바빴고, 지난주에는 전기승압공사, 교회 의자, 책상, 탁자 등 비품들을 구입하면서 바빴답니다. 모든 일에 준비하는 것이 제일 바빴던 것 같습니다. 그런데 이런 일들도 지금은 모두 지난 일들이 되었습니다. 앞으로 어떤 바쁜 일들이 전개될까요? 당시에는 아주 바쁘고 긴장되었던 사건들도 시간이 지나면 잊혀지기도 하고 또렷이 기억되기도 한답니다. 그런 사건들을 생각하면서 그 속에 행복이 있다는 것을 발견합니다. 그 이야기들이 생각이 난다면요.

세상에 이런 일에서 아주 특이한 청년을 보았습니다. 포항공대에서는 원주율 3.14를 기념하여 파이의 무한 소수를 외우는 이색 행사인 '파이 외우기 이벤트'가 열렸답니다. 까마득히~ 이어지는 무한소수, '파이'(3.14) 외우기입니다. 도전의 주인공은 포항공대 전여운(25세) 학생입니다. 이 청년은 지난 2004년 3월 14일, 단 하루 만에 1314자리를 외워 당당히 1위를 차지했었는데 이번에도 만 자리에 도전했다가 일천 자리를 외우는 모습을 보였습니다. 숫자들, 전혀 다른 숫자들의 배열을 일천 자리까지 숫자로 외운다는 것은 일반인들에게는 불가능한 일입니다. 그런데 암기가 이루어지는 것을 보았습니다. 어떻게 외울까? 그 비결은 숫자로 이야기를 만드는 것이었습니다. 숫자 125948을 외울 때에 *"이리오구 사고판다."*는 뜻의 이야기 말입니다. 과거라는 내 인생의 사라짐도 이야기로 만든다고 생각하면 영원히 살아 있을 수 있다고 생각합니다. 그 이야기들이 행복을 찾을 수 있는 열쇠입니다. 우리들의 바쁜 삶도 이야기로 되살아나 행복을 찾아냈으면 좋겠습니다.

봄 햇빛을 나눕시다

봄의 풀밭엔 작은 꽃들이 향연을 합니다. 봄 별꽃, 할미꽃, 제비꽃, 민들레꽃, 개불알꽃들이 풀밭에 지천으로 퍼져 있습니다. 만수동 아파트 단지 내 잔디에 이름 모를 봄꽃들이 목사의 걸음걸이를 멈추게 합니다. 아주 작은 꽃들입니다. 아파트 아주머니 두 분이 냉이를 캐는지 쑥을 캐는지 호미질을 합니다. 따스한 봄 햇살이 눈부시게 등에서 반사됩니다. 어느 여성식물학자가 한 말이 생각납니다. 봄에 낮은 땅 위에 꽃들이 먼저 피는 것은 큰 나무들이 잎을 피우고 꽃을 피움으로 햇빛을 가리면 꽃을 피울 기회가 없기 때문에, 큰 나뭇가지들이 아직 잎을 피기 전에 햇빛이 나뭇가지 사이로 비출 때에 탄소동화작용을 하기 위해 일찍 서둘며 꽃을 피우는 것이라고 말입니다. 식물도 경쟁을 합니다. 그런데 그 경쟁은 선의의 경쟁입니다. 서로 조화를 이루면서 먼저 피고 지고, 그 다음에 피는 것입니다.

'세상에 이런 일이'에서 방영된 소식입니다. 어느 시골마을에서 신기한 일이 벌어졌습니다. 굴뚝 속으로 대나무가 자라 굴뚝 꼭대기에서 대나무 잎이 무성하게 자라고 있습니다. 제작진이 굴뚝의 외부 온도를 재 보니 50도가량이 되었습니다. 굴뚝 안은 그 이상으로 뜨겁다는 이야기입니다. 굴뚝에서 새까만 연기가 자욱하게 피는데 대나무 잎은 파랗게 피어 있습니다. 식물박사가 굴뚝 안을 확인해 보니 굴뚝 안에 있는 대나무 줄기는 바깥의 대나무 줄기보다 밀도가 촘촘하게 되어 있다고 합니다. 뜨거운 굴뚝 안에서 대나무는 생명력을 유지하기 위하여 보통의 대나무보다 밀도를 더 촘촘하게 하여 생명유지를 하고, 굴뚝 꼭대기에선 다른 대나무 잎보다도 더 많은 잎을 피움으로 탄소동화작용을 통하여 생명을 유지할 수 있도록 처절한 생명의 투쟁을 한 것입니다. 말 못하는 식물이지만 생각을 하는 두뇌가 있는 것 같아 섬뜩하기도 합니다. 그동안 우리가 자연의 삶을 얼마나 무심했던가 생각하게 했습니다.

이번 주간은 고난주간이었습니다. 예수님의 십자가 고난을 깊이 묵상하면서 낮은 땅에 핀 작은 꽃들과 굴뚝 속에 자란 대나무가 고난이야기와 연상이 되었습니다. 자연은 빛을 나눔으로 서로가 공존하는 지혜를 우리에게 보여 줍니다. 작은 꽃들이 그렇게 아름답고 큰 빛을 비추어 보입니다. 굴뚝 속에서 자란 대나무의 이야기가 생명력의 경외함을 가르칩니다. 나무들은 한곳에 정지되어 있지만 서두르질 않습니다. 시간을 묵묵히 기다리고 뿌리를 내리는 지혜를 나무는 보여 줍니다. 바람이 불면 바람이 되고, 햇빛이 비추면 햇빛이 됩니다. 나무는 순응하며 그 자리에 서 있습니다. 순종하는 아름다움을 나무는 보여 줍니다. 나무를 사랑하는 어느 판화가는 나무를 가까이하다 보니 단순하게 생각하며 기다림의 지혜를 나무로부터 배운다고 고백했습니다. 나무는 영생하는 의미를 가르치는 교사 같습니다.

십자가 고난은 주님의 비전입니다. 십자가는 하나님으로서 고난을 순종하고 하나님의 기적을 보여 준 길입니다. 십자가는 부활을 이루기 위한 길이고 십자가와 부활 이후에 오순절의 역사가 이루어진 것입니다. 십자가의 무서운 고통 속에서 핀 생명의 창조역사는 우리들의 삶의 이야기에 참 빛을 비춰 주는 봄 햇빛입니다.

어버이날을 맞이하면서

어버이날을 맞이하면서 노후에 아름다운 삶이란 무엇인가 생각해 봅니다. 70대 어머니 한 분이 이런 말씀을 하십니다. 노인어른들은 혼자서 잘 내려갈 줄 알아야 돼요. 죽는 것이 두려운 것이 아니라 살아 있는 것이 두려운 것이라오. 내가 죽을 줄 알아야지요. 자신을 드러내지 않으며 조용히 사는 비결을 배워야 한다고 말씀하십니다. 효도도 받으려고만 하면 가치가 없어져요. 자원해서 효도를 해야 그것이 값진 것이지. 80대 노인할아버지가 이런 말씀을 해 주십니다. 젊었을 때 형뻘 되는 친구가 이런 말을 해 주었어요. 저축을 하나? 쓸 돈도 부족한데 어떻게 저축을 해? 그렇게 살면 실패자야. 먼저 저축을 하고 남는 돈으로 쓰는 삶이 되어야 해. 1분이 어떻게 1분이 되나. 60초가 모여야 1분이 되지. 이 말이 평생에 약이 되었다고 합니다. 지금도 자녀들에게 크게 의지하지 않는다고 합니다. 재정적인 문제도 미리 준비하며 계획을 가지고 하기 때문에 큰돈이 필요하지 않다고 전합니다.

노년은 가 보지 않은 길이기 때문에 겁이 난다고 말씀들을 하십니다. 노년의 삶을 잘 지내는 성공 노하우는 욕심을 버리는 것이고 규모를 줄이는 것이라고 조언을 합니다. 일도 줄이고 음식도 줄이라고 합니다. 지금은 노인들이 짐이 되어 버린 시대입니다. 그러니 말썽 안 부리고 소리 없이 살아 내는 게 자식들을 위한 것이라고 말씀을 하십니다. 그렇게 사는 것이 아름다운 노년이라고 하십니다. 어떻게 이해를 하십니까?

5월 특별새벽기도회에 이해하기 위하여라는 주제로 말씀을 드렸습니다. 이해하는 것이 행복한 가정을 이루는 기초가 되기 때문입니다. 이해하기 위하여는 이해하기 원하는 마음이 있어야 합니다. 진정으로 이해하려면 내밀한 생각을 완전히 드러내는 용기가 필요합니다. 또한 대답 대신 오래도록 주위를 기울여서 들어 주어야 합니다. 그러나 마음을 열었기 때문에 이해할 수 있습니다. 사랑과 이해는 밀접하게 관계가 있습니다. 이해하는 데 실패하면 상대방에게 얼마나 중요한지 깨닫지 못하는 위험에 빠집니다. 필요를 가벼이 여기면 깊은 상처를 줍니다. 하나님이 우리를 사랑하시는 것은 우리의 필요 때문입니다. 서로 돕기 위해서는 이해하여야 합니다. 하나님의 계획에 따르면 서로를 통해서 바로 하나님을 경험할 수 있도록 하시는 것입니다. 노후에도 아름다운 삶으로 변화하려면 신앙과 생활을 조화시켜야 합니다.

이번 주 금요일에 노인대학 첫 강의가 있었습니다. 전날 만수주공아파트4, 5단지 노인정을 방문하여 내일이 노인대학 강의라고 말씀을 드렸습니다. 노인 어른신들이 잘 알겠다고 말씀을 하셔서 아침부터 어르신들을 맞이하려고 준비가 바빴습니다. 그런데 시작은 9시 30분으로 했는데 10시가 다 되도록 몇 분만 오셨습니다. 일일이 전화를 하고 확인을 하니 오시는 분도 계시고 그랬습니다. 목사는 강사도 초청을 했는데 안타까운 마음에 차를 몰고 노인정 쪽으로 갔습니다. 목사의 눈엔 길에서 다니시는 분들 중에 머리가 하얀 분들만 눈에 띕니다. 마음속으로 '하나님께서 이런 마음도 주시는구나' 하며 미소를 짓습니다.

우리 큰사랑교회에 오시는 노인 어른신들은 80대가 대부분입니다. 어르신들이 3층까지 오르시는 모습을 보니 목사는 송구하기 짝이 없습니다. 어서 엘리베이터가 수리되어야 될 텐데 마음속으로 기도를 합니다. 김태은 강사가 노래교실을 하고, 적십자사에서 율동과 노래를 통한 전신 운동을 도왔습니다. 금세 노인 어르신들의 얼굴엔 미소가 넘치고 무대까지 나가 춤추며 노래하는 유쾌함을 보여 주셨습니다. 한 분 한 분 건강검진을 하며 건강 체크를 하고 점심은 육개장으로 섬겼답니다. 어르신들은 노인정에서 고스톱이나 치며 소일하는 것보단 얼마나 유익하고 좋냐고 말씀하십니다. 이제 시작입니다. 어르신을 섬기는 기념을 세우고 전통을 만드는 것이 아름다운 유산입니다.

5월의 기도

시인 오광수는 「5월의 기도」에서 당신 가슴에 빨간 장미가 만발한 5월을 드린다고 노래했습니다. "꼭 집어 말씀드릴 수 없지만 왠지 모르게 좋은 일들이 생길 겁니다."라고 덕담을 보냈습니다. 예쁘고 고른 하얀 이를 드러내며 얼굴 가득히 맑은 웃음을 짓고 있는 당신 모습을 자주 보고 싶다고 노래하는 시인의 음성이 이번 주에 목사의 마음을 울립니다.

호주에서는 상실과 비탄 협회라는 조직이 있습니다. 이 협회는 83명이 죽고 다수가 부상을 당한 교통사고의 충격으로 유족들의 비탄의 심각성은 상상을 초월하였는데 비극을 만난 사람들의 마음을 케어할 목적으로 전문가를 초청하여 결성한 것이라고 합니다. 이 모임에서는 사별체험 동지끼리 대화를 가지며 나눔의 대화를 합니다. 상실경험을 어떻게 대응할 것인가는 참으로 중요합니다. 우리 교회도 이런 상실을 경험한 분들이 많이 계십니다. 이런 분들이 서로 대화를 통해서 경험을 나눔을 주는 것은 하나님의 은혜를 나누는 일입니다. 오직 비탄에 잠겨 있을 것이 아니라 위기상태가 발생하면 긴급상태를 대응하도록 준비하는 것은 필요합니다.

한 주간 많은 일들이 있었습니다. 스승의 날에 홈스쿨 아이들이 동영상으로 인사를 합니다. "목사님 힘내세요."라고 사랑의 하트를 그립니다. 금요일엔 노인대학에 많은 분들이 오셨다고 이행로 권사님, 윤순자 권사님, 박확실 집사님, 정임숙 집사님, 이혜순 성도, 박승희b 집사님은 수고를 하시면서도 밝은 웃음을 주십니다. 금요 연합기도회에서 영종에서 9분이 오셨습니다. 벧엘교회 김 목사님은 큰사랑교회가 신문에 대문짝만 하게 나왔다고 덕담을 주십니다.

목사도 영종 벧엘교회가 하늘길을 열고 세계로 향하여 선교하는 교회가 되길 축복했습니다. 우리 교회는 하나님께서 큰사랑을 주시는 교회입니다. 강 목사는 큰사랑행복한 홈스쿨과 큰사랑실버라이프를 우리 교회에 하나님이 허락하시는 것은 큰 은혜라고 고백을 합니다. 목회자가 되기 전에 지금의 사역을 감당할 수 있도록 훈련을 주셨다고 말을 합니다. 마음만 먹는다고 다 되는 것은 아닙니다. 하나님께서 경험케 하시고 훈련하신 다음에야 감당케 하시는 것입니다. 큰 교회도 하지 못하는 것을 작은 교회가 이런 사역을 할 수 있는 것은 분명히 하나님께서 주신 뜻이 있습니다.

우리 교회 성도들도 하나님의 일에 동참할 수 있는 귀한 사역장을 주신 것을 귀히 여겨 주시길 바랍니다. 큰사랑 행복한 홈스쿨 아이들을 위해서 기도해 주시고, 자원봉사를 동참해 주시길 바랍니다. 큰사랑실버라이프를 위해서 어른들을 섬겨 주시길 바랍니다. 지역의 노인 어르신들을 모시고 오셔서 하늘나라를 소개할 수 있도록 힘써 주시길 바랍니다. 노인대학에서는 지역의 노인 어르신들을 위해서 따뜻한 점심을 드리고 있습니다. 노인들에게 식사를 제공하는 것은 예수님의 마음을 전해 드리는 것입니다. 현재 정임숙 집사님, 박승희b 집사님, 이혜순 성도 교우들께서 식사봉사를 하고 계십니다. 홈스쿨 자모들도 가끔 반찬봉사를 해 주고 계십니다. 이 일은 예수 그리스도의 심장으로 하는 일들입니다. 우리 성도들께서 이 일에 함께 동행하여 주시길 바랍니다. 부득이 시간이 없어 몸으로 섬길 수 없는 분들은 기도로 섬겨 주시길 바랍니다. 그리고 식사봉사를 위해 후원금도 받도록 하겠습니다. 큰사랑실버라이프 후원에도 참여하셔서 자원봉사와 기부하는 섬김의 마음이 5월의 사랑의 꽃으로 피어나길 소원합니다.

한 주간의 천천히 흘렀던 시간들

길을 가다가 30초씩 멈추어 서서 자연을 보면 아름다운 것을 발견할 수가 있습니다. 요즘 신록의 계절입니다. 나무 잎사귀 하나하나를 하나님께서는 우리가 감탄할 수 있게 너무 아름답도록 창조하셨습니다. 심지어 추한 곳에도 하나님의 흔적이 있습니다. 우리 인간이 하나님의 형상을 입고 만들어졌다는 것은 이런 창조의 능력을 가졌다는 의미라고 생각됩니다.

이번 주 월요일에는 홈스쿨 아이들과 함께 세계곤충 체험학습을 하였습니다. 나비와 각종 곤충들의 모습이 너무 신기하고 그 나비의 날개 무늬와 색깔은 너무 황홀했습니다. 하나님의 창조의 기쁨은 우리가 상상할 수 없는 것 같습니다. 사람들은 자연을 보며 과학이라는 노트에 기록합니다. 자연은 스스로 되었다는 뜻인 이미 다 되었다는 의미가 있습니다. 모든 자연은 낭비를 하지 않고 에너지를 최대한으로 사용한다고 합니다. 곤충들의 신체구조나 새들의 신체구조들, 모든 것이 그렇게 설계되어 있으므로 효율성의 모델입니다. 사람들은 그것을 응용하여 자동차도 만들고 비행기도 만들었다고 합니다. 의학에서도 자연의 물질을 발견하여 치료하는 약을 개발합니다.

그런데 그 자연은 천천히 느리게 가고 있습니다. 우리가 조금만 천천히 길을 간다면 자연이 주는 선물을 받을 수 있을 것 같군요. 이번 주 노인대학 강의는 CBS가 아름다운 사람으로 선정한 김대동 목사님을 초청했습니다. 노인 어르신들의 사정을 모노드라마로 연출을 하였는데 참여하신 어르신들이 고개를 끄덕이며 사정을 표현해 주는 김 영감의 이야기에 귀를 기울이셨습니다. 김 영감이 목사 방을 보며 작지만 자연의 아름다운 풍경을 담아낸 공간이라며 귀하게 보셨습니다. 목사 방에서 커튼을 젖히면 머리산이 한눈에 보입니다. 울창한 나무들이 초록색으로 가득합니다. 새벽녘에는 아카시아 향기가 아파트 단지를 짙게 드리웁니다. 자연 속에 아름다운 여인이 향수를 풍기며 방금 지나간 것 같은 그런 흔적을 하나님은 남겨 놓으셨습니다.

6단지 쪽에서 할머니 두 분이 천천히 걸어오십니다. 한 분은 아기들이 타는 구루마를 끌며 오십니다. 목사는 함께 구루마를 끌어 드리며 3층 교회로 인도합니다. 노인대학에 오시려고 4단지, 5단지, 6단지 노인정에서 어르신들이 큰사랑실버라이프를 행해서 오시는 모습이 너무 고맙습니다. 노인들의 천천히 걷는 모습에는 하나님의 선물이 있습니다. 육체는 힘들지만 천천히 흐르는 시간과 자연 속에 흐르는 공기 — 이것을 하나님의 호흡이라고 부르고 싶습니다 — 를 만날 수 있습니다.

강 목사가 새벽부터 끓여 낸 갈비탕 냄새가 너무 향기롭습니다. 맛있는 밥상은 천국의 모습입니다. 박정자 집사가 뻥튀기를 40개를 사 오셨습니다. 노인 어르신들의 손에 한 봉지씩 뻥튀기의 사랑을 전달합니다. 어르신들이 천천히 뻥튀기를 드시면서 하나님의 시간을 만났으면 합니다.

작고 강한 교회─살아 있는 복음

6월 장미가 붉게 타오릅니다. 담장이에 피어난 붉은 꽃이 6월의 뜨거움을 전하는 산증인 같습니다. 이 땅의 아픔의 역사는 6월 달에 많았습니다. 6.10 민주화 항쟁도 그렇고 6.25

한국전쟁도 아픈 역사입니다. 6.29의 어둠의 역사를 깨뜨린 통쾌함도 6월입니다. 하나님은 6월 달에 어둠 속에서 붉은 빛을 비추셨습니다. 장미를 보면 6월의 쓰라린 피 흘림이 생각납니다. 그래도 6월은 녹음의 푸름이 있고 나뭇잎에선 생명의 냄새가 납니다. 계시록의 생명강가의 만물을 소성케 하는 잎사귀가 6월에 있습니다.

이번 주 수요일엔 멀리 우즈베크에서 정 선교사님이 우리 큰사랑교회에 오셔서 선교사역을 발표하셨습니다. 14년의 우즈베크의 선교사역을 보고하시면서 위암 말기로 천국을 보낸 아내를 잃은 아픔을 이야기했습니다. 4명이었던 선교사 가족이 아내를 천국으로 떠나보낸 후, 두 아들과 함께 3명이 우즈베크를 다시 찾을 때 우즈베크 공항의 활주로를 보는 순간 무거운 마음을 어쩌지 못했다고 합니다. 우즈베크 선교사역을 다시 감당하지 못할 만큼, 아내를 잃은 아픔을 이겨 내기 어려웠다고 말했습니다. 그러나 하나님은 고통 중에 더욱 하나님을 찾게 만드셨고 그 살아 있는 복음은 사막에 물이 흐르듯, 광야에 싹이 나고 푸른 나무가 자라듯, 생명을 보여 주셨다고 고백을 했습니다. 정 선교사의 복음은 살아 있는 복음입니다.

교회 안에서도 복음이 살아 있지 않는 사람들이 많습니다. '복음이 건강한가, 약한가, 아니면 죽어 가는가' 하는 것을 다시 한 번 점검하는 귀중한 시간이었습니다. 우리 큰사랑교회는 작지만 건강한 교회로 성장하고 있습니다. 현대교회는 성장과 신앙, 개 교회, 조직 중심을 도구로 부흥, 성령, 전도, 배가운동을 일으켰습니다. 그러나 사회적 실천을 소홀히 하고 사회적 공신력을 잃었다는 지적이 있습니다. 이제 성숙 중심의 패러다임이 필요합니다. 교육과

봉사와 친교를 통하여 빛과 소금의 역할을 잘 감당하면 신앙도 성장되고, 사회적 봉사는 지역사회와 결합되는 유익이 있습니다.

우리 성도들은 지난주에 헌신 서약서를 제출하셨습니다. 그 내용은 공동체 중심, 사역중심, 신앙중심, 사회봉사 중심의 가치가 들어 있습니다. 교회 규모는 상관없습니다. 강한 교회가 필요합니다. 교회 상담가인 캐논 캘러한은 21세기는 작고 강한 교회들의 시대라고 말했습니다. 대형교회들이 많지만 앞으로는 작고 강한 교회에 이끌리는 사람들이 점점 많아질 것이라고 전망했습니다. 전 세계를 돌아보면 대다수의 그리스도인들이 작고 강한 교회에 속해 있습니다.

큰 것은 큰 것일 뿐 반드시 더 좋은 것은 아니며, 작은 것도 작은 것일 뿐 반드시 좋은 것은 아닙니다. 작으면 작은 대로 더 잘하는 분야가 있습니다. 예전에는 클수록 좋다는 인식이었습니다. 인기 있는 주택도 넓은 평수였습니다. 하지만 지금은 더 따스하고 더욱 친밀감을 주는 공간을 중시해서 주방이나 거실 등에 초점을 맞춥니다. 교회의 강함은 정신과 능력에 달려 있습니다. 하나님이 이끄시는 미래를 향한 정신에 초점을 맞출 때 강한 교회가 탄생합니다. 오늘 오후는 헌신자들을 통해서 사역축제를 계획하였습니다. 헌신자들께서는 사역헌신 서약을 통해 규모보다 정신과 능력에 초점을 맞추시길 바랍니다.

고통의 의미

지난주 사랑니를 뽑았습니다. 이가 아파서 뺀 것이 아니라 생니를 뽑은 것입니다. 의사 말로는 사랑니가 옆의 어금니를 밀고 있어 어금니가 충치가 생겼고 어금니 치료를 하기 위해서는 사랑니를 뽑아야 한다는 것입니다. 제 아내 강 목사가 사랑니를 뽑고 애를 쓴 것을 본 저로서는 좀 신경이 쓰였습니다. 그렇지만 사랑니를 뽑지 않으면 나중엔 어금니까지 뽑아야 한다는 말을 듣고 사랑니를 뽑기로 결심을 했습니다. 엑스레이 사진을 찍어 보니까 사랑니가 어금니 쪽으로 옆으로 누워 있어서 사랑니 뽑는 작업도 만만치 않았습니다.

간호사가 사랑니 뽑는 작업계획을 말해 줍니다. "아버님, 사랑니가 옆으로 누워 있어서 사랑니를 조각을 내며 뽑아야 합니다. 운이 좋으시면 바로 뽑을 수 있지만 그렇지 않으면 1시간도 넘게 걸립니다." 옆방의 사람도 사랑니를 뽑으러 왔는데 50분 정도가 걸려서 힘들게 뽑았다고 합니다. '나는 운이 좋아'하고 최면을 걸어 봅니다. 그래도 이를 쪼개면서 뽑는다고 하니까, 오늘은 고통을 참아야 되는 어쩔 수 없는 각오를 하고 있습니다. 의사가 들어와서 "아프면 왼 손을 드세요."라고 말합니다. 갑자기 손에 힘이 쥐어집니다. 마취주사를 놓고 나니 잇몸이 멍해집니다. 혀는 감각이 없어졌습니다. 20분이 지났을까 잇몸 속에서 조각들이 뽑아지는 느낌이 듭니다. 마취를 했는데도 그 고통이 느껴집니다. 아프다고 하면 시간이 더 걸릴 것 같습니다. '한 번 더 참자.'하고 손에 힘을 줍니다. 30분이 지난 것 같습니다. 아직도 끝나지 않은 것 같은데 의사가 "수고하셨습니다."하며 인사를 합니다. "아프지 않으셨어요?"라고 묻습니다. 나는 혀에 감각이 없어서 말을 할 수 없었습니다. 그래도 30분 만에 끝났으니까 잘된 것 같습니다.

간호사가 말을 합니다. "아버님, 평생에 한번은 꼭 하셔야 하는 고통이에요. 오늘 그것을 하신 거예요." 평생에 한 번 하는 고통,

그러니까 모든 사람이 한 번쯤은 하는 그 고통을 저는 아직 하지 못하고 지냈던 것입니다. 이를 뽑은 자국이 무척 깊습니다. 피가 계속 나와서 거즈를 물고 2시간 정도 보냈습니다. 피가 계속 나와 목 구멍도 갑갑하고 힘이 들었습니다. 그래도 생니인 사랑니가 뽑힌 것을 두고 섭섭한 생각이 드는 것은 왜일까요? 한 지체의 상실감이 옵니다. 참 인간의 생각은 이해가 안 될 때가 있습니다. 금요일 오후에 CBS방송에서 연극배우 손숙 씨가 진행하는 아주 특별한 인터뷰라는 방송이 있습니다. 아름다운 사람 김행균 철도원 이야기가 나옵니다. 2003년, 그가 역에서 근무를 하고 있을 때, 어린아이가 철로에서 놀고 있었습니다. 아이를 구하려고 뛰어들었다가 두 발이 절단된 안타까운 사연이 전해졌습니다. 그가 신체 상실감의 정신적 공황을 이겨 내고 의족을 끼고 5㎞ 마라톤을 완주하고, 킬리만자로 희망원정대 산행을 하고, 가산역장이 되기까지 그 삶의 이야기는 값진 보석보다 더 빛났습니다. 인간은 자신을 기준으로 이 세상을 바라봅니다. 해와 달과 별이 우리를 중심으로 돌고 있다고 생각했고 우리 인간을 위해 저렇게 많은 풀과 나무와 동물이 존재한다고 생각했습니다. 태양이 우리를 위해 매일 뜨고 진다고 생각했지만 16세기에야 지구가 태양을 돈다는 것이 알려졌습니다. 우리는 혼자인 것 같으나 함께 고통을 당하는 지체들입니다.

아프가니스탄에 의료봉사를 하러 간 젊은이들이 고통을 당하고 있습니다. 고 배형규 목사와 고 심성민 씨의 죽음은 우리를 안타깝게 합니다. 그리고 억류되어 있는 21명의 젊은이들을 생각하며 그들의 안전의 불확실함을 안타깝게 생각을 합니다. 단기 의료선교로 그들을 아프가니스탄에 파송했던 샘물교회 박은조 목사님은 이런 말을 했습니다. "그 고통의 장소에 그들을 대신해서 갈 수만 있다면 그렇게라도 하고 싶습니다. 그들을 대신해서 죽고 그들을 구할 수 있다면 그렇게 하고 싶습니다." 박은조 목사님은 극도의 심리적 아픔을 겪으면서 지금 시점에서 말을 할 수 없다면서 하나님의 마음을 조금 이해할 수 있었다고 말했습니다. 독생자 예수가 십자가에 달려 죽어 갈 때 아무 말씀도 하지 않으신 그때의 하나님 말입니다. 때로 하나님은 숨어 계십니다. 드러나지 않으시면서 숨으시는 하나님 말입니다. 하나님이 숨으실 때 우리는 하나님을 이해할 수 없습니다. 그러나 하나님은 우리를 향하여 놀라운 계획이 있습니다. 우리가 어떤 상황에 처해 있더라도 우리는 하나님의 계획을 신뢰해야 합니다. 하나님을 신뢰하는 방법은 기도와 하나님을 찬미하는 것입니다.

항복하는 마음으로 기도합니다

한 주간 무더위가 기승을 부립니다. 전화를 하며 안부를 묻는 목사님들마다 "더위 때문에 얼마나 고생이 많냐."고 하니까 "다들 고생하는데요."라며 무더위의 고생을 숨기지 않습니다. 목사는 무더위를 피하려고 포천엘 다녀왔답니다. '계곡물에 발을 담그면 괜찮겠지.'라는 기대감과 그것보다는 머리를 좀 식히려는 바람도 있었고요. 바쁜 일상 중에도 더욱 하나님을 간절히 사모해야 하는 때가 있습니다. 모든 것으로부터 물러날 때죠. 특별한 장소, 숲 속, 시냇물이 흐르는 조용한 곳으로 은신한다는 생각으로 피서를 결정했습니다. 화요일 오후에 출발을 했는데 하늘엔 먹구름이 가득하고 장대비가 쏟아집니다. 우리 일행은 '내일은 비가 갤 거야.' 하며 위로를 합니다. 형님께서 포천에 아는 사람이 있어 민박을 할 수 있다고 해서 기대를 하였습니다. 백운계곡이라는 목적지를 정하고 지도를 펴서 시간을 가늠하고 약속장소를 정해 당사자를 만나 안내를 받았습니다. 비는 계속 오고요. 계획이 조금 차질이 생겼지만 결과적으로는 숯불가마체험도 하고, 숲 속 콘도 같은 방에서 새벽을 맞이했답니다. 앞산 숲 속에 드리운 안개 속에서 드러난 소나무들은 고요히 사색하는 듯합니다. 새벽에 다른 잡념들을 다 쫓아 버리며 항복하는 마음이라는 한 가지만을 생각해 봅니다.

철학자 쇠렌 키르케고르는 "마음의 순결이란 한 가지만을 원하는 것이다."라는 글에서 한 가지만을 원한다는 것은 계속해서 원하며, 계속해서 새롭게 시작하고, 과거의 자아로부터 벗어나 훈련된 삶, 즉 자아를 내어놓는 새로운 드라마 속으로 발을 내딛는 것이라고 말을 했습니다. 피서하며 리트릿을 하는 것을 통해 이런 선택을 할 수 있는 기회를 얻게 된다고 생각을 했습니다. 모세가 광야의 떨기나무를 주시할 때 불붙는 하나님의 임재를 체험했듯이 목사는 숲 속의 나무를 보며 하나님과 교제를 갈망했습니다. 8월은 수련의 달입니다. 리트릿을 위한 시간을 확보하는 것은 바쁜 일정으로 쫓기는 일상 속에서 기도시간을 확보하는 것만큼 어렵습니다. 그러나 우선순위가 무엇인지? 기도시간이 우리 계획에서 중요한 부분을 차지하고 리트릿이 우리 마음에 요구가 되어야 할 것입니다. 아침의 한때 하루나 일주일에 정한 시간에 영적 리트릿을 위해 따로 떼어 놓기로 결단한다면, 우리 삶에 가장 큰 힘을 얻는 경험이 될 것입니다. 새벽, 수요일, 금요일은 기도회로 정한 시간입니다. 일단 영성훈련을 받아들이면, 하나님의 자녀로서 탁 트인 은혜의 공간으로 인도될 것입니다. 기도로 새로운 시작과 회복이 있는 영성경험을 하시길 바랍니다. 기도의 삶으로 들어설 때 우리는 예수님이 좁은 문이라고 부르신 곳을 통과합니다. 그렇지만 사실은 거대한 우주로 들어왔음을 알게 됩니다. 기도는 실로 거대하며 우리를 자유케 합니다. 하나님께 마음을 열 때 개인과 공동체에 삶의 변화가 일어납니다. 요즘 새벽기도를 결단한 성도들이 있습니다. 목사님, 성경인물 중심으로 말씀해 주시니까 너무 은혜가 돼요. 무더운 날씨지만 새벽을 깨우며 기도하는 성도들은 아름답다고 표현하고 싶습니다.

기도는 작고 조용하게 시작하는 것이 좋습니다. 성공이 목표가 아닙니다. 정복하겠다는 마음도 아닙니다. 항복이라는 단어를 마음 속에 간직하고 우리를 온전히 드리는 것이 기도의 자세입니다. 기도할 때 우리들이 실패하더라도 다시 일어나 시도할 수 있습니다. 새벽기도가 유쾌해집니다. 요즘 교회 시설을 리모델링하고 있습니다. 2년 전 우리 교회가 시련이 있었을 때 기도하면서 항복하는 마음으로 리모델링을 하였습니다. 그랬더니 큰사랑행복한 홈스쿨이 개설되었고, 교회는 지역을 섬기는 사역을 감당하게 되었습니다. 요즘 교회식당을 리모델링을 하고 있습니다. 지역노인 어르신들에게 식사를 제공하고 있는데 장소가 협소하여서 작은 공간을 최대한 효율적으로 사용하기 위해서입니다. 성전에 예배용접의자를 설치하고, 교회의 리모델링을 통하여 또 하나의 하나님의 기적을 기대합니다. 금년에는 전도와 선교를 목표로 교회가 집중을 하고 있습니다. 큰사랑행복한 홈스쿨은 물론이고, 큰사랑실버라이프를 통한 노인대학

운영은 기업처럼 씨를 뿌리고 열매를 거두는 수확을 기대하는 전도 농사를 짓는 귀한 사역입니다. 목사는 여름피서를 하면서 하나님의 기적을 기대하며 다시 한 번 항복하는 마음을 가졌습니다.

지구를 구할 시간

금년 여름은 이상기온 같았습니다. 장마철이 지나도 호우가 내려서 열대기후처럼 우기雨期가 생겼다고 이야기들을 했었습니다. 밤에는 열대야로 잠을 청할 수 없어서 낮에도 피로감으로 모두들 지쳐 있었습니다. 냉방에 의존하던 사람들은 한여름에 독감으로 고생들을 했었고요. 지금까지 4계절이 확연이 구분된 우리나라는 이제 더 이상 사계절을 자랑할 입장이 아닙니다. 왜 이렇게 되었을까요? IPCC(유엔 산하 정부 간 기후변화위원회)는 세계적인 대재앙이 될 수 있는 지구 온난화로 인한 기후변화를 막기 위해서 앞으로 15년 후인 2015년을 정점으로 삼았습니다. 세계 각국이 온실가스를 지금처럼 뿜어낸다면, 2030년에는 온실가스배출량이 2000년에 비해 최대 90%나 급증해 지구는 찜통이 될 것이라고 예측했습니다. 지구 온도가 2.0~2.4도 이상 오르게 되면 20억 명이 물 부족에 시달리게 되고 생물종의 20~30%가 멸종할 것으로 추산된다고 합니다.

우리가 얼마나 늦게 지구에 발을 들여놓았는지를 알기 위해서 지구의 역사 46억 년을 1년으로 놓고 계산을 해 본다면 인류가 태어난 것은 약 600만 년 전이니 이때는 12월 31일 오후 1시 정도쯤 된다고 합니다. 인간이 농경생활과 정착생활을 시작한 신석기시대는 약 1만 년 전에 시작되었으니 12월 31일 밤 11시 59분이었으며, 예수님이 태어난 약 2000년 전은 12월 31일 오후 11시 59분 47초 정도가 된다고 합니다. 우리가 지구에 늦게 태어났음에도 지구의 주인이라고 할 수 있을까요? 1980년에 노르웨이의 과학자 두 사람이 자신들의 실험실 근처의 숲에서 임의로 1g의 흙을 채취해서 분석했더니, 그 흙 속에서 무려 5천 종의 새로운 박테리아 종을 찾을 수 있었다고 합니다. 심지어 아무 숲이나 들어가서 한 줌을 움켜쥐면 그 안에 개체수로 따져서 100억 마리의 박테리아가 산다고 합니다. 우리 몸도 미생물로 덮여 있어서 우리 몸의 피부 전체에는 1조 마리의 박테리아가 살고 있으며, 소화기관에 사는 것만 해도 100조 마리가 넘는다고 합니다. 지구의 주인이 있다면 누구이겠느냐 미생물들에게 묻는다면 무어라고 대답할까요? 한여름에 엉뚱한 생각을 해 보았습니다.

아침저녁으로 선선한 바람이 붑니다. 가을의 문턱에 온 것을 느낍니다. 아직 몇 번 더위가 찾아들지 모르지만 그래도 새벽녘의 시원함은 가을이라는 계절이 아직 남아 있다는 안심을 가지게 합니다. 자연은 인간이 주인이 아니라 하나님의 것입니다. 우리에게 청지기로서 관리할 수 있는 권한을 준 것뿐입니다. 청지기는 오이코노모스입니다. 다스리는 사람, 맡은 자, 관리자라는 뜻입니다. 주인이 아닙니다. 주인은 하나님이십니다. 그리스도인으로 세상에 머무는 우리들은 세상 속에서 영향력을 끼쳐야 합니다.

한 주간 동안 어떻게 지내셨습니까? 이제 가을이라는 계절이 찾아왔습니다. 아침마다 시원한 공기가 좋습니다. 낮에는 따가운 햇살이 좋습니다. 목사는 지난주 강원도 홍천에서 기아대책 전국 이사세미나에 1박 2일 참석을 했습니다. 기아대책의 2030비전이 좋앉습니다. 2030년까지 Kingdom life style christian(크리스천의 하나님나라 삶)을 위한 구체적인 전략을 선포하였습니다. 1십억 크리스천의 헌신, 1억 국제 중보기도 네트워크, 1천억 국내 중보기도네트워크, 1백만 후원회원 모집, 1십만 기아봉사단원 파송, 1만 기아대책 기구 스텝, 1천 선교동원 훈련가 양성, 1백 국제 선교 훈련센터 설립, 1십 세계선교 전략기지 건립 등 복음적인 국제 구호기관의 모델로 하나님을 사랑하며, 세상을 섬기며, 후원회원, 이사들과 동역하며 나갈 것을 선포하였습니다. 둘째 날에는 등산을 하였는데 산중턱에 빨갛고 작은 꽃이 등산로에 피어 있었습니다. 아주 작지만 무척 아름답다고 생각이 들었습니다. 한여름 이상기온을 지내고, 계절이 바뀌면서 주인이기보다는 청지기로 우리의 작은 노력이 필요할 때라고 생각이 들었습니다.

건강한 교회입니다

화요일 새벽녘에 매미가 웁니다. 맴맴······ '여름 늦더위가 아직도 기승을 부리는구나.'는 생각을 했습니다. 수요일 새벽에 선선한 기운이 감돕니다. 귀뚜라미가 귀뚤귀뚤 아파트 풀숲마다 시끄럽게 울어 댑니다. 새벽기도를 하러 2단지에서 교회까지 걷는 동안 계속 귀뚜라미가 시끄럽게 울고 있습니다. 가을이 왔습니다. 아침저녁으로 선선한 바람이 좋습니다. 교역자 회의에 참석을 했는데 긴팔 와이셔츠를 입은 목사님들이 점잖아 보입니다. 그렇게 요란했던 여름이라는 계절이 지나갔습니다. 금년 여름은 이상기온으로 장마 후에 집중 호우가 더 많이 내렸습니다.

열대야로 밤잠을 설쳤고요. 장마철 뒤에 비가 너무 많이 와서 우기라는 말도 생겼습니다. 가을이 반갑습니다. 이제 가을걷이를 준비해야 되겠죠?

한 주간 노인대학 개강식 때문에 바빴습니다. 플래카드를 준비하고, 노인 어르신들에게 일일이 전화를 하고, 개강식에 참여해 주실 내빈들을 초청하고, 특순을 위해 동영상을 준비하고, 식사를 위해 자원봉사자들은 많은 준비를 했습니다. 여름 방학을 8월 한 달간 마치고 오랜만에 노인 어르신들을 뵙게 되니 모두들 반가이 인사들을 하십니다. "보고팠어요." 인사를 건네는 할머니들의 정다운 인사가 좋습니다. 88세 된 할머니는 매주 금요일마다 안부를 물으며 인사를 했었습니다. 그 할머니는 오늘은 집에서 구역예배를 드리기 때문에 못 오셨다고, 목사님께 꼭 전해 달라 하셨다며 다른 분이 말씀을 전하십니다. 목사님 내외분들께 너무 감사하다고 하십니다. 개강식에 54명이 참석을 하셨습니다. 모두들 가족 같고 반가운 얼굴들이십니다.

기아대책 고대섭 본부장님께서 할머니들이 모두들 얼굴에 활짝 웃음꽃을 피워서 좋은 일만 생기시라고 덕담을 해 주십니다. 기아대책에서 노인 어르신들 드리라고 음료수를 전해 주셨습니다. 앞으로도 성심껏 참여하며 협력하겠다고 말씀해 주어 고본부장님은 노인대학의 동역자로 귀한 분이십니다. 그동안 우리 교회에 쌀을 후원해 오신 김현섭 장로님께서 개강 기도를 해 주셨습니다. 노인 어르신들이 지금은 하나님을 영접하시기 전이지만 노인대학 졸업 이전까지는 하나님을 영접하셔서 즐겁고 기쁜 일만 있으시길 축복기도해 주셨습니다. 인사 소개할 때는 할머니들에게 퀴즈를 냈습니다. 답은 "예,

아니요"라고만 대답해 달라고 했습니다. 첫 번째 퀴즈입니다. "어머니?" 모두들 "예……" 했습니다. 두 번째 퀴즈입니다. "누님?" 모두들 또 다시 "예……" 했습니다. 모두들 함박 웃음꽃이 피었습니다. 좋은 내빈들께서 오셔서 노인대학 자리를 빛내 주셨습니다.

담임목사는 건강에 대하여 설교를 했습니다. 세계보건기구에서는 건강이란 육체의 건강만 말하는 것이 아니라 신체적 · 정신적 · 사회적으로도 건강해야 하고 1984년에는 최상의 건강을 위하여 영성을 추가했다고 말씀을 드렸습니다. 신체적 건강에 집중하여 몸은 아프지 않고 건강하지만 심한 우울증으로 사회생활도 없고, 가족들하고도 불화한 사람은 건강하지 않은 사람이라고 말씀을 드렸습니다. 또 회개할 마음이 없는 감옥에 있는 죄수들도 질병이 없다 해도 고도로 건강하지는 않다고 말했습니다. 보통 질병이 없는 사람들, 부상이 없는 사람들을 건강하다고 말하지만 종합적 건강이 중요하다고 강조를 했습니다. 큰사랑실버대학에서 친구들을 만나고 즐겁게 교제하고, 배우려는 마음을 가지고 별처럼 반짝이는 건강한 노인 어르신들이 되시라고 축복했습니다.

금요일 오후에는 목사님은 2008년도 목회정책을 세우기 위해 안성에 있는 사랑의 수양관엘 갔습니다. 1박 2일 수양관에서 2008년도 목회정책을 세웠습니다. 지역을 섬기는 교회가 되기 위해 좋은 프로그램을 연구했습니다. 사람을 섬기기 위해 새 신자 관리사 7명, 전도특공대 4팀장 10간사, 중보기도사 권사 9명, 영적 셀과 사역을 수행하는 팀장 21명을 세우는 목표를 세우며 하나님께서 2008년도 큰사랑교회를 반드시 부흥시켜 주실 것을 소망했습니다.

자원봉사와 낙타의 겸손

큰사랑실버라이프에서 생긴 일입니다. 이번 주에는 신 권사님의 특강과 장옥녀 강사님의 발마사지 강의를 하셨습니다. 강사님들께서는 다른 곳의 노인대학도 두루 다니시는 분들이십니다. 큰사랑노인대학이 참 분위기도 좋고 짜임새 있게 잘 운영되고 있다고 깜짝 놀라 하십니다. 큰 교회에서도 이렇게까지 열정과 짜임새는 없다고 귀띔을 하십니다. 큰사랑교회 복 많이 받으세요. 어르신들은 다 보고 계십니다. 이번 주도 흐뭇해하시는 어르신들 때문에 목사는 행복했습니다. 특히 자원봉사하시는 분들은 너무도 귀한 동역자들이십니다.

자원봉사하시는 분들은 가치의 우선수위를 잘 실천하시는 분들이십니다. 이웃을 향한 관심은 예수님께서 기뻐하시는 것입니다. 사람들도 이웃을 향한 사랑을 만날 때는 감동을 하게 됩니다. 가족과 돈은 엄청난 개인적 가치를 가진 두 영역입니다. 예수님은 이 점을 잘 알고 계십니다. 하지만 예수님은 사람들이 가족과 돈에 사로잡히지 않기를 바라십니다. "재산과 자녀들을 모두 잃은 후에 과연 하나님은 살아 계신가?"하고 절규하며 영혼깊이 몸부림을 쳤던 욥의 경우를 생각해 보시기 바랍니다.

예수님은 어중간한 것을 탐탁치 않게 여기십니다. 늘 단호하십니다. 요한계시록 3장에서 그분은 미지근한 추종자들을 입에서 토해 내겠다고 말씀하셨습니다. 예수님은 심지어 그 시대의 가장 종교적인 사람들에게 말씀하셨습니다. 내 편에 서지 않는 사람은 나를 반대하는 사람들이다. 마12:30 십자가를 지는 것이 곧 예수님의 제자가 되는 것입니다. 다른 방법은 없습니다. 우리는 각자 제자들이 될 수 있습니까? 하나님 나라를 위한 우리의 노력에는 우리의 피와 땀과 눈물이 요구됩니다.

낙타는 하루를 시작하고 마칠 때마다 주인 앞에 무릎을 꿇는다고 합니다. 하루를 보내고 일을 끝마칠 시간이 되면 낙타는 주인 앞에 무릎을 꿇고 등에 있는 짐이 내려지기를 기다리며 또 새날이 되면 또 다시 주인 앞에 무릎을 꿇고 주인이 얹어 주는 짐을 짊어지는 것입니다. 주인은 낙타의 사정을 잘 압니다. 그렇기 때문에 낙타가 짊어질 만큼만 짐을 얹어 줍니다. 낙타는 주인이 얹어 주는 짐을 마다하지 않습니다. 낙타 등의 짐을 자원봉사로 생각하면 어떨까요? 십자가로 생각하면 어떨까요?

낙타는 당신입니다. 그리고 주인은 하나님이십니다. 하나님은 당신의 형편을 누구보다도 잘 아십니다. 그리고 당신이 짊어질 수 있을 만큼 당신에게 짐을 얹어 주십니다. 이때 당신은 어떤 모습으로 짐을 받으십니까? 낙타와 같은 겸손한 모습입니까? 새에게 날개는 무거우나 그것 때문에 날 수 있습니다. 배는 돛이 무거우나 그것 때문에 항해할 수 있습니다. 그리스도인에게 십자가는 짐이 됩니다. 자원봉사는 힘든 일을 하는 것입니다. 그러나 그것이 그리스도인으로 하여금 천국으로 향하게 만듭니다. 내 등에 짐이 없었다면 나는 바로 살지 못했을 겁니다. 내 등에 있는 짐 때문에 늘 조심하면서 성실하게 살았습니다.

이제 보니 내 등의 짐은 나를 바르게 살도록 한 귀한 선물이었습니다. 내 등에 짐이 없었다면 나는 아직도 미숙하게 살고 있을 겁니다. 이제 보니 내 등의 짐은 나를 성숙시켜 준 귀한 선물이었습니다. 자원봉사도 십자가도 선물입니다. 물살이 센 강물을 건널 때에는 등에 짐이 있어야 물에 휩쓸리지 않고 화물차가 언덕을 오를 때에는 짐을 실어야 헛바퀴가 돌지 않듯이 내 등의 짐이 나를 물의와 안일의 물결에 휩쓸리지 않게 했습니다. 자원봉사를 하며 동역하는 이 모든 짐들이 내 삶을 감당하는 힘이 되어 오늘도 최선의 삶을 사시는 예수님의 제자들이 다 되시길 축복합니다.

배려하는 한가위 정성

수요일 오후 3시에 제자훈련을 시작했습니다. 우리 큰 사랑교회에서는 제4기 제자훈련에 해당됩니다. 지난 2004년도부터 제자훈련을 시작하여 그동안 12명이 제자훈련을 했었습니다. 2007년도는 이혜순 성도와 정명숙 집사 두 분이 참석하고 있습니다. 이혜순 성도는 2006년도에 세례를 받고 처음 주님을 영접할 때 하나님의 말씀에 뜨겁게 눈물을 흘렸던 귀한 체험이 있습니다. 정명숙 집사는 홈스쿨 자모인데 지원봉사 정신이 투철하고 책임감이 있는 적극성이 있는 분입니다.

지난주부터 제자훈련을 시작했는데 두 분이 기대감이 커서 목사는 너무 행복합니다. QT, 성경암송, 생활숙제를 내주니 제자들은 "너무 어려워!" 합니다. 하지만 그래도 목사는 제자훈련을 통해서 신앙의 성숙함도 기대하고 성도들이 지도자로 세워진다는 마음을 품습니다. 그리스도인은 언제나 간증할 준비가 되어 있어야 한다고 했습니다. 두 제자는 간증을 하고 신앙고백을 합니다. 하나님과의 교제하는 경건의 시간을 결단을 하면서 제자훈련 초반부터 경건의 시간을 습관화하기로 약속을 합니다. 경건의 시간을 위한 변화요건 으로 시간관리, 지식, 체력, 물질, 인맥관리, 영성 등 6가지를 체크 하라고 했습니다. 두 분께서 제자훈련을 잘 마치고 훌륭한 리더자들 이 될 수 있도록 우리 성도들께서 기도로 격려해 주시길 바랍니다.

이번 주는 노인대학 준비를 위해 무엇을 준비할까 고민을 했답 니다. 제 아내 강 목사는 다음 주부터는 추석 연휴라 이번 한 주 간은 특별식을 준비해야 한다고 합니다. 식사준비와 간식, 그리고 선물도 준비해야 하지 않느냐고 이야기를 했습니다. 그런데 준비하 려니까 현금이 14만 원밖에 되지 않았습니다. 50명이 넘는 식사를 준비하고 선물을 준비하려면 부족했습니다. 그래서 선물은 빼기로 했습니다. 강 목사에게 식사를 정성껏 준비해도 되지 않겠느냐고 말을 했습니다. 금요일에 갈비탕을 준비했습니다. 강 목사는 목요 일에 에덴마트에서 노인들이 먹는 음식이니까 질 좋은 고기를 부 탁하고 금요일 새벽부터 갈비를 푹 삶았습니다. 갈비탕 끓는 냄새 가 좋습니다. 노인 어르신들은 맛있는 푹 삶아진 갈비와 시원한 갈비탕 국물을 칭찬했습니다. 식사를 다 드시고 사과요구르트를 한 개씩 드리면서 추석 명절을 잘 쇠시라고 인사를 했습니다. 그러면 서도 작은 선물이나마 드리지 못한 것이 마음에 짐이 되는 것은 왜 일까요? '양말 한 개씩이라도 드릴 수 있었으면 좋았을 텐데'라는 마음이 아직도 남아 있습니다.

수원에 이사하신 명 권사님께서 전화를 주셨습니다. 지난주에 궁금해서 전화를 드렸는데 휴대폰이 고장 나 통화가 되지 않았습니다. 따님에게 전화를 드렸더니 양평에 가 계시다고 해서 안부를 드렸습니다. 명 권사님이 휴대폰이 고장 나서 전화 통화를 할 수 없었다고 하십니다. 따님에게 목사님 안부를 들었다며 무척 고마워하십니다. 큰사랑교회 교우 여러분 모두 평안하시냐고 안부를 전해 달라고 하셨습니다. 그러면서 전화기가 고장 나서 어떡하냐고 했더니 괜찮다고 하시면서 무슨 일이 있으면 딸이 목사님께 제일 먼저 전화를 할 거라고 걱정하지 말라고 하십니다. 만수동에 사실 때에도 늘 아프다고 하셨는데, 그리고 보니까 늘 죽음을 준비하고 계셨던 것이 생각납니다. 그런데도 막상 그런 의미의 말씀을 들으니 마음이 찡해 옵니다. 한번 심방해 드릴 것을 약속을 하였습니다.

이번 한가위는 검소하게 보냈으면 합니다. 태풍 나리와 위프 영향으로 제주도는 11명의 사망, 실종자가 생기고 1,000억 원이 넘는 피해가 집계되었습니다. 많은 수재민이 발생을 했습니다. 한가위를 위해 준비했던 한가위 마음이 멍들고 말았습니다. 한가위 선물은 무엇보다 넉넉한 이웃을 배려하는 정성으로 가득 담으시길 바랍니다. 배려하는 한가위 정성이 가족, 친지, 이웃들에게 전달된다면 한가위 보름달은 모든 이에게 두루 비치는 휘영청 밝은 달빛이 될 것입니다.

행복이 아니라 만족

매주 금요일에는 아침부터 바쁩니다. 우리 교회 예배당에 한 주간 동안 제일 많은 사람들이 오시는 날입니다. 목사는 행복감에 젖어 정장을 입고 손님들을 맞이합니다. 손가락으로 브이 자를 그려 가면서 반기시는 할머니의 얼굴을 봅니다. 반갑다는 표정을 그리시는 노인들의 얼굴을 보면서 이번 주도 행복했습니다. 행복은 사람이 그 안에 있을 수 있는 감정 상태입니다. 성경에는 행복이란 단어가 25번 나옵니다. 그런데 그 단어는 주관적 감정에 비추어 사용되었습니다. 그러니 만족은 하나의 경향에 가깝습니다. 만족(contentment)이라는 단어는 넉넉함(enoughness)이라는 개념이 담겨 있습니다.

지난주 우리는 한가위를 보냈습니다. 한가위는 넉넉함의 상징인 보름달이 있습니다. '더도 덜도 말고 한가위만 같아라.'는 말도 나누었습니다. 우리 성도들이 만족을 추구하는 넉넉함의 주인공들이 되시길 바랍니다. 소박한 삶을 사는 사람들은 분별없이 해로운 갈망들, 멸망, 파멸, 고통과 불확실성에 시달림 따위의 사람의 불편들을 피할 수 있습니다. 소박한 삶은 착한 일을 하며 선행을 풍부히 쌓고 있는 것을 남에게 아낌없이 베풀고 기꺼이 나누어 주는 삶을 말합니다.

금요기도회에 아이들과 학생들에게 안수기도를 했습니다. 아이들이 기도를 받으면서 '아멘' 하고 '목사님, 고맙습니다.'라는 말을 하는 것이 여간 기쁘지 않습니다. 토요일에는 오래전에 직장 선배였던 권사님이 칠순잔치를 하여 집례를 해드렸습니다. 오랜 세월이 흐른 것 같은 넉넉한 연륜을 느끼면서 마음껏 축복을 해 주었습니다. 강대상 옆에 놓은 란 화분에서 란 꽃이 피었습니다. 란 향기가 예배당에 가득합니다. 성전에 하나님이 주신 향기라고 생각되니 행복한 마음이 듭니다. 하나님은 우리를 탐욕이 아니라 경건함에 만족하도록 지으셨습니다. 예수님은 우리를 행복하게 만들기 위해 죽으신 것이 아닙니다. 우리는 부귀가 아니라 하나님께 희망을 두라고 지어졌습니다. 우리는 행복이 아니라 만족을 위해 지어졌습니다.

어떤 분이 이런 말씀을 하셨습니다. 사람 됨됨이를 알아보는 방법이 있습니다. 그 사람하고 밥 한 그릇을 먹어 보는 것입니다. 두 그릇도 필요 없습니다. 한 그릇만 먹어 보면 넉넉히 알 수 있습니다. 밥을 대하는 눈빛, 씹어 삼키는 모습, 다 먹고 난 뒤의 빈 그릇이 어떤 상태인지를 보면 그 사람이 어떤 사람인지 어떤 인간인지 한눈에 알아볼 수 있다고 말입니다. 무슨 이야기인지 아시겠지요? 밥 한 공기, 국 한 대접을 하느님 모시듯 모시던 시절이 있었습니다. 그 시절에는 모두가 배고팠습니다.

올해도 태풍피해만 없으면 풍년이라고 합니다. 하지만 북녘 동포들은 여전히 먹을 것이 모자라 굶어 죽습니다. 이런 문제를 풀어야 합니다. 종교라는 것은 배우는 데 그치는 것이 아니라 더 깊은 배움에서 자기를 던져 보는 것이 참종교요 가치입니다. 하나님께서 주신 말씀을 밥 한 그릇 먹는 심정으로 꼭꼭 씹어 드시면서 만족한 삶을 사시며 그리고 하늘에 보물을 쌓는 복되고 지혜로운 성도들 다 되시길 예수님의 이름으로 축원합니다.

노인대학 가을야유회

만수주공아파트 단지 내 오솔길에 낙엽이 쌓입니다. 경비아저씨들이 낙엽을 쓸어내는 소리가 정겹습니다. 싸악싸악 오솔길이 깨끗해집니다. 낙엽이 떨어져 길에 뒹구는 모습을 보면 많은 감회가 생깁니다. 낙엽 색깔들이 보석색깔처럼 다양합니다. 빨간색, 주홍색, 노란색 낙엽 모양도 다릅니다. 낙엽을 밟는 소리도 다릅니다. 사각사각 밟히는 낙엽 소리도 좋습니다. 낙엽을 뒤쫓으며 목사는 어린 아이처럼 즐거운 마음을 간직합니다. 금요일에 노인대학에서 인천대공원으로 야유회를 다녀왔습니다. 11월 초순이라 날씨를 장담하긴 어렵습니다. 새벽에 아파트 중앙난방 굴뚝을 보니 연기가 하늘로 똑바로 올라갑니다. 오늘은 바람은 불지 않겠구나 생각을 해 봅니다. 그렇지만 하늘은 검은 구름이 흘러가고 있습니다. 오늘 흐리면 야유회를 가기가 힘듭니다. 노인 어르신들이 추운 야외에서 떨면 안 되므로 실내에서 진행을 하는 것도 고려해 봅니다.

강 목사는 아침 일찍부터 밥을 지으며 콩나물, 코다리 찜, 시금치 국, 떡 등 오늘 점심을 준비합니다. 이번에는 자원봉사를 하시는 분들이 사정이 생겨서 참여를 하지 못했습니다. 그래도 하나님께서는 일꾼 한 사람을 보내 주셔서 어제 밤부터 반찬준비를 했답니다. 기온을 체온으로 가늠하며 야유회를 진행하느냐는 생각을 아침까지 했습니다. 아침에 해가 납니다. 바람도 없고요. 하늘에는 하얀 구름 조각이 떠 있습니다. 어르신들이 야유회를 간다고 따뜻한 물을 준비하고 교회로 오셨습니다. 노인 어르신들은 야외복을 예쁘게 차려입고 오셨습니다. 어르신들이 각 노인정에서 모이신 분

들이라 저마다 이야기를 하십니다. 대토단지 어르신들은 어제 단풍
놀이를 갔었는데 간석동 노인대학에서는 내장산에 다녀오셨다고
합니다. 바람이 몹시 불어 구경도 못 하고 차에서만 놀았는데, 아
침 8시 30분에 출발해서 저녁 8시 30분에 인천에 도착을 했다고
합니다. 다른 팀은 약장사를 통해서 대둔산에 다녀왔다고 합니다.
약장사가 약을 선전해서 몇십만 원씩 약을 사신 분도 계시다고 합
니다. 그 약값이 다 경비로 쓰였다고 말씀들을 하십니다.

　어르신들은 노독(路毒)이 아직 가시지도 않으셨을 텐데 오늘 야
유회 약속을 실천하려고 어르신들 50여 분이 넘게 오셨습니다. 예
배당에서 기도를 하고 출발을 했습니다. 이제 50여 명 되는 인원
을 인천 대공원까지 이동을 하여야 합니다. 차량은 11인승 한 대
이고요. 김 간사와 박 집사는 어르신들에게 순서를 정해서 10명씩
승차를 시킵니다. 오늘 목사는 왕복 10회 정도를 만수동과 인천대
공원을 왕복하였답니다. 목사는 한 번에 이동을 해 드리지 못한
것에 미안해하고, 어르신들은 목사님 오늘 수고가 많으시다고 격려
를 해 주십니다. 걷지를 못하시는 분들을 위해 휠체어를 대여하여
어르신들을 호숫가까지 모셨답니다. 자원봉사를 해 주신 이혜순,
박승희, 정명숙, 김미연 씨에게 감사를 드립니다.

　대공원의 넓은 하늘과 호수, 그리고 단풍진 나무들과 꽃길이 너
무 아름답습니다. 하얀 구름조각들이 구름 쇼를 합니다. 햇빛도 구
름 사이에 가렸다가 다시 나타나고 따스한 햇살이 얼굴을 간질거
립니다. 어르신들은 꽃길로, 단풍진 나무 사이로 낙엽을 밟으며 모
처럼 즐거운 시간을 보냅니다. 어르신들은 호수를 한 바퀴 도시는
분들도 계시고, 혼자서 가을을 느끼며 사색하시며 산책을 하시는

분도 계십니다. 따스한 양지에 앉으셔서 도란도란 이야기꽃을 피우시는 분, 호숫가에 내려가 오리가 헤엄치고, 잉어가 수영하는 모습을 손으로 가리키며 아이처럼 웃음 짓는 분도 계십니다. 어제 밤부터 준비한 점심식사를 하는 즐거운 시간입니다. 따스한 양지에서 어르신들은 맛있게 점심을 나누었습니다. 큰사랑실버라이프 공동체 노인대학 어르신들은 인천대공원에서 하나님께서 연출하신 아름답고 풍성한 가을을 마음껏 체험했답니다.

가을 햇살이 비추는 곳

11월 18일 추수감사 예배 때에는 110명이 모여서 하나님께 예배를 드리는 것이 소원입니다. 전도에 대한 기도를 하면서 어느 분은 전도를 문제라고 고백을 합니다. 전도가 문제일 리 없는 데도 말입니다. 전도에 대한 각별한 도전을 받아 그대로 표현하셨으리라 생각됩니다. 저도 요즘은 꿈을 꾸면서 캄캄한 바닷가에서 고기를 잡으려고 애를 쓰다가 깨곤 하였답니다. 물속에 작은 고기들이 물 반, 고기 반 그렇게 있는 것이 보이는데 잡으려니까 잡히지를 않습니다. 노인대학 어르신들을 향해서 전도를 하는 것도 긴 시간이 필요하다고 생각이 듭니다. 어르신들이 교회에 대한 관심이 조금씩은 나아지고 있지만 아직도 예수님을 영접하려면 익을 수 있는 햇살이 더 필요할 것 같습니다.

만수동 단지 내에는 단풍들이 너무 아름답게 피고 있습니다. 교회 앞길의 노란 은행잎이 너무 아름다워 지나가는 행인들은 핸드폰으로 사진을 찍기까지 합니다. 오늘은 바람이 불어 낙엽이 많이 떨어졌습니다. 땅 바닥에 뒹구는 은행잎, 느티나무 잎, 떡갈나무

잎, 플라타너스 낙엽 등이 눈이 쌓인 듯 아름답게 보입니다. 어르신들과 함께 낙엽을 감상하며 만수동이 좋다고 이구동성으로 감탄을 했습니다. 정말 가을 풍경이 아름답습니다. 그런데 나뭇잎도 햇살이 많이 쬐이는 잎에는 아름다운 단풍 색이 있지만 그늘진 곳에는 아직도 초록색입니다. 참으로 신기하죠? 햇살이 비추는 곳이 아름다운 곳이라는 것을 다시금 깨닫습니다.

절에 다니시는 한 분이 그런 말씀을 하십니다. 나는 교회에 대한 고마움은 있지만 종교를 바꿀 수는 없어. 종교 바꾸라고 하지 않을게요. 그냥 교회에 나오시면 되요. 교회에 대한 좋은 감정을 간직하는 것도 은혜라고 생각이 듭니다. 추수감사 때에 노인 어르신들을 초청하였답니다. "그날은 교회에서 축제를 하니까 오셔서 함께 잔치를 했으면 합니다."라고 말씀을 드렸더니 어르신들은 그날에 오시기로 약속들을 해 주셨습니다.

이번 주 노인대학은 강 목사가 특강을 하고, 적십자사에서 건강검진을 해 주셨고 발마사지 강의가 있었습니다. 노인들이 10분 정도는 당이 계시다면서 치료가 필요하다고 말씀을 해 주십니다. 건강검진한 자료를 비치하여 노인들의 건강을 체크하는 것도 참으로 중요하다고 생각이 됩니다. 어르신들 세 분이 목사에게 오셔서 안수기도를 해 달라고 하십니다. 한 분은 심근경색이 계시고, 또 한 분은 위장이 안 좋으시고, 또 한 분은 넘어지셔서 팔을 수술하셨는데 통증이 가라앉지 않는다고 호소하십니다. 목사는 치료하시는 하나님을 신뢰하며 아픈 부분에 손을 얹고 안수기도를 해 드렸습니다.

그 모습을 보며 노인대학 자원봉사를 하러 오시는 하민이 엄마는 "저도 안수기도를 해 주세요."하며 기도를 요청합니다. 안수기도를 해 주었더니 정말 좋아라 하며 감사해하는 것이었습니다. 사모하는 자에게는 하나님께서 더 큰 은혜를 주실 줄 믿습니다. 발마사지 강사께서 큰사랑교회의 노인대학을 하는 교회 모습을 보시고 정말 좋다고 합니다. 노인대학 교재를 다른 교회에 보여 주었더니 정말 어떻게 할 수 있었느냐며 교회 탐방을 하고 싶더라고 하는 것입니다.

이제 전도는 문제가 아닙니다. 우리가 수고하고 하나님의 전도 명령에 순종만 하면 하나님의 거룩한 빛이 비추어질 줄 믿습니다. 빛이 비친 나뭇잎이 아름답게 단풍이 드는 것입니다. 우리의 전도에 대한 순종함에도 하나님의 은총이 빛이 비추어져 준비된 영혼들을 하나님께서 아름다운 빛으로 예비하여 주실 줄 믿습니다. 눈을 들어 가을 단풍잎을 마음껏 감상하시며 여러분의 가을도 그렇게 아름다운 단풍들로 물들어 가시길 축복합니다.

노란 단풍과 고 박확실 집사님

수요일에 새벽기도회를 마치고 목사는 교우들을 위해 중보기도하고 있는데 강대상으로 강 목사가 전갈을 보냅니다. 목사님, 핸드폰에 메시지가 왔어요. 이창수 집사님입니다. 전화를 하였더니 어머니가 소천하셨다는 것입니다. 급히 강 목사와 함께 순천향병원으로 갔습니다. 아직 의사가 출근을 하지 않아서 입원실 옆의 특실에 박 집사는 안치되어 있었습니다. 박 집사님의 평안해 보이는 얼굴은 그대로 드러내고 계셨습니다. 유족들과 함께 임종예배를 드리자고 했습니다. 박 집사님은 4남 2녀의 자녀들을 두었습니다. 그런데 막내인 이창수 집사님만 교회에 나왔습니다.

다른 아들들은 교회에 나가지 않기 때문에 예배에 대하여 생소한지 다 병실 밖으로 나가 버립니다. 이창수 집사님과 교회에 다니는 조카분이 계셔서 함께 예배를 드립니다.

아직 경황 중이라 유족들은 장례예식에 대하여 결정을 하지 못했습니다. 목사는 "박 집사님이 예수 믿으시다가 돌아가셨기 때문에 교회장례로 하시는 것이 좋습니다."라고 권면을 해 드렸습니다. 그러나 형제들과 잘 상의해서 연락을 하시라고 말씀을 드렸습니다. 아침에 연락이 왔습니다. 장례식장을 중앙병원으로 옮겼다고 합니다. 형제들과 상의를 하였는데 교회장으로 하기로 했다는 것입니다. 10시에 교회조기를 준비하고 중앙병원 장례식장으로 갔습니다. 장례식장은 아직 화환도 준비되지 못했습니다. 교회 노인대학에서 찍은 영정 사진에는 생전의 박확실 집사님의 모습이 살아 계신 듯합니다. 조문 간 김복동 권사님, 이혜순 성도, 목사 내외는 예배를 드렸습니다. 수요기도회를 마치고 저녁 9시에 또 윤욱태 집사님, 강현숙 집사님, 박정자 집사님, 정유선 집사님, 이혜순 성도, 김미연 간사, 박유준 청년, 목사 내외 이렇게 교우들과 함께 장례식장에 가서 예배를 드렸습니다. 그리고 목요일 아침 10시 30분에 김복동 권사님, 박승희 집사님, 정임숙 집사님 이성숙 권사님, 목사 내외 이렇게 참여하였고, 유족들 중엔 이창수 집사, 동길이, 조카 내외분과 입관예배를 드렸습니다. 다른 아들들은 조문 받는 곳에서 입관예배를 드리는 장소로 내려오지 않고 교회에서 무슨 특별의식을 치르는 것으로 생각을 하고 있었습니다. 금요일 새벽 6시 30분에 발인예배를 드렸습니다. 교우 중엔 김복동 권사님이 오셨고, 윤욱태 집사님은 출근하기 전에 일찍 오신다고 하여 참여를 해 주셨습니다. 유족들은 발인예배 시에는 형제들이 함께 모두 모여 참여를 해 주셨습니다. 강 목사님의 눈물어린 기도가 유족들의 눈시울을 적셨습니다.

장지는 부평공동묘지여서 7시 30분에 하관예배를 드렸습니다. 하관예배 시엔 유족들에게 목사는 복음을 증거했습니다. 십자가에 달리신 예수그리스도, 3일 만에 부활하신 예수 그리스도의 소식을 전했습니다. 그리고 어머니 박확실 집사님의 믿음의 유산을 받으시라고 권면했습니다. 금요일에는 노인대학이 있어서 오전 중에는 무척 바빴습니다. 오후 1시 30분에는 유족들은 장례예식을 마치고 만수동 아파트에서 위로예배를 드렸습니다. 김복동 권사님, 박승희 집사님, 이혜순 성도, 목사 내외와 함께 위로를 했습니다. 그제야 큰 아들은 어머니에게서 김 권사님 이야기를 많이 들었다며 권사님을 끌어안고 엉엉 웁니다. 어머니 집에 오면 꼭 교회권사님이 잘해 주신다고 하셨는데 오늘 뵙게 되었다는 것입니다. 유족들도 눈시울을 붉히며 모두 예배에 동참을 했습니다. 불신가정에 고 박확실 집사님의 겨자씨만한 믿음의 씨앗이 열매를 맺는 기적이 일어나길 소원합니다.

이번 주 바람이 많이 불었습니다. 만수동엔 은행잎이 눈처럼 소복이 쌓인 한 주간입니다. 청소하시는 분도 낙엽 떨어진 곳을 미처 쓸지 못해 도로 위는 노란 은행잎이 수북이 쌓입니다. 새벽에 노란 단풍잎을 밟으며 교회로 올라오면서 노란색이 참 아름답구나 생각해 봅니다. 교회 주차장에 주차되어 있는 차량 지붕마다 은행잎이 두텁게 쌓여 있습니다. 노란 눈이 내린 것 같습니다. 작년에 은행잎을 교회 구석구석에 놓아 두었더니 벌레가 끼지 않았습니다.

그래서 초등학교 옆에서 깨끗한 은행잎을 한 봉지에 담아 갖고 올라왔습니다. 만수동엔 은행잎이 햇살을 비추며 황금들녘처럼 추수빛같이 노랗게 빛나고 있습니다.

추수감사예배와 열매들

할렐루야 하나님께 감사와 찬송과 영광을 올려 드립니다. 작은 예배당엔 초청되어 온 많은 사람들로 성전 안이 꼭 찼습니다. 의자 110개를 준비하여 자리를 준비하였는데 앉을 자리가 없어서 예배당 뒤쪽엔 나중에 오신 분들은 서서 예배를 드렸습니다. 우리 큰사랑교회는 낮 예배에 총 116명이 참석을 하여 하나님께 예배하며 천국잔치를 맛보았습니다. 2007년도 선교와 전도를 목표로 110명이 출석하여 예배할 수 있도록 기도하며 준비를 하였습니다. 3국 1팀을 구성하고 12명의 간사를 두어 초청자를 정하고 하나님께 그들을 위하여 기도하며 110명 출석을 위하여 중보기도하고 국과 팀장 모임을 통하여 함께 동역을 하였습니다.

지난 한 주간은 총 점검을 하였습니다. 교회로 올라오는 복도엔 그동안의 교회 활동이야기들을 사진을 찍어서 게시를 하였습니다. 홈스쿨 아이들의 그동안의 발자취를 모아서 동영상을 만들었습니다. 연합찬양을 위해서 찬양대와 중고등부, 청년, 교사들이 찬양을 준비했습니다. 추수감사와 총동원 및 환영을 알리는 플래카드를 만들어 게시를 하였습니다. 토요일엔 초청자들을 일일이 점검을 하며 초청 메시지를 발송했습니다.

주일 새벽이 되니까 기온이 뚝 떨어져 영하 4℃라고 합니다. 날씨가 금년 들어 제일 춥다고 합니다. 초청된 분들이 마음이 바뀌지는 않을까 걱정도 되지만 새벽 기도 동역자들과 함께 합심하여 하나님께 기도를 올려 드렸습니다. 하나님, 많은 예배된 심령들을 보내 주세요. 주일 아침 9시 30분에 목사는 차량을 몰고 노인대학 어르신들을 모시려고 대토단지를 갔습니다. 추운 날씨에 옹기종기 모여 계신 노인 어르신들이 얼마나 반가운지요. 초청 약속을 지키려고 어르신들이 일찍 모여 계신 것입니다. 교회 일층에선 박승희 집사 정유선 집사가 추위에도 어깨띠를 띠고 오시는 분들을 반갑게 맞이했습니다. 3층 교회 앞에선 이행로 권사님, 윤욱태 집사님, 이혜순 성도님이 초청자들을 환영을 했습니다.

초청천국잔치에선 홈스쿨의 동영상을 통하여 큰사랑행복한 홈스쿨을 소개했습니다. 그리고 14명의 홈스쿨 아이들의 찬양과 율동을 통하여 오신 분들과 회중들을 축복하였습니다. 귀한 세례집례도 했습니다. 김영희 씨와 장은영 자매 두 분에게 세례를 집례하며 하나님의 이름으로 두 분을 축복했습니다. 모든 성도들은 다시 한 번 하나님께 대한 신앙을 확인하며 아멘으로 화답을 하셨습니다. 교회에 처음 오신 분들은 거룩하고 경건한 예식에 대해서 새로운 경험을 했을 겁니다. 이번 추수감사예배는 하나님께서 큰사랑교회에 부흥을 허락하시는 첫 출발이라고 생각됩니다. 이제 다가오는 2008년은 성령으로 부흥을 사모하는 성도들 되시길 바랍니다.

금요일 노인대학을 진행하고 있는데, 6명의 젊으신 분들이 우리 교회에 오셨습니다. 노인대학 회원 분들은 아니시고 그렇다고 자원봉사를 하시는 분들도 아니신데, 교회를 방문하신 것입니다. 인사를 하니까 우리 교회 탐방을 오셨다는 것입니다. 큰사랑 행복한 홈스쿨과 큰사랑실버라이프의 두 가지 사역을 귀하게 열매를 맺으며 하고 계시다는 소문을 들어서 목사님 내외분과 교회 주일학교 부장, 남녀선교회장 등 교회 일꾼들과 함께 교회탐방을 오신 것입니다. 오신 분들은 예배당 뒤쪽에 앉아서 노래교실 시간에는 함께 노래를 하기도 하며, 교회시설도 둘러보며 진지하게 교회활동 상황을 살펴보았습니다. 오신 분들을 목사 방에 초청하여 그동안의 큰 사랑교회 이야기를 들려 주었습니다. 지역을 섬기는 좋은 비전을 함께 공유하게 되어서 목사는 기쁘고 또한 우리 큰사랑교회도 이제는 소문난 교회로 도약하고 있다는 첫 경험을 추수감사예배 보고와 함께 우리 성도들과 함께 나누고 싶답니다.

변화하려면

3년간 매주 쓴 칼럼난이 모았더니 이젠 300여 페이지가 넘는 분량이 되었습니다. 노인대학 교재를 출판해 주셨던 민 집사님이, "책으로 엮어도 되겠습니다."라고 말씀하셔서 책을 만들까 생각한 적이 있었습니다. 몇 주 전에 한국 학술원에 연락을 하고 원고를 보냈더니, 학술원에서 내용이 신선하여 책으로 내도 좋겠다고 출판계약을 하자고 합니다. 수요일에 학술원에서 출판계약을 하려고 교회에 방문을 했습니다. 특별히 글방에서 책을 집필하려고 시간을 낸 것도 아니고, 매주 한 뼘씩 모은 것이 이제는 책을 출간을 할 수 있게 되었답니다. 칼럼난에 등장했던 인물들의 이야기들이 세상 사람들에게 이야기할 수 있는 내용들이 되었다는 것은 참으로 행복한 일이라고 생각합니다. 그래서 저는 그 책 제목을 『이야기로 행복을 만드는 사람들』이라고 지었습니다. 우리 큰사랑교회의 이야기가 세상에 알려지면, 좋은 영향력을 끼쳐서 누구나 만질 수 있는 행복이 되기를 소망합니다.

목요일에 아내가 새벽기도를 마치고 인천대공원에 산책을 하자고 합니다. 새벽기도를 마치고, 6시에 인천대공원을 갔습니다. 이른 아침이라 조깅하는 사람들, 롤러스케이팅을 하는 사람들 몇몇이 있을 뿐, 텅 빈 큰 공간이 적막함까지 있습니다. 오히려 그 고요함은 자연의 소리를 들을 수 있는 좋은 조건이 되었습니다. 꽃들이 활짝 피고, 낮게 자란 풀잎들도 만날 수 있었습니다. 집 근처에 이렇게 큰 하늘을 담을 수 있는 넓은 땅이 있다는 것이 참 좋았습니다. 낮에는 무척 더운 날씨지만 지금 이른 아침엔 아직 선선한 기온이 남아 산책하기에도 적당합니다. 우리 부부는 이런 좋은 조건을 최대한 누리면서, 큰 호수와 호수 뒤편의 넓은 광장을 돌아 1시간 여를 걸었습니다. 1시간여 동안 아내와 함께 많은 이야기를 나누게 되었습니다.

어느 할아버지가 시골에 집을 지었는데, 집이 360°로 돌 수 있도록 하여 환경을 바꿔 주는 특이한 구조의 집이었습니다. 그 집을 보며 그 할아버지는 집 한 채를 갖고 여러 채를 소유한 기분이 들었겠다고 생각을 했습니다. 아내는 가꾸기를 좋아합니다. 그래서 교회 예배당도 틈만 나면 화초를 이리저리로 옮기고, 장소를 바꿔줍니다. 그랬더니 예배당이 늘 새롭습니다. 우리 교회를 방문하는 사람들은 교회가 아주 깨끗하고 아름답다고 말해 줍니다. 아내는 목회 정년이 되면 우리도 시골에 가서 아주 작은 공간이라도 마련해서 자연을 유지하며 가꾸는 일을 했으면 좋겠다고 말합니다. 그리고 사람들을 초청해서 예배도 드리고, 차도 마시고, 그렇게 하는 것이 소박한 소원이라고 했습니다. 은퇴를 계획하는 사람들은 많은 자금을 예산으로 필요합니다. 그렇지만 많은 예산이 드는 일은 아무나 할 수 있는 일이 아닙니다. 그래서 저는 아내에게 알아보자고 하며 많은 돈이 드는 일은 할 수 없지만, 누구나 할 수 있는 행복한 노후를 계획해 보자고 말했습니다.

요즘 아내와 함께 수영장을 찾습니다. 너무도 바쁜 사역 속에서도 틈을 내어 수영장을 찾으니까 기분도 좋습니다. 수영 강습을 하게 되면 준비해야 하고, 팀과 함께 속도도 맞추어야 하고 부담이 있지만, 오후 6시에 자유롭게 하니까 마음도 편해지고 자기 페이스에 맞추어서 할 수 있어 즐겁기까지 합니다. 두 주 간에 그렇게 하니까 아내는 무척 재미있어 합니다. 목사는 일주일에 두 번을 하였는데 아내는 오늘도 수영장에 샤워한다고 갔습니다.

이건희 씨의 변화에 대하여 한 주간 묵상을 했습니다. 이건희 씨는 학창시절에는 평범하거나 열등에 가까울 정도여서 또래들에게 철저히 소외당했다고 합니다. 대학생 시절에는 겨우 F학점을 면할 정도였다고 합니다. 그러나 아버지 이병철로부터 기업을 물려받고는 철저하게 변화하기로 다짐했다고 합니다. 그 변화를 위해서 현실감각, 성공관념, 진짜 공부를 시작했다고 합니다. 이건희 신드

롬은 3가지 과정이 있습니다. ① 미래를 놓고 몸이 마를 정도로 고민을 했습니다. ② 책을 읽고, 전문가들에게 묻고 배웠습니다. ③ 성공한 기업을 조사했습니다. 평범한 사람이 1톤 분량의 자기 계발 서적을 집중적으로 읽으면 박정희, 정주영 같은 불굴의 정신을 가진 사람으로 변화할 수 있다고 합니다. 진정으로 자신을 변화시키고 싶으면, 자신을 화형시키는 독한 결단을 내려야 합니다.

이건희의 성공노하우는 자기계발 특강에서 시작되었습니다. 1993년에 이건희는 파격적으로 변화했다고 합니다. 그해에 이건희는 1,200시간을 자기 계발에 대하여 강의를 했다고 합니다. 이미 알고 있는 것이지만, 몸으로 실천하지 못하는 것들은 특강을 통해 다시 한 번 깨우치고 실천의 계기로 삼았던 것입니다. '믿음은 들음에서 난다'는 성경말씀이 있습니다. 우리가 실천하지 못하는 것들을 매일 들음으로써 깨우치는 변화하는 성도들 되시길 바랍니다.

박상철 ─────────────────────────────────

▌약 력

　2001년 교회 개척
　서울신학대학원 M.Div 졸업
　뉴욕신학대학원(NYTS) 교역학박사
　국제기아대책 이사
　큰사랑실버라이프 소장
　큰사랑교회 담임목사

▌주요 저서

　『노인의 사회역할 상실에 따른 대안적 교육목회』(한국학술정보(주))
　『신앙의 리모델링』
　『예수 그리스도의 심장으로』
　『작은 교회 큰사랑 이야기』
　외 다수

이야기로
행복을 만드는
사람들

초판인쇄 | 2009년 10월 5일
초판발행 | 2009년 10월 5일

지은이 | 박상철
펴낸이 | 채종준
펴낸곳 | 한국학술정보㈜
주　소 | 경기도 파주시 교하읍 문발리 파주출판문화정보산업단지 513-5
전　화 | 031) 908-3181(대표)
팩　스 | 031) 908-3189
홈페이지 | http://www.kstudy.com
E-mail | 출판사업부　publish@kstudy.com
등　록 | 제일산-115호(2000. 6. 19)

ISBN　978-89-268-0421-6 03230 (Paper Book)
　　　　978-89-268-0422-3 08230 (e-Book)

이담
books 는 한국학술정보(주)의 지식실용서 브랜드입니다.